SUCCESS
the PSYCHOLOGY
of ACHIEVEMENT

DK

自我管理之书

SUCCESS
the PSYCHOLOGY
of ACHIEVEMENT

英国DK出版社　著

魏思遥　译

电子工业出版社

Publishing House of Electronics Industry

北京·BEIJING

Original Title: Success: The Psychology of Achievement

Copyright © 2017 Dorling Kindersley Limited

A Penguin Random House Company

本书中文简体字版授予电子工业出版社独家出版发行。未经书面许可，不得以任何方式抄袭、复制或节录本书中的任何内容。

版权贸易合同登记号　图字：01-2018-3251

图书在版编目（CIP）数据

自我管理之书 / 英国 DK 出版社著；魏思遥译．
— 北京：电子工业出版社，2019.3
书名原文：Success: The Psychology of Achievement

ISBN 978-7-121-35571-4

Ⅰ．①自… Ⅱ．①英… ②魏… Ⅲ．①自我管理—通俗读物
Ⅳ．① C912.1-49

中国版本图书馆 CIP 数据核字（2018）第 260300 号

策划编辑：郭景瑶　张　昭
责任编辑：雷洪勤
印　　刷：鸿博昊天科技有限公司
装　　订：鸿博昊天科技有限公司
出版发行：电子工业出版社
　　　　　北京市海淀区万寿路 173 信箱
　　　　　邮编：100036
开　　本：850×1168　1/16
　　　　　印张：14　字数：448 千字
版　　次：2019 年 3 月第 1 版
印　　次：2024 年 4 月第 6 次印刷
定　　价：118.00 元

凡所购买电子工业出版社图书有缺损问题，请向购买书店调换。若书店售缺，请与本社发行部联系，联系及邮购电话：（010）88254888，88258888。

质量投诉请发邮件至 zlts@phei.com.cn，盗版侵权举报请发邮件至 dbqq@phei.com.cn。

本书咨询联系方式：（010）88254210，influence@phei.com.cn，微信号：yingxianglibook。

www.dk.com

本书顾问

黛博拉·奥尔森博士（Deborah Olson, PhD）

奥尔森博士是美国加州拉文大学（University of La Verne, California）商业与公共管理学院（College of Business and Public Management）的领导力和管理学教授，她的专业研究领域是基于优势的领导力发展和职业生涯中期及后期的成长。她曾因在教学与学术双方面的优异表现获得加州拉文大学颁发的奖项，并在组织发展领域拥有三十多年的工作经验。20世纪80年代，她曾在克莱斯勒公司（Chrysler Corporation）的学习与发展部门工作。之后，她成为一名咨询师，并在1995年成为海合管理咨询公司（Hay Management Consultants，一家国际领导力发展和人力资源咨询公司）的合伙人。2001年，她开始了自己的咨询业务，专注于设计和实施领导力发展过程，以及基于优势的人力资本管理系统。

致谢

黛博拉·奥尔森：

我怀着深深的感激之情，感谢我的丈夫兼同事肯尼斯·舒尔茨（Kenneth Shultz）博士，他在我们30年的共同生活中，让我对成功的意义有了清晰的认识，并通过我们每天所做的选择，来证明这本书中所讨论的内容。

出版社在此感谢：

尼古拉·额尔德普雷瑟（Nicola Erdpresser）提供设计协助；鲍勃·萨克斯顿（Bob Saxton）和爱丽丝·霍恩（Alice Horne）提供编辑协助；乔治娜·巴尔菲（Georgina Palffy）完成校对；玛格丽特·麦考马克（Margaret McCormack）完成索引的编辑工作；还有美国编辑罗莉·汉德（Lori Hand），感谢她的帮助和专业性。

目录

第三章　坚定态度

锻炼思维，驾驭技能

第四章　成功的基本技能

关于成效的日常指南

前言

目 标清晰是创造成功和实现目标的关键。在过去的三十多年里，我一直与经理人、高管和学生们合作，协助他们进行实践研究，帮助他们实现各自的目标——包括个人目标和学术目标。在这段时间里，我注意到一种特定的模式：我们大多数人都能清楚地描述自己不喜欢的生活、工作和人际关系，并相信只要能做到这个或改变那个，我们就会成功。然而，当被要求描述自己想要的是什么时，我们所想象的画面往往是模糊的，例如赚更多的钱、去旅行、升职、谈恋爱，或者开创自己的事业。

在当今的数字时代，社交媒体的普及性和我们"看到"他人成功的频率，会让人更难清晰地发现，成功对我们每个人意味着什么。不断涌现的社交媒体展现了他人看似如何成功，致使我们的生活、活动、假期、人际关系，甚至外表状态看起来都被"比下去"了。如果我们还不清楚自己想要实现什么目标，那么周围的"景象"只会遮蔽我们的视野。

本书通过一定的理念、工具和方法总结了关于成功和成就的研究，以及如何实现高质量的自我管理。每一章的设计都是为了帮助你把精力集中起来，使你能够制订详细的、具体的计划。并且，即使面对拖延的倾向、来自他人对你所做之事的负面评判、对失败的恐惧，抑或是在你追逐自己想要达成的目标的过程中，对忽略或失去某些东西的担心，也会让你保持动力。

这本书的内容是基于心理学研究和积极心理学应用实践的，强调了建立希望、韧性和乐观的重要性。其中，第一章介绍了许多方法，帮助你找出成功对每个人而言意味着什么；第二章则解释了如何运用信念的积极力量来获得成功并实现目标；第三章着眼于关注你的优势，挑战那些自我限制的想法——比如"我不能那样做，我以前尝试过，但不起作用"，以及为了成功和实现目标，你应如何采取行动；第四章告诉你如何提高效率；第五章则讨论了如何创造性地

解决问题、建立有效的人际关系，以及影响他人的心理学；第六章探讨了培养幸福感和良好的人际关系为何是我们在生活中取得成功的重要因素。

当完善你的目标时、新的机会出现时、你的生活环境发生变化时，你可能会发现，重新审视这些章节是很有用的——这时你便可以带着一个全新的视角回到本书中。你对成功的定义会随着时间的推移而发生变化，新的目标将会出现并让你重新集中注意力。这是在我们发展和成长的过程中很自然的组成部分。

请谨记，每个人对成功的看法各有不同，把自己和别人做比较是没有意义的。学习如何自我管理并迈向成功是一个漫长的旅程，也是继续追求你的梦想的过程，它会让一切变得不同。成功就是每天做出积极的、有目的的决定，告诉自己，什么对你来说是重要的，并确立目标，将你的价值和梦想关联起来。这本书将帮助你发现成功对你而言意味着什么，以及如何通过有效的自我管理去实现它。

Deborah Olson

黛博拉·奥尔森博士

Deborah Olson, PhD

CHAPTER 1
A LIFE IN PROGRESS
THE MEANINGS OF SUCCESS AND FULFILMENT

进展中的生活

成功和成就的意义

成功是什么样子？

成就的多样性

一个完整的人生并不是它最突出的成就的总和。走向富有成效的、充实的、多彩的生活的第一步，是搞清楚成功对你而言意味着什么。

你会选择阅读这本书一定有原因。或许你想知道自己接下来面临什么挑战，或许你在寻找新的方式驾驭你的想法，加之能量和抱负，以期付诸实践，达到最好的结果。可能在你头脑中已经有一系列的目标，但你并没有向着它取得足够的进展（或者，莫名其妙的，完全没有实现）。又或者，你正被困在一成不变之中，因为你老旧的计划已是负累，你通常的习惯不再奏效，你已失去了方向。

现实一点

自然而然，由于时间压力，加之我们的多重任务处理能力和耐力有限，使我们很难在生活的方方面面都实现卓越。妥协不可避免，重要的是我们不要纠结于那些对周围任何人来说都不可能达成的事情。我们只能打好手中的牌。

衡量成功

事实上，没有一个单一、简单的方式来衡量成功，虽然野心可以与一些客观的标准相关联，比如说财富、地位和事业，但这些基准不足以赢得全局。甚至，像这样的客观标准往往促使人们与同龄人做无谓的比较，而这种比较的意义仅仅存在于对同一事物有共同追求的人群中。很多人将生活中私人的方面摆在第一位，比如和爱人多年来维系着稳固的感情；而另一些人则侧重追求在公众面前的成就，比如拥有一项成功的事业。

改变想法

在现今更为宽广的社会视野中，人们想法的转变代表了所谓成功也在随着时间改变。可以说，以公众成就衡量成功的想法已经失去了效用，尤其是这样的成功可能涉及在其他方面

一张即时快照

在亨利·金姆斯-豪斯（Henry Kimsey-House）、凯伦·金姆斯-豪斯（Karen Kimsey-House）、菲力浦·桑达尔（Phillip Sandahl）和劳拉·惠特沃思（Laura Whitworth）所著的《共创式教练》（Co-Active Coaching）一书中，他们讨论了"生活轮盘"——帮助你将生活的多方面形象化的工具。它以快照的形式，适时反映某一个特定时刻你对自己生活的多方综合感受。

综合考虑你生活的不同方面，比如你的事业、人际关系、身体健康、财务状况等（你可以将其中的类别改为更符合自己情况的项）。每个类别中的满意度设置为1~10，1意味着"一点儿都不满意"，10意味着"非常满意"。衡量每个类别的满意值并在相应的刻度上画线，最后把轮盘中所有的线连在一起，如例图中的白线。

找到平衡了对吗？你所画出的图形是光滑丰满的圆，还是因忽视了生活中的某些部分使周围变成锯齿状、极不平均？使用这个轮盘会帮助你意识到从今往后应该在哪里花费更多的时间和精力，它会向你展示一个更加平衡的生活是什么样的。快拍一张自己的"快照"吧，然后画线做比较。

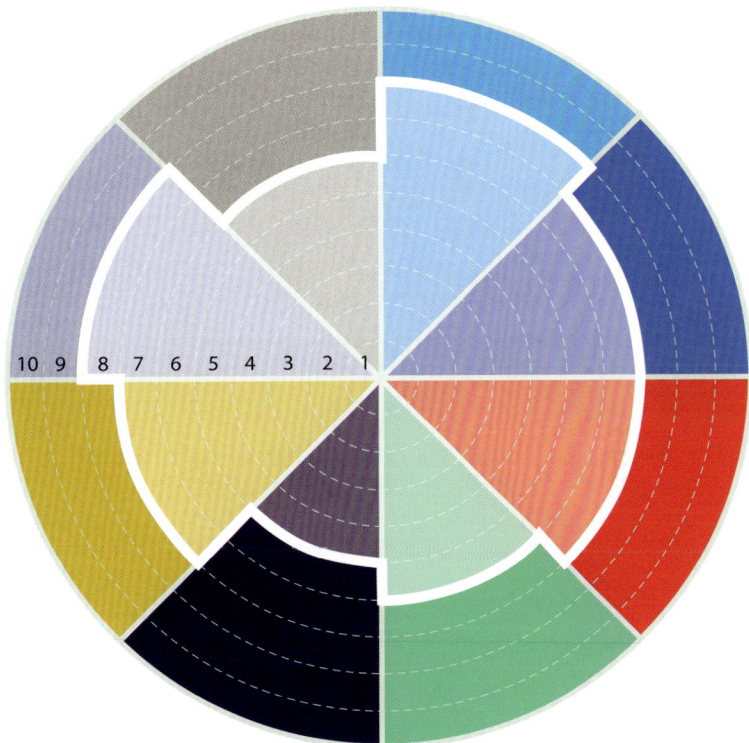

生活轮盘

家庭	朋友和关系
事业	财务状况
健康	休闲活动
个人成长	家庭环境

不为人接受的牺牲，比如人际关系、身体健康和心理健康。伴随在一份有前途事业后的物质成功，可能需要冒着与"美好生活"价值观相冲突的风险。此外，我们还必须考虑个人和家庭所面对的由工作压力带来的成本（参见本书第96~101页），这一问题在西方国家正日趋严峻。

如本书的各个章节板块中越发清晰呈现的那样，我们每个人对成功的组成都会有属于自己的观点，你对成功的定义很可能会改变你生活中不同阶段的进展。

> 成功是喜欢你自己，喜欢你做的事，并喜欢你完成事物的方式。
>
> **马娅·安杰卢**
> （Maya Angelou）
> 小说家

成功记事簿

成功人士的特质

许多人梦想有一种灵丹妙药会让他们更有条理、更有成效、更加成功。的确，高效率的人们倾向于遵从许多有用的实践；可能其中最显而易见的就是擅长时间管理（见本书第124~125页）。比如，现实地进行时间安排，为突发事件留出解决的空间。按照时间表行事使其走上正轨。如果可以的话，早点起床，提前开始一整天的感觉会让你精力充沛、富有创造力，更何况早晨总是产生好点子的最佳时间。此外，你可以先处理最棘手的琐事，这样就能一整天不受它们的困扰。

清理出一些空间

标志着一个全新的开始，同时让你的头脑清醒的很棒的方式就是"整理"。与清理周围的物理环境一样，你可以在日程表中腾出一块时间专心致志做一件事情。不管采取什么样的方式，井然有序都是一个强有力的工具，能使你自如地聚焦在对你来说真正重要的事情上。

为了取得成功，你需要拥有平衡的全方位素质，并且清楚地知道你想从生活中获取什么。比起努力让这个世界屈从你的意愿，你可能更看重自己的适应性。

> 要用更好的、**新的**思维方式来**探究**……而不是遵循前人所谓的成功之路。
>
> **约翰·戴维森·洛克菲勒**
> （John D. Rockefeller）

✅ 态度端正

　　成功的概念在不同的领域是有很大区别的，可是心理学论证成功的习惯却是相似的。有了正确的思维方式，你就有了设定一份更满意的生活的基础。

远见卓识

　　在你脑海中还没有形成比较全面的规划之前，先不要过于关注细节。一旦宏大的计划形成了，接下来要应对的就是细枝末节了。

充满激情

　　无论你从事什么职业，你投入情感的程度总是成功的最大驱动力。这份情感能给予你战胜挫折的力量。相信自己的眼光，也能让自己拥有转舵的罗盘。

承担责任

　　抓住主动权，要清楚，创造属于自己的成功是你一个人的责任。

包容失败

　　任何长期项目的进展中失败都不可避免，那是一份历练。别放在心上，别让它销蚀你的热情。

利用资源

　　充分利用你可支配的资源，它们可能包括时间、金钱、物件，甚至人脉。要理性、具有创造性地利用和掌控这些资源。

积极向上

　　乐观的心态会确保你精力充沛，反过来充沛的精力又会带给你建设性的结果。一旦这种积极的意愿在你的做事态度和习惯中根深蒂固，你就具备了坚韧不拔的精神，能战胜可能遇到的任何困难。

相信自己

　　跟随你内心的声音。尽最大努力免受同辈压力，以及来自否定者的影响。

或多或少的成功

设定成功指标

对我们的工作充满激情是令人愉悦的，毕竟，那是许多人在醒着的大部分时间里所做的事。即便你现在还没有这份激情，也可以通过你的行动和选择来实现有意义的工作。

很难在你不喜欢的工作中获得乐趣，虽然一份好的职业不是幸福的保证，但人人都希望找到的工作不会让幸福打折扣。幸福喜乐是人生的终极目标，我们的挑战就是在工作中寻求创造幸福的方式。的确，美国盖洛普咨询公司调查发现，快乐的员工往往会在之后的生活中赚取更多报酬、拥有更好的社交生活，也会给予同事更多的支持。

爱一行干一行，还是干一行爱一行？

美国心理学家帕特丽夏陈、菲比·埃尔斯沃斯和诺伯特·施瓦茨论述说：一个有意义的职业生涯实际上有两种不同模式。其一，"爱一行干一行"，所找到的工作完美满足我们的兴趣和热情。这听起来很棒却很难实现，因为就业市场不会总是给你提供便利，你也不能完全确定自己的职业方向；另一种选择便是"干一行爱一行"，从你在做的工作中激发出热情，有效地培养兴趣，而不是把事先准备好的热情带进这份工作中。哪一种方式比较好？

如果可能，人们都愿意找到一份"真爱"的工作，可是心理学家研究表明，无论如何，我们多数人最终都会适应我们的工作。即便你未能找到可以激发出热情的工作，随着时间的推移，你依然能在工作中找到意义所在。

创造属于你自己的事业

如果你觉得无法适应给别人打

金钱买不到幸福

　　虽然贫穷是凄惨的，可是富裕也不一定真的能让我们幸福。比如，在过去的半个世纪里，美国这个国家的富裕程度与日俱增，可是人们对生活的满意度却一直没有变化。

美国1947—1998年的国民生产总值（GNP）和平均生活满意度

工，那可曾想过自己创业？诚然，我们生活在一个欣赏企业家的社会，可是，对一些人来说，所谓的自由的生活和挑战，对其他人而言就是凄惨和压力。2011年加拿大的一项研究表明，两项心理素质最能刻画出你在这个世界中的位置：

- **学习导向：** 你有多想更新和拓展知识领域。
- **工作激情：** 你在工作中得到的满足感有多大。

　　这两种品质都很有帮助意义，但它们都不是一成不变的性格特质。有些人喜欢学习，而当处在特定环境时，也可以尽兴玩耍；你对工作的热衷程度，取决于贯穿生活始终的起伏波动程度。如果你不是十分确定想从工作中获取什么，最好的建议是保持思想开放，永远不要停止学习。

成功始于充满热情？

　　2015年，美国心理学家测试什么样的人才更胜任他们的工作：是那些认为自己在做他们热爱的工作的人（所谓的"爱一行干一行"理论），还是那些确信已经爱上了自己的工作的人（所谓"干一行爱一行"理论）？前者往往从一开始就能比较好地适应他们选择的工作；而后者也不差，随着时间的推移，他们便会迎头赶上前者。

了解自己的心理

适合自己的成功模式

我们将成功界定为实现了想要达到或者需要达到的目标，可是这个标准真的适用于所有人吗？人们的需求是不同的，当考虑自己的目标时，把个人心理因素纳入考虑范围是很有用的。

我们都是独立的个体，那么对成功的设想就因人而异。当规划什么样的成功模式适合你的时候，首先要洞悉自己的个性。在问及75位斯坦福大学商学院顾问委员会成员，人们应该培养的最有价值的品质是什么时，他们的答案几乎一致，那就是——自我认知。

五大典型的个性特征

心理学家就人格维度如何衡量和分类有着许多不同的理论，不过，他们多数人都认同这五大基本个性特征的框架，它诠释了我们个性和行为的诸多方面。就这一模式的研究始于1949年，从那时起，它就在被不断地扩展；一项研究发现这五大特征可以适用于五十多种文化背景的人。在这一框架被广为探究的背后，自然产生了有价值的证据，证明它是人们自我认知的有用的方式。

1 外向型/内向型。
你在社交场合是否觉得充满活力？你是否经常需要安静的时间整理思路，重振精神？这两种类型说不上哪一个"更好"——关键是如何轻松找到对你来说感觉舒服的方式。

2 随和。
你是无私的、有亲和力的，还是正相反——愤世嫉俗？随和的人在需要合作的环境中往往会发挥更大的作用；而不大随和的人在更具竞争力的环境中会更加自如。

3 责任心。

你是有条理性、关注细节的，还是喜欢直达目标？这一点对一些人来说比其他品质更重要。当然，如果你想要成功，就需要具备某种程度上的责任心，即使你所做的并非你的强项，责任心也应该是你秉承的品质。

4 神经质。

在本文中，一个"神经质"的人是指容易不安的人，而一个"神经敏感度"低的人则意味着更具适应能力。想一想你能释然地承担多大的压力，要记得，你可以塑造自我的抗压力和有效的压力管理能力。

5 开放性。

一个越开放的人越愿意尝试探险，更容易接受新的思想，而且能找到创造性的解决办法。而不开放的人是更传统的人，他们发现抽象思维更具挑战性。

> 人们信任你是源于你真实可靠，而非某个人的翻版。
>
> **比尔·乔治（Bill George）、彼得·西姆斯（Peter Sims）和安德鲁·麦克莱恩（Andrew N. McLean）**
> 2007年《哈佛商业评论》
> （*Harvard Business Review*）

激励需求

你如何思考？你想要什么？心理学家大卫·麦克利兰（David McClelland）提出了追寻成功的人始终努力满足的三个基本需求。下面的哪一个最能和你的自我意识产生共鸣呢？

权势。 想要有影响力，以及想要有撼动和掌控其他人的需求（如果你愿意为了每个人的利益而行使权力，拥有这一特点绝不是坏事）。就你而言，成功就意味着领导能力。

成就。 远胜其他人的意识驱动；成就的界定依赖于你价值观的设定。如果成就感是你的主要动力，你就是麦克利兰所说的"赌徒"：把自己置于挑战和冒险中来满足成就感。

结盟。 基于共同的兴趣、相互的理解，希望建立和其他人的合作关系，结成联盟。你对成功的设想是有一个很棒的团队围绕周身。

Q 你是否被成就感所激励呢？

如果你正在读这本书，那么极有可能受到了成就感的激励。大卫·麦克利兰发现了这类人的几个关键特征：

- 相对于物质回报，他们更在意成就本身，金钱只有作为衡量成功的尺度时才重要。

- 地位和所谓的安全感对他们来说不是很重要。

- 他们在不断地追寻各种方式把事情做得更好。

- 他们寻求这样的工作：能给他们一定的空间，并有机会实现自己的目标。

- 他们希望能得到反馈而不是赞扬。他们的精神食粮源于把工作做到位，因此他们想要听到准确的评价。

- 他们按照自己的兴趣和能力设定现实的目标，而且对这份成就感乐在其中。

生命是一次长途旅行

不断进步便是成功

当我们想象成功的时候，往往会在脑海中勾画出随之而来的外在境遇，比如收益、声望。事实上，勾画一种生活方式才更有用，因为外在环境是会时刻变化的。

旁观成功人士，很容易让我们羡慕甚至嫉妒，并在心里想："如果是我处在你的位置上，我也一样做得到。"当然，风水轮流转。成功并不是一个你能最终抵达的安全港（然后便可高枕无忧），而是一条你需要不断绘制新航线的航程。

怎样过好生活？

百万富翁理查德·圣约翰采访了500位成功人士，定义出了八条帮助他们成功的准则（参见右页"成功秘籍"）。而他自己的创业故事，被圣约翰称为警世寓言：最初，他全身心地投入，可一旦做出成绩的时候，他就开始把自己当成"红人"，好像成功是发生在他身上的自然而然的事。

他变得更关注金钱而不是服务，进而导致了目光短浅、客户流失，他最终甚至患上抑郁症。当公司濒临倒闭，他不得不为之奋斗、竭力挽救的时候，他的事业开始恢复了：比起曾经的得过且过，他在努力和奋斗的过程中更容易感到快乐。

所以，把成功看作是一个过程而不是最终目标更有意义，这样对我们心理健康和职业生涯也更有益。最好培养出好的习惯，并且长此以往地坚持下去。

克服抵触情绪

对改变既有模式，我们有着本能的抵触：着手任何新事物都意味着成为一个新手，会令人气馁。在《哈佛商业评论》中，商务专家艾瑞卡·安德森简述了四种心理工具，能帮助我们一路前行。

1 **渴望。**当挑战到来的时候，我们多数人最先看到的是诱惑而不是机遇。心理学研究发现，如果想象达成某个目标的感觉十分美好，我们就更有动力为之努力。

2 **自我认知。**没有人是完美的——的确，有盲点、有弱点是人的本性。培养一种认知自我的态度（参见第54～57页），认清你的优势和劣势，思考你要怎样，才能实现成长和发展。

3 **好奇心。**我们生来带着强烈的求知欲，所以尽力不要随着长大成熟，而对知识和新的体验失去年轻时的渴求。

4 **受挫力。**停留在舒适区很简单，但也意味着不可能有提高了。要乐于尝试新的事物，可以犯错误，然后从中吸取教训。

成功秘籍

成功专家理查德·圣约翰定义了成功人士赖以生存的八个准则：

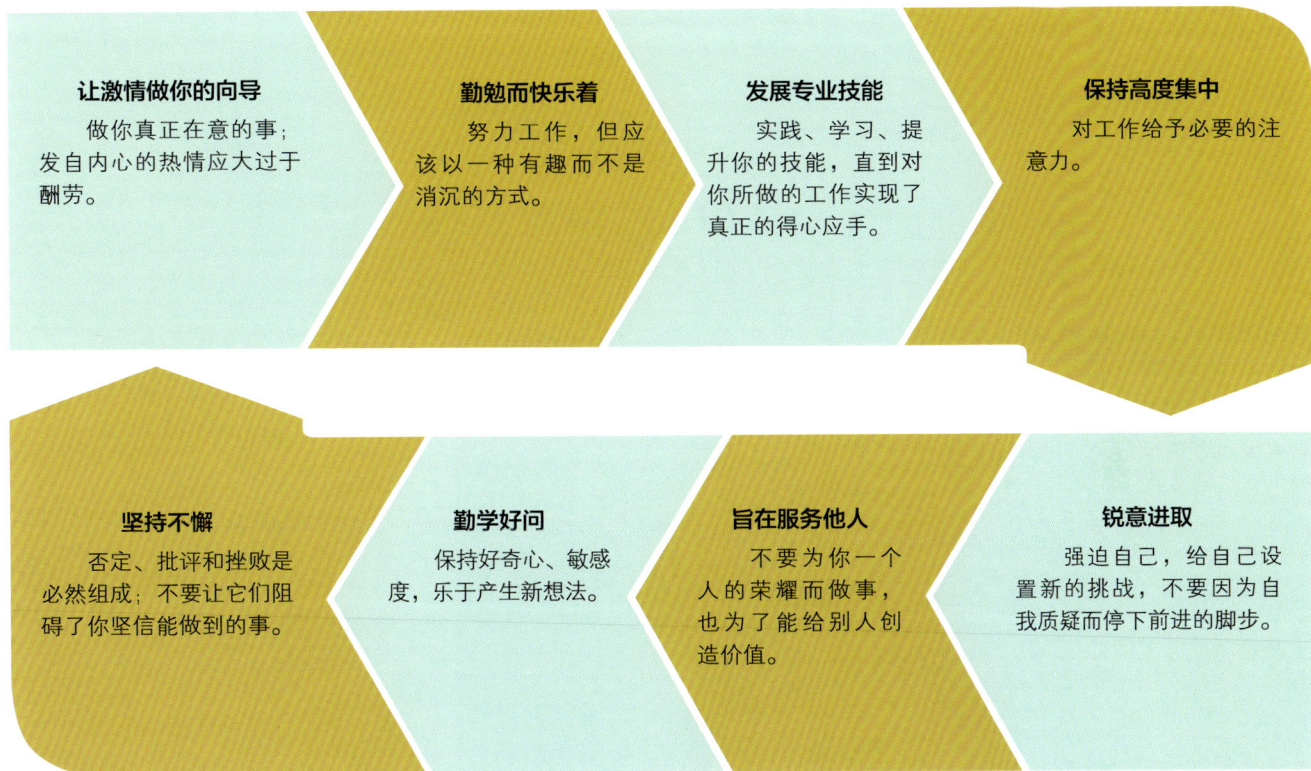

让激情做你的向导
做你真正在意的事；发自内心的热情应大过于酬劳。

勤勉而快乐着
努力工作，但应该以一种有趣而不是消沉的方式。

发展专业技能
实践、学习、提升你的技能，直到对你所做的工作实现了真正的得心应手。

保持高度集中
对工作给予必要的注意力。

坚持不懈
否定、批评和挫败是必然组成；不要让它们阻碍了你坚信能做到的事。

勤学好问
保持好奇心、敏感度，乐于产生新想法。

旨在服务他人
不要为你一个人的荣耀而做事，也为了能给别人创造价值。

锐意进取
强迫自己，给自己设置新的挑战，不要因为自我质疑而停下前进的脚步。

你还坐在舒适区里吗？

94%

教育研究学者帕特里夏·克罗斯（K. Patricia Cross）的研究发现，94%的教授认为自己在做着**"高于平均水平的工作"**。如果我们认为自己总是有改进和学习新事物的空间，那么我们可能会更准确。

给自己讲一个更好的故事

外在环境有时会令人沮丧，但它不是在前进过程中唯一的影响因素。专家艾瑞卡·安德森建议我们，要自导自演"内心戏"：自我对话决定了我们如何应对挑战。

没有帮助意义的自我对话
- 我太老了，不能再尝试新的东西了。
- 这个太麻烦了。
- 我不擅长做这事儿。
- 如果我失败了，会看起来很蠢。

有帮助意义的自我对话
- 我能把很多生活经验带入这件事中。
- 一旦我做成了，我的生活会有什么改变呢？
- 我还在学习——我最终会掌握它的。
- 不管结果如何，我都能从中获得宝贵的技能。

成功的方向

找到成功之路

积极向上且雄心勃勃的人总是有不止一种渴望，有时这些渴望会相互冲突。到了选择的十字路口，要怎么走呢？

你可能认为，每个人对个人能力秉持的态度都差不多。事实上，研究显示，存在两种对立的看法。

实体理论： 它认为我们的天赋和才能是非常固定的。一些人天生就擅长做某些事情，而其他人却不是。这样，我们的能力也就决定了自身定位。

增量理论： 我们有能力做的事情，是我们能够后天改变和发展的事情。

这些理论所指的是我们的能力知觉：我们在尝试某件事的时候，认为自己成功的可能性有多大。

是为了给其他人留下深刻印象（表现型目标），还是为了学会做事的方法（掌握型目标）。

赢家是……

我们应该相信上述两种理论中的哪一个呢？鼓舞人心的消息是，科学研究支持增量理论。在《人格与社会心理学》（*Journal of Personality and Social Psychology*）杂志上发表的一项2006年的研究测试了450多人，发现了最可靠的成功预言——尽管存在比如智商测试这样所谓的客观衡量标准——就是一个人在多大程度上相信自己有能力改变所做的事情。如果

> 三心二意，终将一事无成。（想抓两只兔子的人到最后会一无所获。）
>
> 谚语

你想要成功，第一步是把你自己看作是有学习能力的人。越相信自己有能力掌握新技能，就越能使你真的做到——所以，要让潜在的能力而不是你现有的能力来支配你的决定。

寻求积极向上的环境

如果你在考虑跳槽，应着眼于新的工作地点所秉承的精神与文化。持续的压力和焦虑将会限制你的成长，所以，当你想要选择一个新组织加入时，最好选择乐于朝着积极的方向做出改进和创新的团队。

"积极组织学术研究"（Positive Organizational Scholarship，POS），是组织研究中的伞形概念，它聚焦于创建文化的重要性，因为文化能促进人的成长和发展，也能改进做事方法，以便更好地服务客户并保持灵活变革。POS强调积极的属性、过程和产出的重要性。一个基本观点是，一位领导者或导师关注于他人的优点并加以打造，其有效性远高于关注在他们的劣势上。这就创造了一个人们能安心地发挥自己所长的氛围。

简单地说，当你站在路口做选择的时候，要寻找能证明这个团队寻求发展、并且有成效的蛛丝马迹。如果你把自己看作有能力学习的人，在这样的团队中你会发展得更好，而且能发现更多的机会。和那些把兴趣放在自己擅长、而非无力完成的事情上的人共事，你能学到更多东西。

积极发展循环

积极组织学术研究（POS）认为，当引导人们关注在他们的强项而不是弱项上的时候，他们学到的东西最多。这可以创造一个良性循环：

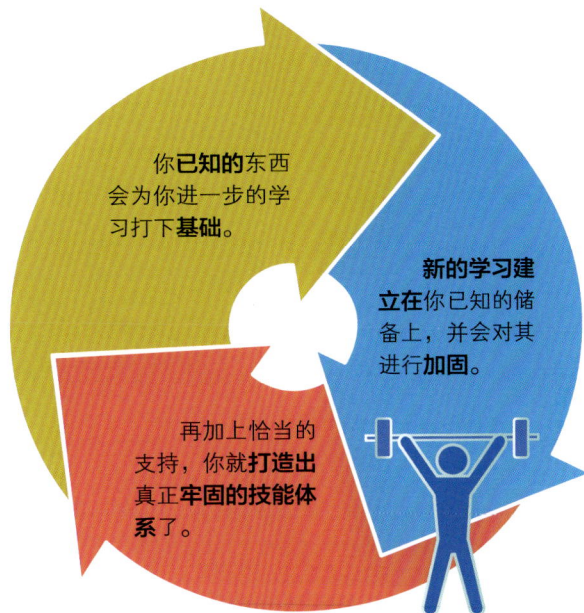

你**已知**的东西会为你进一步的学习打下**基础**。

新的学习建立在你已知的储备上，并会对其进行**加固**。

再加上恰当的支持，你就**打造出真正牢固的技能体系**了。

选择困难症？

如果你在众多渴望当中很难做出选择，那就试试美国大亨沃伦·巴菲特（Warren Buffett）总结的方法。

- 列一个表格，记下25件明年你要完成的事情。记得要囊括一切——个人生活以及工作。
- 在你的表格上圈出5个最重要的目标。
- 反复确认这5项对你来说绝对是当务之急。
- 开始制订计划，想想为实现这5个目标要如何去做、你需要积累哪些资源等。

- 暂时搁置另外的20项目标。一旦你已经完成了前5项，再重新评估你的目标，在那之前，其余20项都只是让你分心的事物。

我不会跟随前路的指引，但我会踏上没人走过的路，并留下自己的足迹。

诗人、作家莫瑞尔·史多德（Muriel Strode）

清楚目标

确定目的

任何的成功策略都需要修正：为了专注于你正在做的事情，必须剔除掉你不会做的事情。设置优先级时，不要忽视那些你的决定引起的看似不明显的后果。

有时，很难知道哪些事是应当重视的当务之急，也很难预测我们的行为可能造成的最终后果。拿一些具体的问题来扪心自问，这能够帮助你把心思放在对你来说重要的事情上。

避免落入陷阱

美国管理顾问弗雷德·尼克斯在他同事雷·福布斯的帮助下，开发出了一组问题，你在试图确定目标时可以向自己提问：

- 你要达成什么？
- 你要保留什么？
- 你要避免什么？
- 你要淘汰什么？

问这些问题是为了突出，我们的决定、行动和产出之间有些时候会产生复杂的相互作用（参见右边"达成、

Q 固定型还是成长型？

斯坦福大学心理学家卡罗尔·杜依可提出了两种你会依从的思维模式。

- **固定型思维：** 你确信智力、天赋等特质是你生来就有或者没有的。
- **成长型思维：** 把自己看成是终身学习者。

在成长型思维中，你不仅仅只是更加积极主动，你还会对自己少些苛求，因为犯错是学习进程中的必然。这样会使得你的受挫能力更强。

保留、避免，还是淘汰？"）。关键是在你达成目标的过程中，需要做出选择来维系总体的平衡：维护好你所拥有且珍视的，进而在这个领域做出成绩，而且避免任何负面的结果。

你的目标或许比你预想中的多，如果你能把"消极"目标和积极目标都考虑在内，就减少了错过一些重要事情的可能性，也缩短了你预期达成目标的时间。当你明确目标时，要清楚你想要的——而且考虑到你不想承担的风险。

保持势头

如果你目标远大，但正从一个不太理想的位置做起，你就一定得付出许多时间和努力。也许很多时候你不是真的享受这一过程：在这样的时刻，更需要反复确定自己的当务之急。

正像澳大利亚维多利亚科技大学积极生活与公众健康学教授斯图亚特·比德尔所说的："没时间在大多数情况下都只是借口。"如果我们有时间看电视或是休息，那我们就有可用的时间来选择投身于更有意义的事。像心理学家卡罗尔·杜依可解释的那样，这个问题的关键是要有"成长型思维"而不是"固定型思维"。比起成为完美主义者，认为对某事要么能做要么不能做，把学习看成一个贯穿我们生活始终的进程才有帮助。这样就释放了一些压力，你也不必把自己耗到筋疲力尽。不过，当时

ⓘ 达成、保留、避免，还是淘汰？

表现改进专家弗雷德·尼克斯设计了一套问题，旨在帮助建立和明晰人们的优先事项：有时，成功的含义除了达成某些成就之外，更多的是保留、避免，或是淘汰你生活中的某些方面。根据你的不同目标，问自己下面这些问题，弄清你的答案是否揭示了可能需要进一步考虑的问题。

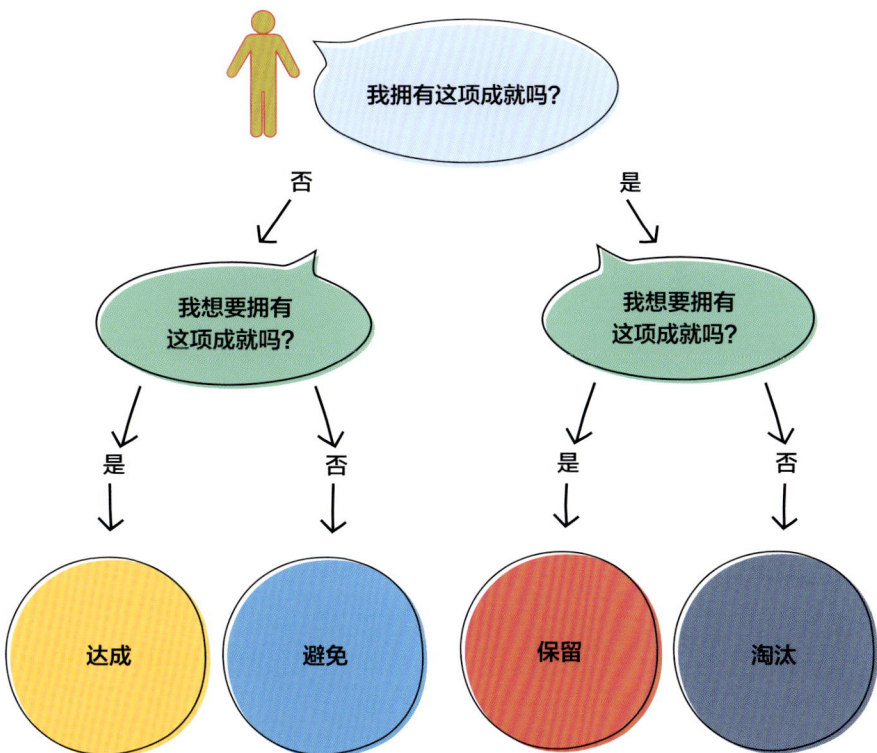

间成为有限资源的时候，最好问问自己你是否真的失去了动力，还是仅仅因为太累了？

当我们向着成功推进的时候，需要保持好的精神状态。也要知道，不要危及我们已经拥有的东西，这和获取新的成就一样重要。你对自己的当务之急越是清楚，你就会做得越好。

> 没有所谓的解决方案，只存在取舍权衡。
>
> **托马斯·索维尔**
> （**Thomas Sowell**）
> 经济学家、社会理论学家、
> 政治哲学家

工作与生活的平衡

厘清优先事项

现在，我们经常听人提到"工作与生活的平衡"，可是总觉得有点遥远。在工作和个人生活之间大概永远不会有完美的平衡。我们得做多少工作来完成最重要的事情毕竟不完全在我们的掌控当中。可是，较好习惯可以维持这种合适的分界线，也可以控制我们的压力程度。

尽早多吃几只"青蛙"

有一句谚语这样说：如果早上先活吞一只青蛙，那你余下的这一天时间将会安然度过，因为知道自己不会再遇到比这更糟糕的事情了。有时，一只"青蛙"就在你的盘子里，而且你不得不将它吃掉：这意味着你这一天中会有艰难的任务，也有更令人愉快的其他事情。如果拖延完成艰巨的任务，你就会因为艰巨的任务横亘在你面前而过得很不开心，而且，最终你还是得开始着手去完成这项任务。

现如今，我们都是压力之下的多重任务承担者。那么多的事情需要我们去做，这逐渐削弱了我们内心平和的意识：如果你总是感觉自己被落在了后面，就很难保持心理平衡。

不可忽视的
40%

根据精神健康基金会的调查，英国在职雇员中40%的人认为，因为**工作**，他们**忽略了生活中的其他方面**。

四大领域

　　根据美国宾夕法尼亚大学沃顿商学院工作及生活整合项目的创始负责人斯图尔特·弗里德曼（Stewart Friedman）的说法，在规划当务之急的时候，你生活中的四个范畴应该被考虑在内。

工作
你为了谋生和事业发展所做的事。

家庭
照顾你的家人，以及维持一个家庭正常运转所要完成的任务。

社交
朋友、邻居，并面对更广阔的世界。

自我
你的内在自我认知、思想、身体和精神。

拖延影响着我们所有人，可是如果你尽早解决了"青蛙"，你的痛苦就会减少——这样，你就能以清晰的思维专心致志于其他任务。

打理心境

　　让我们说得直白些：太大的压力会给心理健康带来负面影响，长此以往，也会对你的身体造成影响。注意，据英国心理健康慈善机构估计，每四个人中就有一个人经受着心理健康问题。你的心理是你的发动机，保持好的心理状态直接关乎你的切身利益。

　　那么，如果发现很难平衡工作和生活，你能做什么呢？英国精神健康基金会给了如下忠告：

- 合理工作，而非长时间工作。这又是关乎优先级的问题：先把"青蛙"吃掉，给自己安排固定的时间

人人平等吗？

　　性别角色可能是一件好坏参半的事。美国肯耐珂萨研究院2007年的一项研究发现，比起男性，女性更倾向于对给予工作和生活更高灵活度的雇主感到满意。

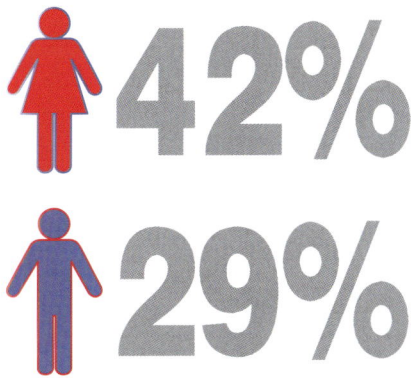

42%

29%

　　另一方面，英国精神健康基金会发现：42%的女性对她们生活总体的平衡状态不满意……

　　相比来说，男性的这一比例是29%。雇主似乎更有可能认同女性对家庭的责任感，可是这种不平衡使得女性在分担家庭责任时，往往奉献得更多。

完成任务，并且优先解决当务之急。

- 一天之中要有休息时间，即便它很短。
- 工作与休闲之间要有明确的界线。如果你不得已把工作带回家，也要确保自己有一定的与工作完全无关的休闲时间。

- 花时间思考工作问题而忧心忡忡，和你真正花费时间工作一样会增加你的压力。
- 友情、运动和休闲活动都是维持你的一切正常运行的关键，不用忽略它们：它们是保持你的生活正常运转的润滑剂。

生活方式

掌控事业的起伏

如果你已经步入工作轨道，可是却走在一条你并不觉得有所受益的职业之路上，也可能你遭受了挫折，考虑到你所投入的精力，感到被困和沮丧是很自然的。然而，做出改变是正常的，尤其是在当代的职业市场中。关键是，要有心理技能来管理职业的转变。

深谋远虑

或许此刻你并没有计划要马上做出改变，但是记住，它会发生在未来的某个节点上——所以最好的计划就是坚持学习。2010年英国一项研究发现：把自己锁定在某一种特定工作方式上的人，正是那些每5～10年进行一次"实质性的技能提升或再培训"的人。有时，这可以在工作的过程中完成，可是一旦你发现自己被工作限定，最好的方法就是在工作之外保持继续学习。

研究者发现，在特定信息和思维方式方面，保持认知是很有必要的。

5年

美国劳工统计局的资料表明，**自1983年以来**，在美国**25岁**及以上的美国工人平均在一份工作中工作**5年**。

在成年早期找到自己的位置，并在漫长、持续、稳定的职业生涯中不断上升的想法，在很大程度上已是过去时。在今天的职场中，真正考验人的是适应能力。

✅ 破坏性创新

职业顾问兼学者克莱顿·克里斯坦森（Clayton M. Christensen）提出的"破坏性创新"的概念，在当今是很有影响的。他论证说有两种方式的创新：一种是"维持性创新"，意味着在你自己所做的工作中越做越好；另一种是"破坏性创新"，在这种创新中，新的市场被确立，旧的商务模式被取代。作为个人，怎样让这种思维适应你自己的生活？在《哈佛商业评论》中，管理顾问惠特尼·约翰逊（Whitney Johnson）概述了四种策略。

1 确定一种更匹配的需求。市场的存在是因为人们觉得这些产品满足了他们所需，所以要寻找机会拓展你的事业来满足这些需要。

2 确定你自己独特的优势。寻找你做得好、而多数人力不能及的事情：这些事大概并不是你的头号技能，可是如果它们不同寻常，那就是有价值的。

3 做好绕路走甚至后退的准备。如果你在尝试新的工作，或许你就需要降低身份了。虽然如此，如果这是给予你成长的机会，这种有计划地迂回策略便是值得的。

4 灵活变通。依照反馈信息制定相应的策略，以便你能了解到未被开发的市场需求。

你大概喜欢平稳的发展胜过承受巨大的风险，可是无论在哪种情况下，关键都是要对新的经验和机会持开放的态度（参见第114～117页）。在一个变化的世界中，要想适应就得有所付出。

具体的知识需要经常的更新，而且，定期学习的经验创造了一种心态，让人们在整个职业生涯中处于有利地位——可能是在好奇心方面、与各种各样的人打交道的经历、更广泛的人脉，也可能是对自我掌握新技能的能力更有信心。

想要坚持学习吗？

你不是一个人。人力资源杂志《人与策略》（*People & Strategy*）2012年的一项调查发现：多数专业人士喜欢这种"现代的"成功模式：工作能提供一种意义、挑战、平衡和使用他们技能的机会。像地位、金钱和权力这种传统意义上的回报正在失去吸引力。

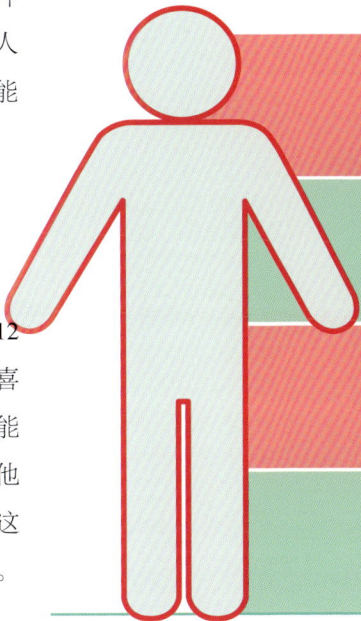

在一份工作中会有所发展吗？

你的工作可能教会你如何完成特定的任务，但它也可以教会你升迁和技能的转变。2012年英国的一项研究定义了四种掌握新技能的方式。

应对与众不同的挑战。
有能力掌控复杂的事情或应对压力，是极其有用的。

提升自己的表现。
寻求反馈意见，由此拓展你的技能，提升获得成功的能力。

与更广泛的群体和人脉互动。
能在一个较大的圈子内应对自如是很有价值的技能。

帮助别人。
如果你能教授别人，说明你又能获取新知。

同辈压力

其他人的支持重要吗？

我们都喜欢叛逆者，可是成功一定意味着成为一个特立独行的人吗？事实上，如果找到了正确的方法，社会影响就会有利于你的发展。如果你周边有着积极向上的群体，你更有可能健康成长。

当我们听到"同辈压力"这个词组的时候，大概会想到上学时的经历，那时我们受周围人影响，被动地去做我们本来不想做的事，或者我们明明知道是错误的事。那种感觉长大以后就再也没有了：人们一起协作才能生存，因而想要取悦我们周边的人是很自然的事。

抵制负面影响

有时同辈压力会使我们的行为妨碍我们的判断。在这样的情况下要怎么做呢？有时我们需要直接抵制，可是也能比较委婉地拒绝——用设立榜样的方式。你可以把人们本能的一致的诉求转换成你的优势：如果你是坦然接受和不批判的，你就创设了一种氛围，身处其中的人普遍接受"不同是正常的"这一观念。设立榜样是减少对

Q 过火的影响力

2015年美国一项研究发现社会压力可能起到副作用。当一家公司努力让员工签署一项退休计划时，告诉他们75%的同事已经签署了，而实际的参与结果从10%降到了6.3%。研究者们推断，人们感觉既然已经有那么多同事先行一步，就没有必要再去竞争了。从中得到的经验是：当选择你的"同辈"时，最好现实地选那些有可比性的人。

Q 三种不同类型的压力

企业家史利南·婆罗多姆（Sriram Bharatam）定义了三种类型的同辈压力。

直接的同辈压力

这是最容易理解的类型：一位朋友或是同事想要对你施加影响来改变你的立场。

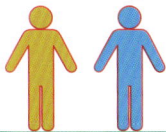

间接的同辈压力

这种情形可能是在我们甚至无意识间发生的。人是群居动物，一般来说，当我们觉得彼此不同步时就会不舒服。如果周围人都在以某种特定的方式做事，我们很容易觉得自己应该做同样的事。

个体的同辈压力

即便是在一种友好的氛围中，我们往往也会把压力加在自己身上。人们总是想要有所归属，这导致我们有的时候会基于其他人的想法来做决定。

抗性的方式，而且比争论更有效。

有益处的压力

同辈压力永远是坏事吗？实际上它也能被转换成我们的优势。比如，我们可以基于群体和谐的愿望成就更好的利益，或是组建一个团队来维护彼此的目标。

没有什么比公众承诺更能激励我们——哪怕一个小承诺也会起作用。2013年美国一项研究发现，一份公开签署的传单能更好地促使人们加入一个节约能源的项目当中，胜过以25美元作为报酬所起的作用。尽管支付现金的方式把参与者的数量从3%提高到4%，签署传单却把这个数字从3%提高到9%。让你感觉到置身事外

所造成的名誉损失，比金钱更有刺激作用。

那是一种负面的刺激作用，可是也有一些好的方面。2011年，《圣路易斯商务》杂志采访了三位妇女——盖尔·泰勒、尊卓·布莱恩特和萨拉杰妮·哈蒙德——她们参加了顾问贾恩·托里西-毛科娃的一个课程，结果令人印象深刻。这几位女士已经形成了一个团队，写下用具体的言辞勾勒出的她们要达成的特定目标，并给自己定下很紧的时间框架，然后按照支撑网的形式来相互帮助和监督。结果，她们实现了此前制定的"鲁莽"目标。凭借每月举行的"问责会议"，她们能够为彼此提供支持及正面的压力来保持进展。

前路是否清晰？

根据组织战略顾问贾恩·托里西-毛科娃的认定，

16%

的人说他们有自己的目标，不足

4%

的人能写下他们的目标，还有不到

1%

的人写下他们的目标之后能进行定期的回顾审视。

实现平衡状态

拓宽领域

选择一个明确的目标并且全力以赴地实现它是一件事情；认为一个单一目标能够满足你所有需求是另一件事情。十有八九，你是在同时寻求实现多个目标的路上。

看 你的周围，十有八九在许多地方你会看到同样的故事。有的人有着一份高收入的职业，可是又很无聊，对这副"黄金手铐"感到不满；有的人他的孩子十分优秀，他却时常抱怨受困于生活，没能在更广阔的世界中取得任何成绩；有的人有着许多很棒的经历，过着随心所欲的生活，却无法在一个地方久留以寻找浪漫安定，因而感到寂寞；有的人工作在体制内，享受着各种福利待遇，却因为牺牲了自己青春时的理想而感到沮丧。听起来似曾相识吧？我们没有一个适用于所有人的成功框架，所以许多人最终都在疑惑他们是否称得上真的成功。

持久性成功

劳拉·纳什和霍华德·史蒂文森是《八分满的幸福》一书的作者，他们开发出了一种称之为"持久性成功"的模式。它旨在引导人们沿着一条在情感上饱含新鲜感的道路前行，而不是带着持续的压力。这一模式的关键是要认识到不管目标是如何驱动

> 追求成功就像瞄准一个移动的标靶进行射击。
>
> **劳拉·纳什，**
> **霍华德·史蒂文森**

的，每个人都会勾勒出他自己对成功的一套看法，而且随着时间的推移，人们会从新的经验中学习，对成功的理解也会改变。这项研究定义了真正的满足和长久的成功的四个关键要素：快乐、成就、影响力、树立典范（见第35页"恰恰好的成功"图解），这就是我们想要的。纳什和史蒂文森发现如果拿掉其中某一要素，人们就会发现他们的成功是空洞的。有些人辩称如果你找到喜欢的工作，问题就解决了，但这根本不是重点。不管你的职业是什么，你依然还有许多复杂的诉求，没有任何工作能满足所有这些需求。你必须承认生活中需要关注的不止一个方面，不得不努力关注方方面面。

准确地说，成功的生活是什么样的呢？它取决于个人的选择——可是你仅仅在生活中的一个方面付出努力根本不可能实现所谓满意的生活。

🔍 恰恰好的成功

劳拉·纳什和霍华德·史蒂文森是哈佛商学院商业伦理学资深研究员，也是自主创业者。他们提出，想要追求真正的、全面性的成功，我们应该以贯穿生命始终的四个主要领域的可持续性成功为目标：自我、家庭、工作和社区，实现可持续的持久的成功。在这每一个领域中，我们都需要考虑快乐、成就、影响力、树立典范这四个要素。

快乐
你对自己这一生的大小成就感到自得其乐与心满意足。

成就
你认为自己的表现与同辈及跟你有相同价值观的人相比毫不逊色。

树立典范
你建立个人价值及成就的方式，足以成为启发后继者的楷模。

影响力
你能够对你最亲近的和最重视的人产生积极的影响。

自我，家庭，工作，社区

使之具体化

《欧洲社会心理学期刊》（*European Journal of Social Psychology*）一项研究发现，把计划具体化的人更有可能采取行动。不是简单地决定你要去做点什么，而是写下你将在何时、以怎样的方式付诸实践。

仅仅依赖心理决策解决问题的人成功率为35%。

35%
成功率

✅ 快乐的习惯

既然生活是由日子组成的，最好的策略之一就是创建一个架构，使每一天中的我们不仅能多产，还可以留一点空间去审视我们生活中和工作无关的其他方面。习惯是一种强大的动力——比我们想象的要强大得多。比如：2007年发表在《心理评论》（*Psychological Review*）上的一项研究发现，一旦确立了目标，我们为了达成目标所建立起来的习惯会比目标本身更具动力。

这并不意味着我们应该忘记目标是什么。2010年的一项研究发现，经常反思自己如何朝着目标前进，并且对习惯做出相应调整的人，往往会取得更大的进步。的的确确，它意味着当你旨在成功的时候，有规律地反思形成的习惯会产生切实的帮助作用。

清晰地陈述什么时候、**以怎样的方式**采取行动的人成功率为91%。

91%
成功率

性别挑战

在家庭和工作中不同角色的期望值

传统的社会运作模式基于"男性赚钱养家，女性扫屋带娃。"可现如今，几乎没人那样过日子。即便愿意按那种方式生活，想要成家的男男女女那么多，工作环境通常也不会为了缓解双亲压力而产生改变。这往往将重担落在了女人身上。你想象这样一个事实：许多人自觉或不自觉地，倾向于将同样的行为在男人身上解读为"自信"，而在女人身上解读为"女汉子"。一个有着宏大理想的女人怎样才能在这个世界上走她自己的路呢？

雇佣模式

2012年，几项针对西方文化的研究发现，女性比男性更容易跳槽，承担兼职的、临时的、短期的工作以维持生活运转——尤其是需要养家的年纪略大的女性。这就意味着女人通常得能掌控多种职业的转换，也能应对不够安全的就业环境。再加上因为休产假或是照看生病的家人而长时间脱离工作岗位，使得女性有时不得不抛掉骄傲而对工作少有挑剔。

沉默的声音

在针对某一问题进行讨论时，女性的话会比男性的话更多吗？澳大利亚女权主义者戴尔·斯彭德（Dale Spender）曾录下她的学生们某次讨论的内容，然后问他们认为男生和女生谁说得更多。女生们的评估往往是准确的。在男生看来的公平讨论中，女

除非我们生活在一个完美的世界中，否则现实就是大多数男人和女人在生活中面临的机会和期望值大不相同。这对于一个有雄心壮志的女人来说意味着什么呢？

生发言的时间仅为15%；而一旦女生的讲话时间占据了30%，他们就觉得整个讨论就被女生主导了。正如斯彭德所说，"女性的健谈"不是和男性做比较，而是以沉默与否来判定。

创建平衡

伊丽莎白·佩尔·麦肯纳（Elizabeth Perle McKenna）为了完成她的书《当工作不再奏效：女人、工作和身份》（*When Work Doesn't Work Anymore: Women, Work, and Identity*），她采访了数百名女性。她发现女性倾向于让她们的生活感觉"完整"，这就意味着她们对成功的定义既包括工作，也包括家庭目标的实现。

Q 处理问题

2012年发表的一项国际研究选出"5C"——五种女性应对阻碍的方式。

- **关注（Concern）：** 预先思考，筹划迎接挑战。

- **控制（Control）：** 独立，可信赖，执着；为应对困难承担责任。

- **好奇心（Curiosity）：** 敏锐的观察力、善于探索、获取新知识，而且乐于找到替代方案。

- **协作（Cooperation）：** 既能和其他人协同工作，又能依赖一个相互支撑的人际网。

- **信心（Confidence）：** 认为自己是有能力的、富有成效的、有价值的。

> 当一位男士成功了的时候，既被男人喜欢，也被女人喜欢。
>
> 而当一位女士成功了的时候，喜欢她的男人和女人都会减少。
>
> **雪莉·桑德伯格（Sheryl Sandberg）**
> 美国商业高管

应对挑战

一项在2010—2011年所做的研究中采访了斯里兰卡女性，看她们如何看待她们和工作的关系。8个关键词出现的频率最高。

适应能力。 女性被认为更顺从；有时她们不得不展示出乐于助人的姿态。

妥协。 女性并不总会为了参加公司活动而牺牲与家人在一起的时间；尽管这可能意味着错过了一些机会。

操纵。 女性往往招人喜欢，那些想要成功的女性了解这条艰难之路。

欺骗。 在工作中未能兑现个人承诺时，你大概需要撒点小谎。

解释。 如果是女员工因一些未能做到的事情而辩解时，老板们往往更容易心软。

社交。 这对每个人来说都是好事，尤其对那些此前错过某些机会，并在尽力弥补的女性来说，更为有用。

抵抗。 你可能会固执己见，可是这样做要冒着被解雇的风险；大多数女性都无可非议地对这种策略持谨慎态度。

退出。 一些女性觉得不值得为某份工作付出太多，在重新梳理、判断权重之后，转而寻找其他更适合她们的环境。

每天进步一点点

时刻关注每一点进步

果你志向远大，那么在到达终极目标前必然需要走很长的路，要花费几年甚至是几十年的努力才能与梦想相遇。在这一过程中常常会感觉沮丧，甚至让你怀疑这一切是否值得。应对这种状况的诀窍在于学会享受那些较小的胜利——积跬步以至千里——进而水到渠成。

进步定律

心理学家特瑞莎·阿玛贝尔（Teresa Amabile）曾提出一个很有帮助意义的理论，即众所周知的"进步定律"。这一理念指出，人人都有"内在的工作生命"，那是一条贯穿于我们每个工作日的情感和认知的源源不断的小溪。积极正面的经历，不管大小，都会使人们更乐于承担义务、更高效、更具创造力，也更有利于团队合作。

那么，是什么使得我们的内在

进步的感觉会大大影响到你的动力：小的成绩和大的成就一样的重要。这些进步不仅能帮助你向着目标前进，也能给予你所需的心理暗示。

5%

捡芝麻

在2011年美国的一项研究中，仅有 **5%**的**管理者意识到激励员工**的最好方式是通过**让员工感受到进步**。

3000亿美元

丢西瓜

据盖洛普调查机构估计，在美国，每年因**消极失业者**不积极找工作造成的**生产力损失**达3000亿美元。

工作生命更健康呢？经过十余年的研究，在分析了近1.2万本日记之后，阿玛贝尔和她的同事发现，就目前而言，人们最大的动力来自不断感受到进步。最有趣的是那些进步并不一定是多了不起的事：只需要人们觉得所做的事情充满意义。同样，进步并不一定意味着巨大的突破；仅仅需要感觉到你获取了足够的回报。

实践运用

在她的工作中，阿玛贝尔将关注的重点放在了为管理者提出建议上：她的目的是教会他们怎样成为更好的领袖。如果你本身就是一名管理者，或是旨在提高管理水平，那么这个进步定律就很有用：支持并运用进步意识，你就可能带出一支优秀的团队。

虽然如此，如果你仍然处于一个消极的运行状态，该怎么做呢？如果

正向激励

进步的感觉会创造一个良性的反馈循环，进而带来一系列的进步。

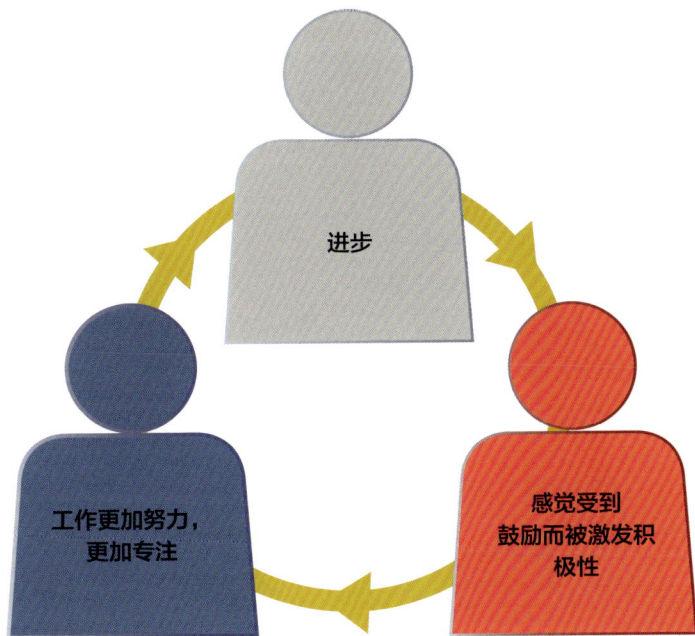

进步

感觉受到鼓励而被激发积极性

工作更加努力，更加专注

你始终在管理方式狭隘的、总是令人不快的、从不说"谢谢"的人手下工作，那就很难有受到激励的感觉。在这种情况下，或许最好的方法是掂量一下：你在当前的环境中能学到技能吗？能获得有价值的人脉吗？如果这两个问题的答案都是肯定的，你只需要找到其他方法来获取进步感：写一本成就日志，与同事互相鼓励，给自己制订计划如期学到新知识，如此这般。同时，在工作之余的空闲时间里，努力找到其他获得进步感的方法。

然而，如果工作中的积极因素还是不能抵消周身压抑的氛围，是时候考虑退出，为了进步而迈出新的一步。

每日触发器

哈佛商学院教授特瑞沙·阿玛贝尔提出了三组能让我们得到激励或是感觉挫败的"内在工作生命触发器"。

- **进步VS挫折**
- **催化剂VS抑制剂：** 有些行为会直接支持或妨碍我们想要去做的事。
- **营养VS毒素：** 来自他人的鼓励或批评。

我们对一天状态好坏的感知，通常源于我们在多大程度上受到了这些触发器的影响。

保持清醒

集中注意力

　　当我们在一件事上耗时许久之后，便很难保持动力。我们都知道，坚持不懈是至关重要的，但在不让自己精力耗尽的情况下，坚持下去的最佳方式是什么呢？

达成目标不容易，毫无疑问，会有很多时刻你会感觉到心烦或是气馁。我们常被告知要保持专注，这当然好，可是在实践中它意味着什么呢？

保持正轨

　　励志演说家夏琳·约翰逊（Chalene Johnson）列出了能帮助你保持正轨的四个要点：

- 设定期望值。知道你想要什么，和你需要它的原因。这样即便在状态低落的时候，你仍会清晰地知道未来的方向，也会提醒自己为之奋斗的价值所在。

- 做理性的决定。你不必每十分钟在心里喊一句"我决定了！"而是应该每隔一段时间告诉自己：我已经

选择了这样做，而且我有充足的理由做出这个选择。这种稳定的状态会帮助你实现目标。

- 承担责任。写下你的目标摆在面前，以此提醒自己设立这些目标的初衷。尽可能地把这些目标分解成不同的阶段，这样能给你带来进步的感觉。如果可能，告诉别人你的目标，这样在你失意的时候，他们能帮助你分析抉择或是给你鼓励。

- 不要追求完美。总会有让你感到厌倦和危机感的日子，让你无法面对。如果你把它当成一种失败，你就会放弃；相反，如果你只是耸耸肩让它过去，你就会回归正轨，并且好起来。

真正动机的力量

　　从2007年到2014年，艾米·瑞

斯尼斯基（Amy Wrzesniewski）和巴里·施瓦茨（Barry Schwartz）在西点军校追踪一个辍学率很高、挑战性很大的课程中的学员。学生们报告了参加这项课程的内在和外在原因（前者可能是为了有个好身体，后者可能是想要取悦家人）。那些以"成为一名军官"为参与动机的受训学生，将课程坚持下来的可能性比其他人高出20%。为了自己的利益想要得到一些东西，深刻影响着我们能否将它坚持下去。

> 除非你真正地投入，否则，有的只是承诺和希望，而没有切实的计划。
>
> **彼得·德鲁克**
> （Peter Drucker）
> 美国管理大师

你的日记

生活是日常点点滴滴的积累，没有什么能像具体的数据那样得到良好的概述。试着保持写日志的习惯，在每一天结束的时候，问自己这些问题：

价值	成功	阻碍
进步	■ 我感觉自己取得了什么成绩？	■ 有什么事情破坏了我的效率吗？
意义	■ 我这一天的工作对这个世界贡献了什么？	■ 我做了什么后悔的事情吗？
声誉	■ 我做了什么能用来提升自身信誉度的事吗？	■ 如果我做了让自己看起来很糟糕的事情，要怎样弥补呢？
感到被支持	■ 今天谁做了我的导师和盟友，谁在帮我？	■ 有哪些关系需要我进一步经营呢？
支持其他人	■ 当别人有求于我的时候，我尊重地对待、倾听，给予帮助了吗？	■ 我需要对任何人道歉吗？
时间	■ 我做了什么能证明是高效率的事吗？	■ 我做了什么浪费时间的事吗？
解决问题	■ 我克服了什么挑战，并达到自己的满意度吗？	■ 我要把哪些未解难题放进"待办事项"表里面？
长期优先的事	■ 今天我获取了什么技能、人脉或资源？	■ 我还需要去发展什么？怎样能做到？
私人生活	■ 工作之外发生了什么事，能帮助我聚焦在我的目标上？	■ 有哪些私人问题，使得我很难集中注意力？
幸福	■ 我今天开心吗？	■ 我还应该拥有什么？或淡化什么？

坚持走自己的路

关注你真正需要的

人们各不相同，而我们当中的一些人比其他人更容易疲累。当你为了完成每一天的工作而加码的时候，不要忘记也要照顾好自己。

放松你紧绷的神经

抵制诱惑、坚持完成令人不快的任务，以及忽略干扰，这些是我们都需要掌控的事情。如果一次性做了太多这样的事情，我们的意志力就被弱化了。这被称为"自我消耗"。心理学家罗伊·鲍迈斯特发现，当一些试验对象被要求不能吃巧克力而只能吃萝卜，随后让他们解开实际上没有答案的谜题时，这些受试者会比其他人更快放弃。意志力似乎是一种有限的资源。

例外规则

其他研究人员发现，受试者的信念会影响他们的意志力：那些相信自我消耗理论的人往往比不相信者更快放弃。此外，一项2012年由心理学家迈克尔·因兹利奇和布兰登·舒梅切尔所做的研究发现：当被告知这项研究将有助于为阿尔茨海默病患者开发治疗方案时，受试者的消耗程度便降低了。目前看来，这个论据是有争议的，可是却暗示着，在没有其他因素的情况下，动机对我们的精力水平有很强的影响。如果你有一项很麻烦的任务要去完成，最好的策略或许是找到理由相信，它会给你带来一些好处。

如果你让一只动物疲惫不堪，它就会崩溃。无论人类多么聪明，我们依然还要活着、呼吸着，和地球上一切生物一样：永远不要忘记，你要设定一个自己能承受的速度。

Q 精力的四个维度

生产力咨询师大卫·艾伦（David Allen）和能量专案公司（The Energy Project）首席执行官托尼·施瓦茨（Tony Schwartz）提出了这样的建议：从四个维度思考你的精力。他们补充说尝试像机器那样快速地、持续地让自己运行是有风险的：在阶段性的活动之后有间歇的休息，会让人表现得更好。竭尽全力地工作往往比看起来的效率低。

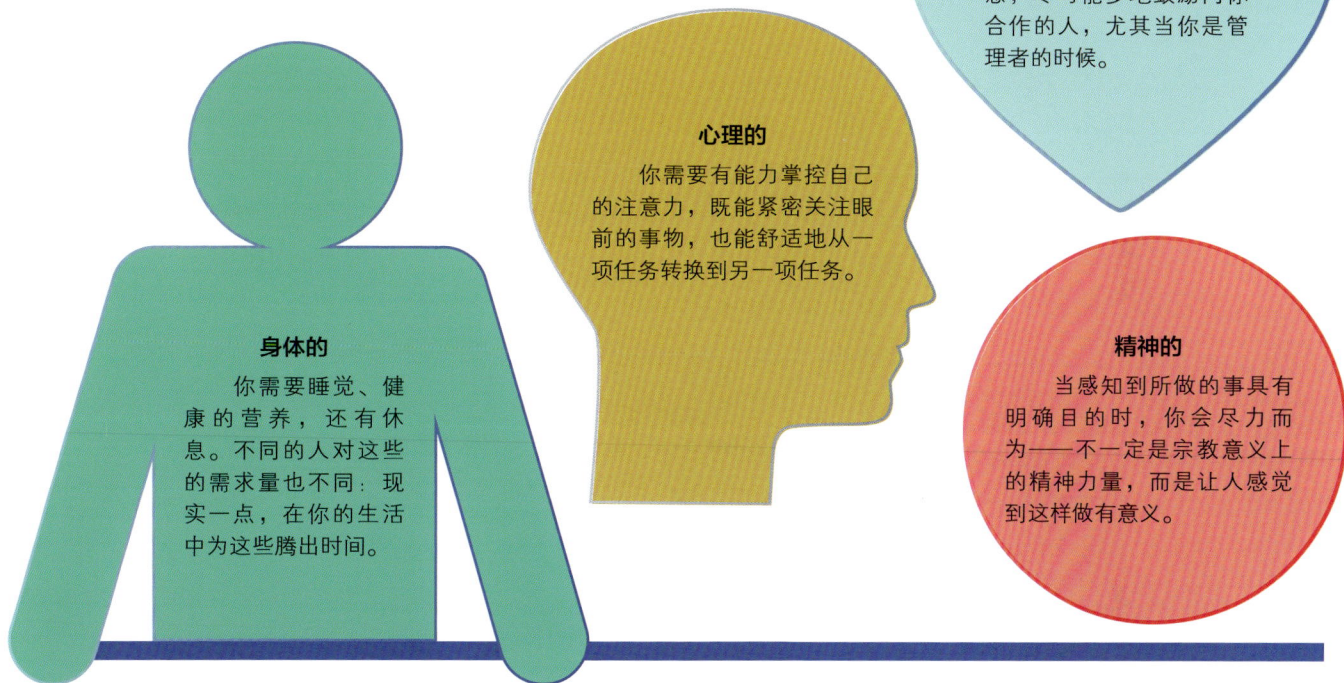

情感的

你需要培养积极的情感，尽可能多地鼓励同你合作的人，尤其当你是管理者的时候。

心理的

你需要有能力掌控自己的注意力，既能紧密关注眼前的事物，也能舒适地从一项任务转换到另一项任务。

身体的

你需要睡觉、健康的营养，还有休息。不同的人对这些的需求量也不同：现实一点，在你的生活中为这些腾出时间。

精神的

当感知到所做的事具有明确目的时，你会尽力而为——不一定是宗教意义上的精神力量，而是让人感觉到这样做有意义。

✔ 保持水准

有一个新的俚语词汇："饿怒"，用来描述因为饥饿而发怒的人。它背后很有强的科学依据。当我们的血糖降得太低的时候，我们的身体系统就会释放更多的肾上腺素——"战斗或逃跑"激素——并释放更多的神经肽Y，它刺激了人的进攻性。如果你想要维持良好的工作关系，千万不要不吃早餐！

你需要多少睡眠

别理会那些据说每晚只需睡三个小时的超人；我们大多数人需要更多的睡眠。美国国家睡眠基金会（The National Sleep Foundation）建议了如下的睡眠时间——当然，你可能会发现自己需要的睡眠时间多少有点偏差。

年龄（岁）	每晚建议时间（小时）	适合你的波动范围（小时）
14～17	8～10	7～11
18～25	7～9	6～11
26～64	7～9	6～10
65岁及以上	7～8	5～9

从错误中学习

以开放的眼光看待事物

当成功对你来说很重要的时候，如果你做错了，你就会感觉很糟糕。然而，为了成为真正的专家，我们需要明白错误是过程的一部分，也是预料之中的。

我们都会犯错，错误的产生比我们意识到的要多得多。那么，为什么当我们发现某件事情错了的时候，还是会措手不及呢？

错误盲区

《犯错：过失界限内的冒险》一书的作者凯瑟琳·舒尔茨花费了大量时间思考，为什么我们潜意识中总认为自己是对的。她观察到从小时候开始，我们就知道做错事的人是那些不为考试好好复习功课、不聪明或是制造麻烦的人。而我们绝不想成为那样的人。

舒尔茨也指出，发现自己犯错的感觉很糟糕，而且直到意识到错误之前，我们始终感觉自己是对的。这是因为我们通常犯错而不自知。有时，我们把注意力都放在一件事情上，而忽略了其他显而易见的事实——这就是所谓的"错误盲区"。

为了成功和快乐，我们最好摆脱只有"坏孩子"才犯错这样的刻板印象。我们都会犯错：只是自己没注意

> 一件艺术作品永远没有完成的一天。它仅仅是被放弃了。
>
> 列奥纳多·达·芬奇（也被认为来源于小说家 E.M. 福斯特和诗人保罗·瓦勒里）

Q 弓箭手悖论

为了射中目标，就要死死瞄准靶心吗？不一定。为什么前期的错误至关重要？弓箭手给了我们很好的答案。箭会弯曲收缩，这意味着它们在半空中的运行轨道是曲线。弓箭手必须考虑到箭杆的硬度，以判断箭能飞多远。这就是"弓箭手悖论"：为了正中靶心，不得不在瞄准时稍微偏离靶眼。

有时，做事想要找到点感觉的唯一方法，就是先射几箭，看看它们怎么飞。

把犯错当作试射：看看在你的努力之下目标还有多远，这样就能在下一次做出校正，离目标更进一步。

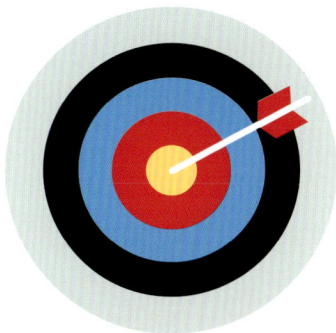

到，或是人们出于礼貌没有将错误指出。犯错不是世界末日：正如舒尔茨所主张的，提醒自己"我们是不完美的"十分有好处——不完美也许会成为创造力的伟大的源泉。

成功VS精通

你会说自己是一个完美主义者吗？

有时我们不得不接受一份"不错的"工作，但事实上它并不符合我们的标准——这就像犯了大错特错一样让人泄气。可是我们需要为这种奇怪的平庸时刻感到难过吗？在大受欢迎的**TED**演讲中，艺术史学家萨拉·刘易斯描述了通过观察弓箭手反复练习，得出了"弓箭手悖论"：为了正中靶心，你不得不瞄偏一点点。她认为，这是成功和精通之间的不同：击中靶子那是成功，而能够不止一次地击中它才称得上精通——可是为了达到这个目的，你需要试错许多次。

刘易斯补充说，许多伟大艺术家并不太在意那些被其他人认为很有价值的艺术作品："太容易获得的成功"不能取悦它的创造者是需要人们学习的一大课题。能对工作做出负面的评价应该被看作是离精通更进一步的标志，因为它意味着你在发展专业技能。

没有人喜欢把事情做错，没有人喜欢未能尽善尽美的感觉。可是别对自己那么严格，要知道即便是世界上最有成就的伟人也会犯错。

Q 选择性注意力测试

1999年，哈佛大学的两位心理学家克里斯托弗·查布利斯（Christopher Chabris）和丹尼尔·西蒙斯（Daniel Simons）给志愿者展示了一个简短的视频。在几个镜头里，两个三人组的团队在一个小空间内转来转去：一队穿着白色的汗衫，另一队穿着黑色的汗衫，每队都有一个篮球。

志愿者的任务是，数清在一分钟内穿白色汗衫的球员之间传球多少次。比赛期间，穿着大猩猩服装的人从场地右侧走入，穿过球员，在场地中间停下来敲打胸膛，然后从场地左侧离开。

半数的志愿者因专注于他们的任务，根本就没有注意到大猩猩的出现。这已经成为一个很典型的选择性注意力的例子：当我们专注于一项挑战时，很容易忽视其他一些很明显的东西。

CHAPTER 2
STARTING WITH YOU

POSITIVE PSYCHOLOGY AND THE POWER OF BELIEFS

从自己开始

积极心理学和信仰的力量

画一个完整的圆

生命蓝图

一想到成功，便很容易过多地将它聚焦在我们的事业上。享受工作的乐趣是成功的一部分，可是最终，我们需要在更宽泛的层面上思考我们的需要。

我们需要什么能让我们感到成功？你的首选答案可能会包括许多要避免的事情：你不想为了钱和资产而挣扎；你不想孤独终老；你不想做枯燥的、重复性的、几乎没有任何发展机会的工作。那是因为我们有一种自然的"负面偏见"：对比正面的经验，我们更倾向于关注，并从消极的经历和信息中吸取更多的东西。这就是人类大脑通过进化来促进我们基本生存能力的方式：如果你的祖先没有时刻提防着剑齿虎，怎会有现在的你。尽管如此，这种偏见在当今世界中并没有太大作用；负面偏见会削弱我们体验幸福的能力。

积极心理学

美国心理学家马丁·赛里格曼（Martin Seligman）是"积极心理学"领域的主要开发者。在积极心理学出现之前，心理学研究和实践的焦点是在与功能障碍相关的领域——抑郁、神经质的行为、焦虑，以及所有能引起个体、家庭或社区"痛苦或折磨"的各种形式的心理和行为倾向。

> **安乐**是每个人与**生俱来的权利。**
>
> **马丁·赛里格曼**
> 心理学家，
> 积极心理学创始人

50～80岁

在50岁时对他们的**情感关系最为满意**的人，往往在80岁时是**最健康、最幸福的**。它比胆固醇这样的健康指标**更能准确地感知衰老**。

真正的安乐

积极心理学的一个有用的标准是保持安乐的"PERMA"模型。马丁·赛里格曼认为，幸福不单单是一种情感，这五个要素都有助于产生安乐的体验。

P	积极的情绪	乐观、享受、热爱、满足、愉悦——任何让我们感觉好的、充满感激的情绪。
E	投入	进入一种忘我的"心流"的状态，在这种状态下，我们沉浸在完全抓住了我们的注意力和聚焦点的事情上。
R	关系	爱、亲近、与他人的信任关系。
M	意义	有一种超越个人利益的使命感，感到自己是宏大世界观的一部分。
A	成就感	实现目标的满足感，即便是达成了小目标也会让我们感觉很好。

Q PERMA模型的益处

PERMA理论（参见上文"真正的安乐"）是一个关键准则。追求幸福感五方面中的任何一方面都有其独到的理由。他们自身就是有价值的，会让人获得"内在的"回报。

√ **积极的情绪，**虽然本质上说会稍纵即逝，却能让我们更开放、更有韧性、更具创造力、更善于观察——甚至会让身体更健康。

√ **投入**其中的时刻，便是我们对自身技能有足够信心的时刻。它是那样一种令人愉快的体验，以至于我们发挥这些技能是为了好玩，根本没把它当作完成任务。你越了解自己的强项，就越能够投入到忘我的状态中。

√ **关系**很重要。它包括和家人、朋友、恋人、同事，还有你同社区的关系。没有其他人分享或参与，成功听起来就很空洞。

√ **意义**使我们更满意、更有信心、更强健。有时你会因为一件事有意义而去做它，有时你则可能需要边做边寻找它的意义，但这是你能够发现的东西。

√ **成就感**是所有关注成功的人都关心的。积极心理学认为你获得成功所需的关键品质是坚持不懈，但事实上，**PERMA**模型的任何要素都能够帮助你轻松获得这一品质。如果你觉得疲倦、孤独或是哀伤时，坚持挑战就变得很难；但如果你是积极活跃的，一切就会容易得多。

我们想要成功，是因为我们认为成功会让我们感到快乐。然而，反过来也行得通：快乐也能帮助我们获得成功。

😊 你有多幸福

2014年，澳大利亚的一项研究通过向学生志愿者们提出一系列问题，来检测他们的PERMA等级。试着回答这些问题，看看对你来说结果怎样？生活不是固定的，很可能在一些要素上你会比其他人给出更多的积极答案，而一年后你又发现平衡已被打破。如果你在PERMA模型的每个方面都至少有些积极经验，说明你最有可能感到成功。但是，如果你产生了缺失感，下面这些问题对精准定位你的不足之处就十分有帮助了。

意义

- 你会经常感觉到你在生活中所做的事是有价值而且值得做的吗？
- 你觉得你的生活有目的吗？

关系

你认同这些吗？

- 你的人际关系是相互支持、有来有往的？
- 你在积极为其他人的开心和幸福做贡献吗？
- 当好事来临的时候，会有你愿意与之分享的人吗？
- 你有真正关心的朋友吗？
- 有真正关心和爱你的人吗？
- 当遇到问题的时候，会有人帮你吗？

积极的情绪

- 你感觉快乐的频率有多高？
- 你精力充沛的频率有多高？
- 你感觉高兴的频率有多高？
- 你感觉平静的频率有多高？
- 你感觉骄傲的频率有多高？
- 你充满勇气的频率有多高？
- 你生机勃勃的频率有多高？

投入

- 当你在阅读或是学习新东西的时候，你会忘记时间吗？
- 你经常会全神贯注于你在做的事情吗？
- 当你看到美丽的风景时，你会享受其中，以至于忘了时间吗？
- 你通常多久会因某事产生兴趣？
- 你通常多久会感到充满警觉？

成就感

- 无论你开始做任何事情，都能坚持到最后吗？
- 当你有一项计划的时候，你会按照它执行吗？
- 你把自己看成是一个很努力的员工吗？
- 大多数时候，你是否有一种已经达成了一些目标的感觉？
- 在过去的两周中，你有因为完成了某件困难的事情而感到开心吗？

从传统意义上说，心理学更关注如何解除痛苦，而不是什么创造一种满足感和"值得的生活"。赛里格曼关注的是他所谓的"安乐"：全方位的情绪健康和幸福感会使一个人实现真正的成功。

成就感的价值

如果你志在成功，那么PERMA中代表"成就"的"A"对你来说就十分重要（参见下文"成绩与成就感"）。积极心理学基金会观察到，与自豪感一样，成就感也能给我们带来其他东西。

1　成就感为我们的记忆创设了一个积极的结构。 平淡无奇的日子很容易从我们的记忆中溜走，仅仅留下少数有限的、珍贵的生活片段。从另一方面来说，如果我们把时间花在具体的目标上，那些日子就换了一种形式，成为未来岁月中持久难忘的满足回忆。成就感在于能时刻回顾而且感觉良好，这就帮助我们建立了一个丰富的记忆库。

2　成就感激发感激之情。 我们当中几乎没有人能完全靠自己做完很多事。研究证实，总是心怀感激的人享受着更好的心理健康和生活质量。如果你能观察到自己做事的进展，并对沿路帮助你的人和事心存感激，它就会变成幸福的燃料。

3　成就感会使我们对未来更有信心。 总有其他的挑战要面对，即使是我们当中最强大、最快乐的人，也会经历某些时刻，怀疑自己是否能度过艰难时期。在过去的日子里克服阻碍的经验，是我们建立信心的最好方式之一，在应对可能会在未来出现的阻碍时，它也是我们的信念。

比好更好

积极心理学创始人马丁·赛里格曼认为，就大多数过去的研究来看，心理学科始终聚焦在心理疾病和不幸上，它的目标是把人们带回到不生病的"基准线"。积极心理学的发展旨在追寻这个等式的另一边：是什么使我们超越了基准线，达到真正幸福的状态？或者说，我们怎样才能积极地蓬勃发展，而不仅仅是"还好"？

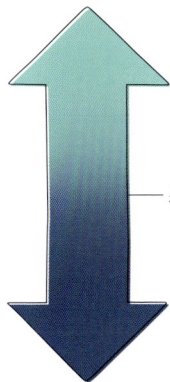

蓬勃发展

—— 基准线

挣扎状态

Q 成绩与成就感

谁能确定你是否是一名成功人士？积极心理学家帕蒂·奥格雷迪（Patty O'Grady）指出了两者的关键不同：

- 成绩是我们达到了其他人强加的标准的时候。
- 成就感是我们达到了自认为有价值的目标。

当代社会很多人关注的是成绩：通过考试、赢得比赛、拿下了面试。原因之一是这些很容易衡量——你要么得了"A"，要么进了一个球，要么得到了这份工作。但恰恰是因为这个原因，这样的衡量标准总让人感觉少了点什么，最终也令人不那么满意：这些结果完全来自其他人对成绩的衡量方法，而不是你自己的。去做一些在你看来达成目标很重要的事情，这才是真正有意义的。无论是个人的、专业的、艺术的、技术的还是其他什么，只要它对你而言是重要的就好。即便这通常也会涉及成功的外在衡量标准，但真正的回报是你的自我认同，以及作为一个完整的个体来发展的能力。正像奥格雷迪所说："成绩是成就感的副产品。"

积极的习惯

思考和存在的方式

想要快乐是人的本能，可是什么能让我们快乐呢？我们能用什么方法来创造满足和幸福，使自己实现对我们来说很重要的目标呢？

物质拥有还是精神体验？

与我们以为的正相反，虽然在我们的文化中对物质财富给予了重视，可是"拥有物质财富"并不能使我们快乐。依照康奈尔大学心理学家托马斯·吉洛维奇20年的研究表明，物质满足是有缺陷的，原因如下：

- **我们太容易习惯物质的存在。**一旦新鲜感消失，我们还是那个有着需求和关注等种种感觉的人。
- **我们的期望值总是会调整。**你的新车总是比旧车好，可是过段时间，你又会拿更好的车来做比较。
- **我们总是把自己和其他人相比。**总是有人拥有比我们手中更光鲜亮丽的东西。

这就叫作"适应"：随着环境的改变，我们要做出调整来适应它。可是，永远不会失去色彩的，是拥有那些有意义的、值得怀念的经历，因为：

- **我们的经历不具可比性。**你可以把物品放在一起，但是比较经历似乎毫无意义，这就意味着经历的价值对我们的幸福有着持久的影响。
- **经历代表了我们身份的一部分，**不管是我们认知自己，还是其他人看

成功、幸福和成就感是相互关联的。你所想的和做的会有不同：通过培养自己积极的心理状态和习惯，激励自己走向更充实的生活。

五种提升幸福感的方式

2005年，马丁·赛里格曼和他的研究团队给五组不同的人分别布置任务，在一周时间内完成。研究发现每一组任务都能提升参与者的幸福感。

> 在每天结束的时候，记下这一天发生在你身上的三件好事，回想他们的起因。

> 寄一封信，给你从来都没有认真感谢过的人。

> 写下一个时间，记录你一天中的最佳状态。

> 明确并更经常地使用你的五项明显优势（参见第76~77页）。

> 以一种新的方式来使用你的其中一项优势。

待我们。

■ **我们享受着对一份体验的期待。** 等待购买一样东西的过程常让人感觉不耐烦；反观体验，像期待假期和外出的过程总是令人兴奋的。研究表明，对经历的投资无论从短期还是长期来看，都会对我们的幸福感有影响，对成功的感觉也是一样。

训练你的大脑

神经科学表明我们的大脑是具备"可塑性的"。改变你的心理习惯很难，然而你却可以考虑努力改变你的思维方式，就像通过锻炼身体来增强体质一样。

更好地给予胜过单纯接受

心理学家肖恩·埃科尔（Shawn Achor）发现，衡量人们在有压力的时期能否维持他们的幸福状态，最重要的指标是他们能否依靠强大的社会支持。出人意料的是，如果他们能给予他人支持，效果甚至更好！

为同事提供支持的员工：

10x 更专注于他们的工作。

40% 更有可能被提拔。

☺ 简单的情绪助推器

幸福研究专家肖恩·埃科尔列举了提升情绪的几种方式：

■ 记下三件你感恩的事。

■ 给你关心的人发送积极乐观的信息。

■ 沉思2分钟。

■ 锻炼10分钟。

■ 花两分钟写下在过去的24小时里你经历过的最有意义的事。

■ 与你社交网络中的某个人取得联系。

最后一项被证明是提升情绪的最好方法。所以，永远不要因为"太忙碌"而花掉了应该分给朋友、家人和亲密同事的时间。

真实的、现实的自我

洞察内心的重要性

我们的自我形象是我们存在的核心，而通往成功之路需要我们对如何看待自己进行思考。我们如何才能培养出一种既准确又有帮助意义的自我认知呢？

自我形象可以帮助或是阻碍我们：我们对自我选择的评判基于如何看待自己。准确的自我认知是能随着实践发展的技能，我们需要通过反思来改善它。

自我感觉良好

对我们的优势和天赋有自信是有好处的。例如，2010年，美国一项研究发现，大体上看，那些最擅长识别和分析自己优势的大学生，更擅长以过去的成功作为基础去利用社会支持；他们也倾向于有更大的幸福感和更高的自尊。知道你的强项所在，尤其是当它们曾造福于你的兴趣和激情的时候，这是真正的优势：它意味着你知道自己有哪些工具可以任你自由支配。

问题是我们很容易对自己的优势视而不见。举例来说，勇气是重要的性格特点，我们却认为只有当环境需要的时候，才应该表现出勇敢。最终，我们在某个时刻勇敢行动了，我们很容易仅仅将自己的行为归结为"正常反应"。事实上，看起来"仅仅是你

> 一个人，如果没有得到自我的**认同**，就不可能过得舒服。
>
> **马克·吐温**
> 小说家

? 善加评估

思考下面的问题。你的答案更能揭示你的优势所在：

- **当别人有着和你不同的优势时**，你倾向于无视他们还是向他们学习？存在你不以为然的"优势"吗？存在那种你并不具备但却很羡慕别人拥有的好品质吗？

- **什么让你充满活力**，什么让你筋疲力尽？

- **在你的生活中有没有人**能帮助你、支持你，让你更好地发挥优势？

应该做的"事情很有可能正是你最擅长的事。

个人的"优势"是什么？

积极心理学家将"优势"定义为天资、知识还有技能的结合，只要培养这些品质，就能创造出卓越的潜能。因此，我们需要认清自己的天赋，把这些天赋融入自我认知中，并对我们的行为做相应的调整。

这种行为的改变一部分涉及限制我们的负面因素的多少。当我们努力地去完成某件事情的时候，更容易看到生活中不如意的地方，而且想努力地去修正它。可是有研究表明，专注于欣赏我们做得好的事情，并经常地去做那些特定的事情，会更有成效。

? 在工作场所

你有信任的同事吗？问他们这些问题，看他们的答案是否能为你的改进指明道路。

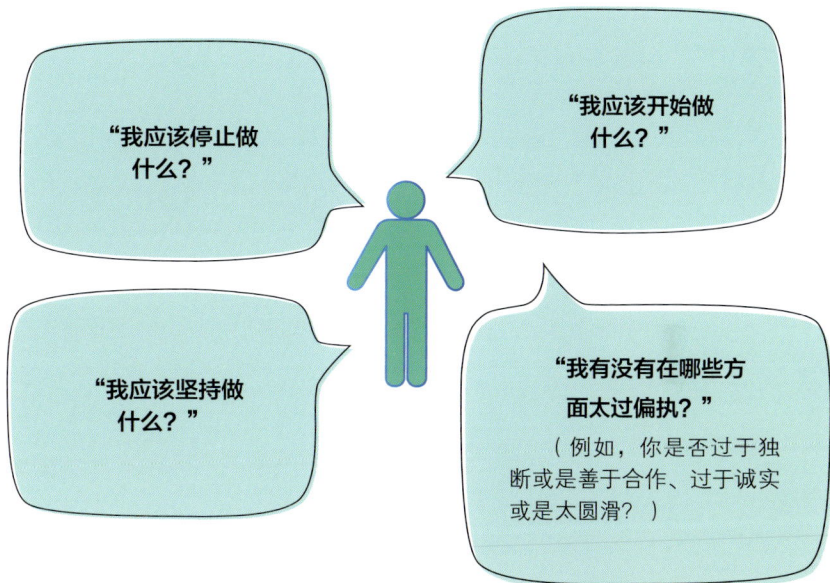

"我应该停止做什么？"

"我应该开始做什么？"

"我应该坚持做什么？"

"我有没有在哪些方面太过偏执？"

（例如，你是否过于独断或是善于合作、过于诚实或是太圆滑？）

掌握力度

拥有优势是件好事，可是你不要总是把优势用到极致。《积极心理学》（*The Journal of Positive Psychology*）杂志指出：调整自己以应对每一种情形，并且认知我们所处的不同环境，这才更有帮助意义，我们不需要每一次都用猛力。当利用自己的优势时，问问你自己是否能再加把劲儿——或是正相反，是否要省点力——这取决于你的政治优势或是最大利益。

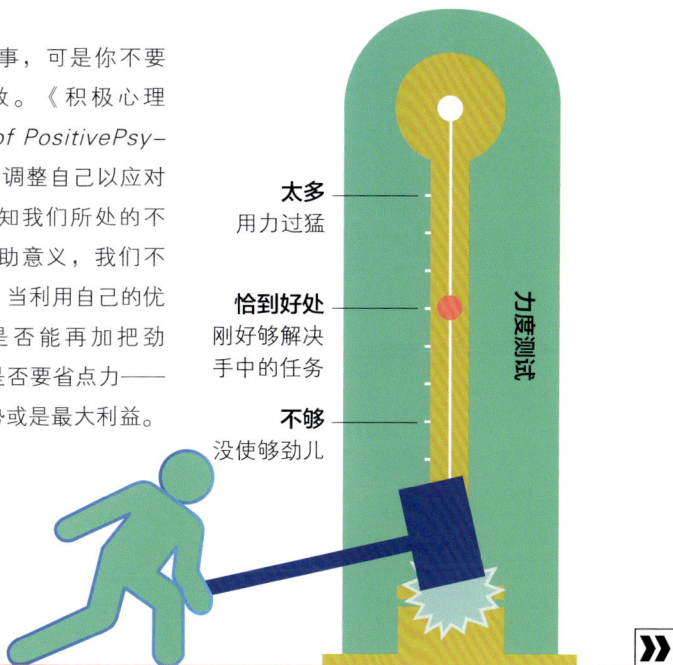

太多
用力过猛

恰到好处
刚好够解决手中的任务

不够
没使够劲儿

力度测试

尝试这种方法的人会更投入，更有动力。可信赖的朋友和家人既能从"内部"也能从"外部"利益的角度提供坦诚的评价。我们倾向于靠近能分享我们激情的人，所以朋友能帮助我们打造现有的优势；而对我们选择的领域进行客观评价的家人，则能提供充满爱心的、现实的检查。

自我感觉良好是对我们具有最大激励作用的因素之一。有动力的人会

什么是冥想？

冥想是一种动态练习，也是一种强大的工具。诠释它有两个传统的词：

- **bhāvana**（梵文），意思是"培养"，或是"引起改变"。

- **sgoms**（藏语），意思是"熟悉的发展"（自我意识和洞察力）。

通过冥想，你在训练你的思维，让自己处于对你有益的心理状态。

把事情做好，而且能够比不开心的人更长时间地保持高效的节奏。欣赏你自己好的东西，也欣赏他人好的东西，你会发现你的成功之路要平坦许多。

保持正念

佛教徒认为对自我有固定的看法是有局限性的，科学研究也支持这个观点：在不同的环境中我们都有能显现出来的"多重自我"。"正念"是在冥想中发展出来的一种认知状态（参见第68～71页）。正念是基于当下的、是非评判性的，它不会对你的每一种思想和每一份体验做出立即的反应。心理学家提到"S-ART"框架，代表着本我（self-awareness）、自我（self-regulation）和超我（self-transcendence）。这意味着，在实践中我们可以建立一种自我认知的状态来帮助我们掌控自己的情感，超越我们自我关注的需要，能看到更远大的蓝图，能和他人更好地相处。正念有四个关键地方面：

- 和谐的、专注的努力；
- 清晰地辨别事情；
- 正念的认知；
- 镇定：客观观察事物，而不是让欲望和不满支配我们。

换句话说，为了保持正念，我们要专注于当下，看清事物的本质，认识到我们的感受，接受当下，与之相

正念思维方式

如果你对自己是哪类人的判断过于刻板，你有时就会告诫自己不要去拓宽视野。

消极的思维过程

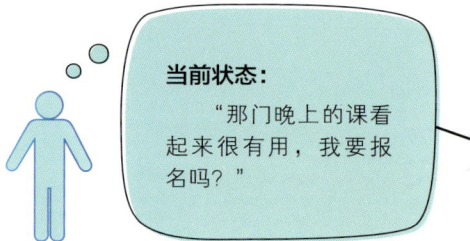

当前状态：

"那门晚上的课看起来很有用，我要报名吗？"

积极的思维过程

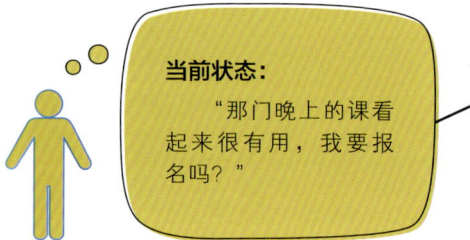

当前状态：

"那门晚上的课看起来很有用，我要报名吗？"

伴，而不是追溯过去的记忆，或是展望虚空的未来。

不安的情绪

这种情绪会怎样影响我们呢？我们如何看待对行动能力的自我限制——给一些事件、相互作用和结果贴上越多的标签，我们就越容易受偏见的影响。我们对自我认知的过去的记忆会影响我们现在的感觉；从经验中归纳总结的东西会限制我们对自我

通过停留在当下，承认自己的感觉，你便可以保持"切题"并具有建设性。

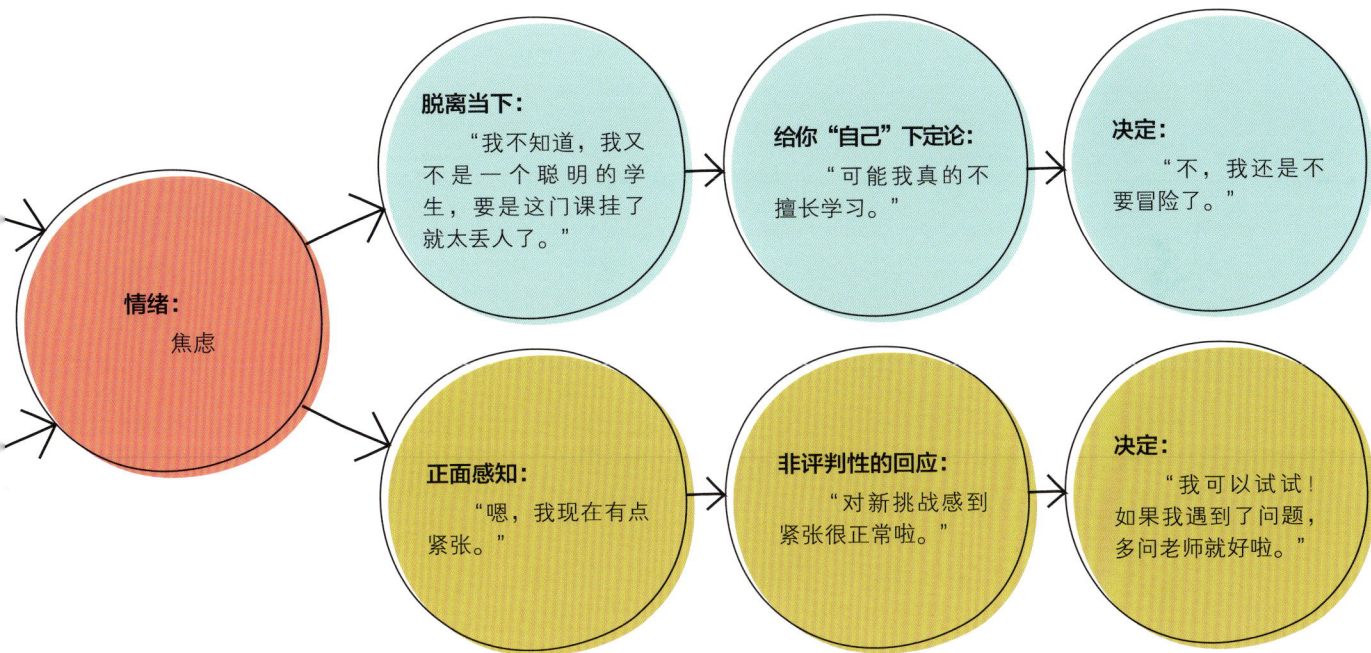

情绪：
焦虑

脱离当下：
"我不知道，我又不是一个聪明的学生，要是这门课挂了就太丢人了。"

给你"自己"下定论：
"可能我真的不擅长学习。"

决定：
"不，我还是不要冒险了。"

正面感知：
"嗯，我现在有点紧张。"

非评判性的回应：
"对新挑战感到紧张很正常啦。"

决定：
"我可以试试！如果我遇到了问题，多问老师就好啦。"

能力的评判。

我们都有这样的经历：因不愉快事件带来的不安的联想，很自然的反应是把那些感觉赶走。但这没有任何帮助意义：自我认知得越少，我们就越可能屈从错误的信念。记忆是相关联的，如果我们陷入到了负面情绪，自然地，心绪就开始唤醒我们曾经有过的其他负面经历，最终会进入恶性循环。有帮助意义的方法是坦然承认我们感受到的负面事物，然后由它

去：不安的时刻总会伺机而入，但它并不代表其他任何东西。

一致性原则

把自己看成是稳定的、理性的存在是我们强大的心理需要。如果我们做了或是说了与我们的自我形象不符的事情，就可能导致一些问题；此时的捷径就是打安全牌，这样就能让我们感觉到自己与过去的信念和行为一致。但事实上，更好的方法是去接受

不一致，因为它是人本性的一部分，要承认这些"脱离正轨"而不是把它们赶到一边不理不睬。

越清楚知道自己的优点所在，越能温柔耐心地接受错误，你就越会舒服地迈出脚步，按照正确的路线攀上新的高峰。

情商
带着感受去思考

在不知道我们真正感受的情况下，想要成功，就像在黑暗中前行。我们生活中各个方面的成就都取决于理解我们自身的感受，也理解我们周围人的感受。

有时，人们很容易仅仅关注成功的"表面"：我有什么资质？我有什么人脉？我需要为自己展示什么？虽然如此，如果想要巧妙地掌控这些，我们需要理解自己，也要理解和我们接触的人的感受。

情感洞察力

自20世纪90年代首次被提出，"情商"的概念就变得越来越有影响力。心理学家丹尼尔·戈尔曼（Daniel Goleman）这样定义情商：

- 监控你自己和他人的感受；
- 准确地给这些感受贴标签；
- 利用这些信息指导你的思想和行为。

这就意味着我们需要协调适应我们自己的情感，以及和其他人互动的情感内容，并能基于这些洞察力做出有说服力的判断。这种能力对一些人而言比其他人来得容易。好消息是，情商是我们能学习的东西。

38%

美国的高中开设了一门**情商教育课程**。38%的学生通过选修这门课来**提高绩点（GPA）**。

事半功倍

提高你的情商可以使你对雇主有很高的吸引力。教师兼积极心理学教练罗恩·哈比卜（Ronen Habib）在一次包括谷歌和脸书（Facebook）这样知名企业人力资源高管参与的会议上说："以下这些所列技能是被高度推崇的：善于与人合作，创造力，生活常识，逆境中的毅力，良好的时间管理能力。"

他们注意到，这些品质实际上很难发现。在学校里没有人教孩子们，我们不得不靠自己学习。如果你能做到这些事情，你就能在竞争中遥遥领先。例如，老练地与他人一起工作，需要良好的情商。

培养你的认知

练习探寻你的感受、思想和信念在怎样影响你的行为和选择。这或许不容易，尤其是它会让你有新的想

Q 可转换的技巧

按照心理学家丹尼尔·戈尔曼所说，具有较高情商的人更有可能做到以下几点：

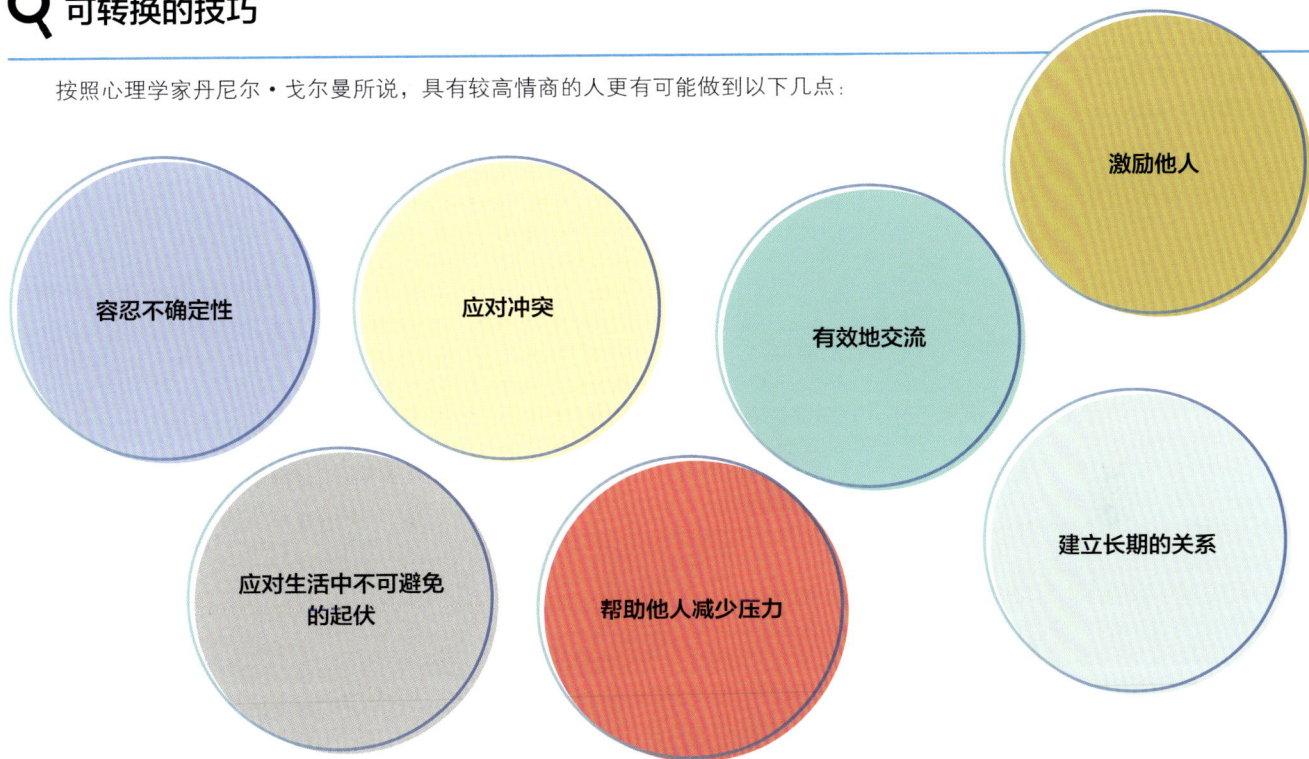

- 容忍不确定性
- 应对冲突
- 有效地交流
- 激励他人
- 应对生活中不可避免的起伏
- 帮助他人减少压力
- 建立长期的关系

法：研究表明当遇到不熟悉的境况或概念时，我们倾向于感觉焦虑，并依赖以往的经验，而不是努力去创造新的解决办法。虽然如此，也要尽力避免回归旧习惯，因为更好的改变意味着学习新的技能和对策。

困难的情绪是存在的，最好承认这一点而不是忽视和规避它们。相反，尝试每次做一件不同的事情。或许在短期内会感觉不舒服，但如果我们培养出了我们的情感认知，就会有丰厚的回报。

达到情感上的平衡

依照丹尼尔·戈尔曼和大卫·麦克利兰的说法，自我认知既包括认识我们的情感，也包括调节我们的反应。这可以使我们无论是作为个体，还是作为群体中的一员时，都可以从中获益。

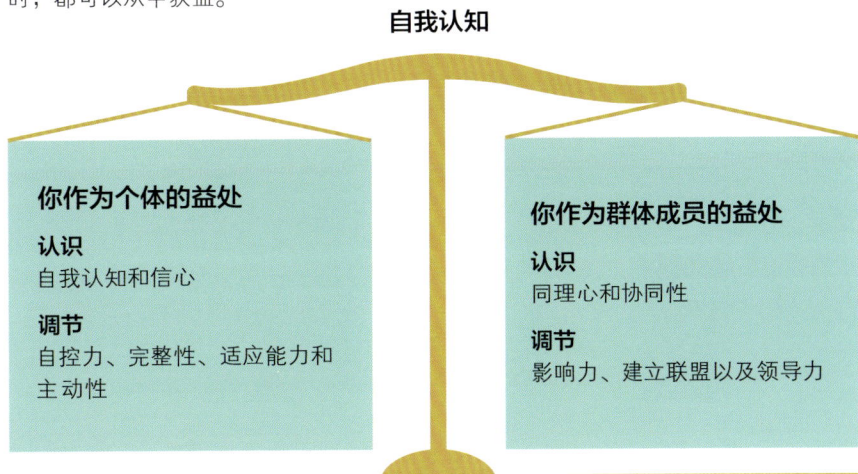

自我认知

你作为个体的益处

认识
自我认知和信心

调节
自控力、完整性、适应能力和主动性

你作为群体成员的益处

认识
同理心和协同性

调节
影响力、建立联盟以及领导力

镜子

从他人的角度审视自己

自我认知对你持续的成长及成功都很有必要。学会与他人接触的最好方法就是简单地去问和倾听——而这本身就是一种很棒的技能。

说起评价我们的行为，没什么能替代他人的反馈。这就需要你保持淡定，因为反馈并不会总是以恰到好处的精准方式呈现出来。毕竟，其他人有他们自己的情感、偏见、敬畏、假设和预期，而且，他们的行为会通过我们自己的感知被过滤掉。2010年加拿大的一项研究发现，对于与我们的自我形象相冲突的反馈，我们很少能听得进去。而对于没有打击我们信心的反馈，我们就能更好地倾听。若想找人给你提诚恳的建议，最好找到那些让你感受到他支持你同时又能公正评价的人。

学会倾听

就倾听而言，我们只要尽力保持理性就好了吗？实际上并没有那么简单：研究发现，说到反馈，我们的反应很可能被两大类影响引入歧途："热认知"和"冷认知"（参见右页"热思考和冷思考"）。前者是由情感引起的，当我们过于沉浸在自我的情感中，听不进别人的话的时候，就会带来问题。后者更多与影响我们逻辑思维方式的注意力、记忆力和判断力有关，确认偏误就是一个例子（参见第75页）。

收到反馈并不总是让人舒服的事，可是它却很有用。要找到那些能给出有益反馈的人，并试着去了解我们自己的反应——但这些反应从来都没能像我们希望的那样清晰可见。

热思考和冷思考

我们很容易"热"（情感）、"冷"（逻辑）思维兼具：它们被称为热认知和冷认知。当我们倾听其他人的意见时，要意识到情感和逻辑都能为我们提供帮助。

反馈

"你的演讲本可以好好准备一下。"

热认知

"那让我觉得自己很糟糕！"

"我不会真有那么糟糕吧？"

"算了不去想了，让它过去吧。"

冷认知

"我本以为她能对我的演讲技巧做些正面评价！"

"我想我没能很好地吸引她的注意力"

"嗯，我要在演讲技巧上下功夫了。"（没有注意到或是忽略了她反馈中的"准备"）

Q 有影响力的你

我们知道，当我们开始影响他人时，就说明**我们在人前的表现**不错。这意味着我们正在进行清晰的交流；那些周围的人可以看到我们在做什么，并且正在学习。积极心理学作家特拉维斯·布拉德伯利（Travis Bradberry）指出了有影响力的人的特点：

1 他们会独立思考，寻求事实而非随大溜。

2 他们会质疑现状，不带敌对性地挑战传统。

3 他们鼓励讨论：他们乐于探索新的想法，并让其他人也能感受到这种情绪。

4 他们会自由地建立并促进联系，分享信息，并介绍人们互相认识。

5 他们关注要点，并与他人交流讨论。

6 他们知道自己不是绝对正确的，而欢迎不同的意见。

7 他们是有前瞻性的；他们能够预测未来，并且告知其他人，以便他们也能做好准备。

8 他们会承担责任而不是相互推诿——也就是说，他们不会随意行事，可是即便受到批评，也不会影响到他们的人际关系。

9 他们深信人的力量能改变事物。

深入探究

理解内在的自己

　　自我认知是生活中最重要的事情之一，可是也是最难的事情之一。我们都有盲点，但是好在有许多方法能加深我们的自我认知。

你会认为你是自己能力的最佳判断者——毕竟，你是唯一一个见证了自己一切所作所为的人。但事实上，这有点复杂。有证据表明我们的判断没那么准确，究其原因是我们倾向于凭借自我意图来判断自己，而其他人仅仅能看到我们的行为和由此产生的影响。

无视我们的盲点

　　1999年，美国心理学家贾斯丁·克鲁格（Justin Kruger）和大卫·邓宁（David Dunning）发表了一篇论文，其内容被后人称为"邓宁-克鲁格效应"。简单地说，他们的发现是这样的：你对需要做好某件事情所需能力的理解，和你对自己在这一领域内的能力评估大体相同。这意味着很有可能你对某件事并没能真正掌握，但你却还没意识到。事实上，这些能力欠缺者们总沉浸在自我营造的虚幻的优势之中，常常高估自己的能力水平，因为他们无法正确认识到自身的不足（参见右页"邓宁-克鲁格效应"）。这未必就是傲慢：仅仅是在我们学习新事物的时候，我们还不知道它有多复杂。

我们想要准确评估吗？

　　说到自我认知，我们想要的通常很矛盾。一方面，我们想要对自己有个准确的评估，带着这个想法，我们就会经常借助于客观的衡量标准，比如：我们在测试中有怎样的成绩，在一些场合的表现中收获怎样的评价，和我们的同辈相比结果如何，我们在过去的表现怎样，等等；但在另一方面，我们也想对自己有积极的评估。研究表明，对自己评价偏高一点点的人往往过得更开心，也更受欢迎。所以，对我们多数人而言，在铁证如山的事实和想要感受他人的尊重并能让他们看到我们是出于好意之间，有一种张力。

临界记忆

4:1

　　我们**对表扬的反应更好**——可是我们**对批评记得更长**。研究表明，当被要求将重要的情感事件留存在记忆中的时候，人们每回想起**四件不开心的事情**时，才能想到**一个好的事情**。

邓宁–克鲁格效应

在一篇有创意的论文中，大卫·邓宁和贾斯丁·克鲁格调查了我们自我认知的局限性。对于一项技能并不了解的人一般不知道他们不懂，因为他们没有意识到什么才叫懂。在研究当中，参与者被要求评价他们的能力，然后进行一系列的测试。

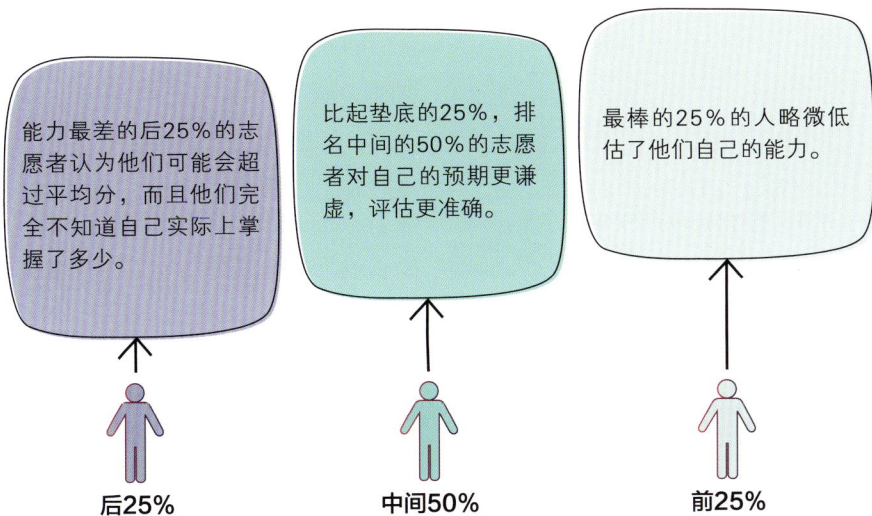

能力最差的后25%的志愿者认为他们可能会超过平均分，而且他们完全不知道自己实际上掌握了多少。

比起垫底的25%，排名中间的50%的志愿者对自己的预期更谦虚，评估更准确。

最棒的25%的人略微低估了他们自己的能力。

后25% **中间50%** **前25%**

邓宁和克鲁格推断，做某件事所需的技能和判断自己的表现所需的技能有许多重叠之处，而且有能力的人通常是自我要求最严格的人。

找到你的主旋律

当整理他人的反馈时（参见右侧"收集有用的反馈"），应寻找那些能证实相似属性或是行为的评论。信息收集过程大概看起来就像下面的例子。在这个案例当中，主旋律是"头脑冷静"。

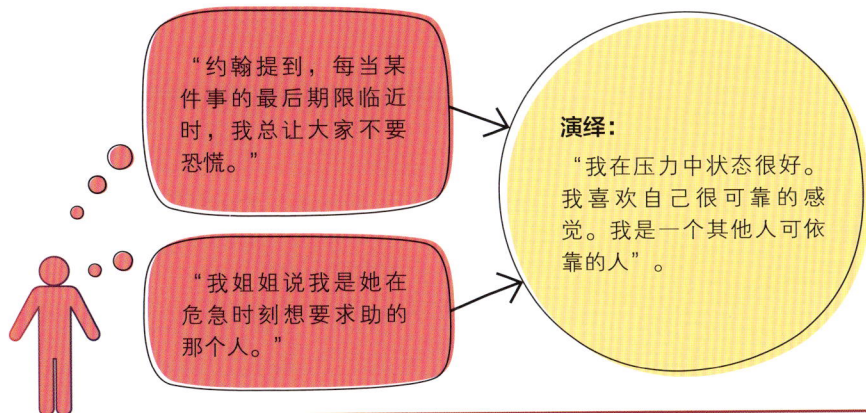

"约翰提到，每当某件事的最后期限临近时，我总让大家不要恐慌。"

"我姐姐说我是她在危急时刻想要求助的那个人。"

演绎：
"我在压力中状态很好。我喜欢自己很可靠的感觉。我是一个其他人可依靠的人"。

✅ 收集有用的反馈

当评估自己时，我们需要尽可能详细具体。当面临的挑战具有如下特征时，我们能更好地评估自己。

- **客观。** 有一个能被陈述和理解的清晰的答案。

- **熟悉。** 如果测试一项技能，有一些预先的理解和知识很有帮助。

- **低复杂度。** 最简法则：如果有必要，把它分解成更小的任务。

寻求他人的评价（注意是积极的评价，因为我们往往过于在意批评）。2005年《哈佛商业评论》的一项研究表明：

- **确定一些值得信赖的人，** 包括同事、朋友，还有老师。如果可能的话，要他们对你的优势给予诚实的评估。通过电子邮件询问是一个很好的方式，能保留信息记录，而且易于组织实施。

- **情绪模式识别。** 寻找自己以不同方式不断出现的主旋律。

- **创建一幅自画像。** 把人们说的话和你对自己的看法结合起来，看看是否能清晰地展示出你最强的一面。

- **调整你的计划或工作，** 从而建立你的优势。

坚韧不拔的力量

培养顺应力

你曾经听过谁被描述成是"坚韧不拔"的吗？也就是英文中的"grit"，这是一个口语化的说法，也是心理学家研究的一个概念，因为它能帮助人们坚持不懈，即便是当困难阻碍他们步伐的时候。

坚持下去的学问

什么是顺应力？"成长型思维"的先驱、心理学家卡罗尔·杜依可把它描述为是在挑战面前的任何具有建设性的回应，无论是在行为、态度上，还是情感上。具有顺应力的人和其他人一样也会面临障碍，可是他们把这种情况看成是挑战而不是失败，并且知道下一次要尝试不同的方式行动。在2002年的一项研究中，一组研究人员（真实地）告知斯坦福大学的本科生，大脑是有可塑性的，而且会在面临新挑战时发现其中新的关联性。这些学生随后的表现远远超过另一个实验组中的同龄人，这一组人被告知智商在幼儿时期就已成型了，无法拓展。

杜依可认为，一个认为自己能为人类造福的人，能够更好地在社会夹缝中生存、懂得冲突管理、给人提供他们需要的帮助，并能掌握新的东西。即便你遇到不幸，也不要忘记经历已经给了你一次机会去挖掘自己或是增长阅历。不管发生什么事情，找到方法适应并保持信心都是成功的关键。

我们总会感到疲惫和沮丧，在这样的时刻，继续为了此前的承诺去逆风前行是一项挑战。成就是短期与长期的决定和行动的结合。

找到你的坚韧之力

在"grit"研究领域，有一位主要的研究人员是美国心理学家安吉拉·李·达克沃斯（Angela Lee Duckworth）。她所研究的品质大部分是关于在挫折面前坚定不移、抵抗干扰：适应能力强是好事，可是如果你经常改变兴趣，那就什么事都做不成了，你也就不能真的进步。正像她观察到的，你的确需要灵活处事，但是"你也得擅长某件事情"。这件事需要"长期的激情"才能有回报；如果你发现了自己擅长的事，专注力便是让你保持动力的方法。

为了保持活力，你需要把积极的心态（"我能学习，我能改进"）和长期的目标结合起来。专注于你所关心的事情，对你发现的最感兴趣的事情探求、积累更多的知识，将会有助于你的成功。

🔍 出租车司机的一天

《坚韧不拔》（*Grit*）一书的作者达克沃斯发现，出租车司机往往在最容易赚钱的日子开车最少。下雨的时候，人们会乘出租车，可是出租车司机在下雨天通常早回家。这是因为他们已经早早载了比平常更多的乘客，赚到了该赚的钱，就回家了。如果你的目标更大，那就去寻找"下雨"的时段：冲锋陷阵的时候到了，这时不能临阵脱逃。

"我做了什么"和"我是什么"

能迅速复原的人更能承担责任，而且他们不会把失望放在心上。考虑这两种不同的态度：

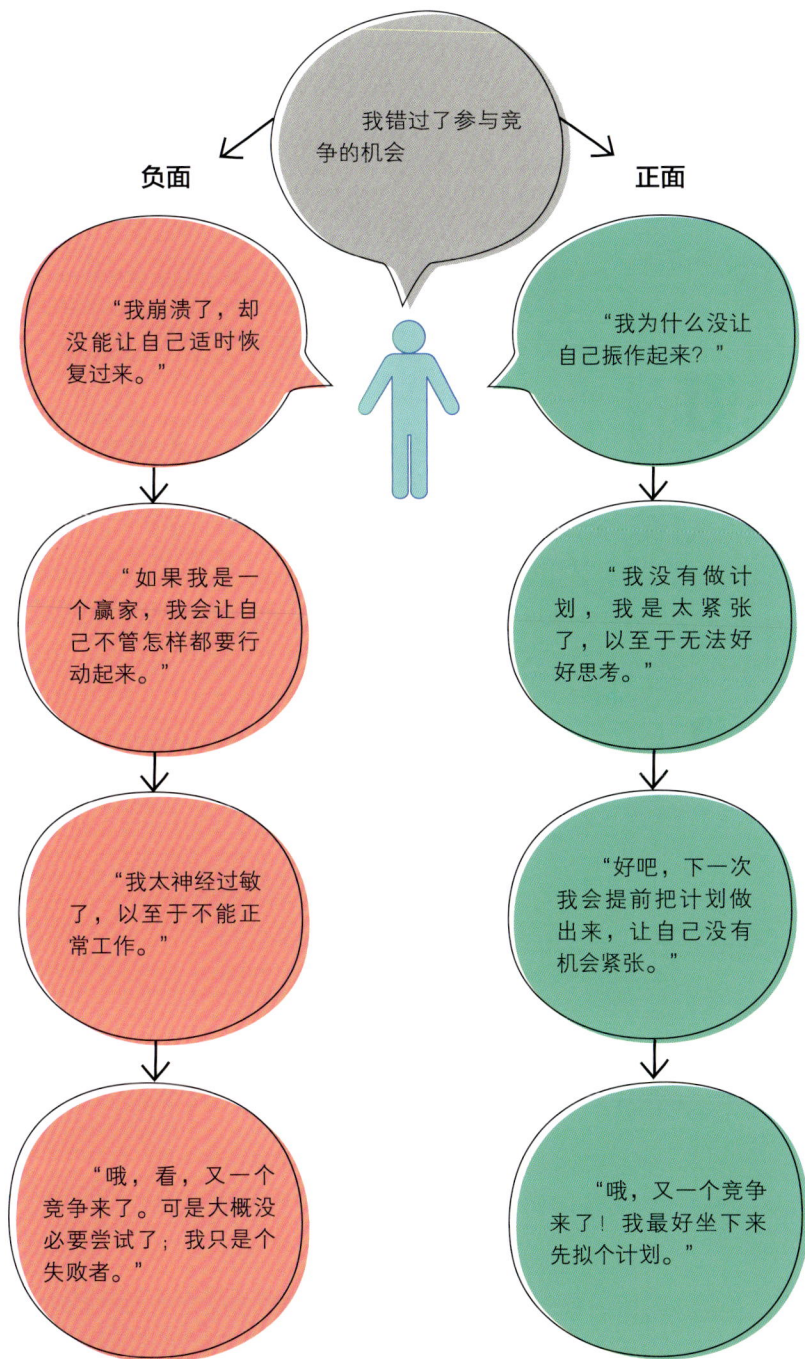

我错过了参与竞争的机会

负面

"我崩溃了，却没能让自己适时恢复过来。"

"如果我是一个赢家，我会让自己不管怎样都要行动起来。"

"我太神经过敏了，以至于不能正常工作。"

"哦，看，又一个竞争来了。可是大概没必要尝试了；我只是个失败者。"

正面

"我为什么没让自己振作起来？"

"我没有做计划，我是太紧张了，以至于无法好好思考。"

"好吧，下一次我会提前把计划做出来，让自己没有机会紧张。"

"哦，又一个竞争来了！我最好坐下来先拟个计划。"

为了取得成功，人们需要一种自我效能感，带着坚韧不拔的信念去奋斗，以应对不可避免的障碍和生活的不平等

心理学家、社会认知理论发起人阿尔伯特·班杜拉（ALBERT BANDURA）

平静内心

正念、冥想、清明和自信

当你坚定地踏上某条道路的时候，你需要对自己所做的事情感到满意——也需要知道自己为什么这么做。如果你培养出了正念，你大概就会更容易看清这个"为什么"。

长期以来，正念在各种宗教和精神实践中，一直是一个传统的东西，可是新的研究发现它也具有良好的科学支持力。正念是我们随时都能用到的一种技能，可是把它付诸实践的最好的方式之一是冥想，你可以把它融入你的日常生活中。

冥想和成功有什么关系呢？越来越多的研究表明，在帮助我们发展自我认知、自尊，以及应对不可避免的生活创伤并从中复原的能力等诸多方面，冥想都有着不可忽视的力量。医生和心理学家对世界卫生组织所称的"健康不只是消除了疾病或羸弱，而且是身体、精神与社会的完全健康状态"越来越感兴趣——在这种模式下，冥想被认为是一种"健康行为"。

为自己选择一种练习方法

有许多种不同的冥想练习，在这里，我们介绍最普遍的两种（参见右页"正念冥想"和"慈心禅"）。你大概喜欢尝试不同种类的冥想：如果静坐或找到空余时间对你来说是个问题，那么散步冥想就更容易成为日常生活的一部分。如果你想进一步探索，网上有各种练习方法和视频教学等供你搜索，可加以试用。尝试这些练习方法，选择一种最适合自己的。

🌻 正念冥想

正念是可以让我们冷静并准确地去观察的一种放松的、客观的心理状态，当面临一个艰难的决定或是应对挫折的时候，它就会起到重要的作用。下面这种经典的冥想方式可以帮助你提高这种技能。

1 选择某个不会被打扰的地方，然后在一个舒服的位置坐下来。你不需要绝对的沉默；需要练习的部分是让自己不被周围的噪声打扰。

2 闭上眼睛，放松，让自己感受自己的身体。感受你的脚在鞋子里的感觉，靠在椅子上的你的身体的感觉，以及你皮肤上空气的温度。仅仅是注意这些就好，什么都不必做。

3 如果你的思维漂游，不用担心：思维漂游并不意味着你错了。如果想法开始不停冒出来，注意到它们的存在就好。不用跟随这些想法，不用抗争，随它们来去。这是正念的关键体会之一：让自己体验思想和感受，不去对它们做出反应，在此过程中培养情感认知和适应能力。

4 注意你的呼吸。你能感觉到你的呼吸在鼻子下变凉、变暖，随着胸腔起伏，空气经过你的喉咙口了吗？专注在这一点上，任由分心的事情发生，然后过去。你不必改变你的呼吸节奏，仅仅关注即可。

5 像这样坐5～10分钟，当你准备好的时候，让你的注意力再回到你的整个身体上；这会让你整理好自己，当再一次静开眼睛，你会更清醒。

6 给你的冥想收个尾，祝贺你自己。做冥想没有所谓的"正确"方式：不管你的注意力是集中的还是分散的，那都是一次成功的练习。

🌻 慈心禅

生活中不可避免会有挫败，和其他人的冲突也会妨碍我们前进。为了帮助我们培养一种更积极的态度，尝试下面这种传统的冥想方式。

1 舒服地坐下来，放松，体验你身体的感觉。尤其关注在"心脏中心"——围绕着胸腔和神经丛的区域。

2 酝酿一种善良和同情的情感，并把它引到自己身上。默默地重复一些词句，比如："愿我好起来""愿我会开心""愿我健康""愿我生活在快乐、平和之中"。

3 接下来，想你喜欢或是钦佩的某个人。把你善良的情感引向他们，希望他们也能健康、幸福、快乐。

4 把你的慈心禅引到你没有强烈感觉的某个人身上，希望他们也一样快乐。

5 想你很难喜欢上的某个人（但不是你由衷憎恨的人，因为这会让你分散注意力），把你的慈心禅引到他身上。

6 把你的祝福感拓展至这个世界上的每个人。

> 正念练习意味着我们在每一刻都要全身心地**投入**到当下……我们的目的是尽可能地表现出我们在此时此刻所能达到的**安宁、专注**和**平静**的姿态。

乔恩·卡巴金（Jon Kabat-Zinn）
科学家、作家、冥想教师

Q 找到冥想的时间

现在我们过着忙碌的生活，那么怎样把冥想带入其中呢？首先，每次不必花太长时间——20分钟足够了。如果这都不可能，更短的冥想都比完全不做要好；其次，我们可以以优化我们的时间。健康心理学家琳达·华斯莫·安德鲁斯（Linda Wa-smer Andrews）建议每天的时间安排如下：

早晨的第一件事情

如果你醒来后脑袋里带着很多想法，从让自己平静下来开始，这大概正是你需要的。

午饭的时间

这是你日常休息的好时间，利用好它会让你在这一天的其他时间里更放松、更具创造力。

在工作日结束的时候

用一条界线将你的日常工作任务和休闲放松分割开来，这会帮助你从生活中得到最大收益。

在特定压力下的时候

即使你这时感觉有压力，花几分钟时间平静下来，让你后面的工作更高效。

先睡个好觉再说吧……

睡觉前不推荐做冥想，因为你的大脑会把睡眠和冥想混淆起来。

≫ 四个原则

2013年，《积极心理学杂志》的一项研究发现，冥想的人如果发展了正念的四个关键方面，就会有很强的自尊。这四个方面如下：

1 不会反应过激。你感受到了你的感觉，可是不会跳起来马上对它做出反应。

2 认知能力。你了解你的感受是什么，这些感觉没有被抑制。

3 定义和表达。你能准确地描述你的感觉。

4 不会对经历妄加评判。你知道正在发生的是什么，可是你不必评价它是"好的"还是"坏的"：它仅仅是存在而已。

工作中正念的作用

冥想的益处不仅仅是对个人而言的。美国管理学会2008年的一项研究发现，练习正念的人在工作中会经历很多积极的连锁反应。他们通常：

- 对工作上发生的事情更警觉，能嗅到细节和微妙的社会诱因。
- 与同事相处得更好。
- 更灵活，不做作。
- 更淡定。
- 他们的目标更现实。
- 对其他人更具同情心，有求必应，而很少以自我为中心。
- 不太关注物质收益。
- 不太依赖他人的肯定。
- 能更好地从更多资源中获取生活的意义，而不仅仅以工作为中心。

50%

宽爱

　　哈佛大学的一项研究发现，**经常冥想的人**对他人展现出来的**善良和同情**，要比不做冥想的人多出50%。

✿ 对健康的益处

　　研究发现，冥想可以维持我们的身体健康。它可以：

- 帮助我们保持好的锻炼习惯。

- 减少冒险的行为，如过度饮酒和吸毒。

- 增强免疫系统的功能。

- 提高我们化解痛苦的能力。

- 减少细胞上的炎症。

- 加强我们的自控力。

- 改善与注意力和焦点相关的大脑区域皮层的厚度。

- 在压力之下头脑更冷静。

- 更享受他们的工作。

- 适应能力更强。

- 在新的形势面前，看到的更多是挑战而不是威胁。

❓ 练习正念的障碍

　　如果你不喜欢尝试正念，你能找到一个恰当的理由吗？2011年的一项研究列出了最常见的反对意见：

> 我不能让脑海中的想法停下来。
>
> 沉默时我会感觉不舒服。
>
> 我无法长时间静止不动去冥想。
>
> 我喜欢忙于某件事情的感觉。
>
> 冥想应该很乏味。
>
> 坐着什么都不做是对浪费时间。
>
> 对冥想我所知甚少。
>
> 祈祷是我冥想的方式。
>
> 没有能让我冥想的安静的地方。
>
> 我没有时间。
>
> 从来没有能让我独自一人的时间。
>
> 我不知道自己做得对不对。
>
> 我担心冥想会和我的宗教信仰相冲突。
>
> 家人会觉得那很奇怪。
>
> 我总是感觉冥想很奇怪。
>
> 我不相信冥想会帮助我。
>
> 我想知道冥想是否会对我有伤害。

　　研究者发现这些障碍很容易让人们气馁。如果你想尝试冥想可又觉得不舒服，就想想这些反对意见中的哪些听起来很熟悉。如果你能不再相信这些，即使只在短时间内把它们放一放，在你的生活中腾出空间来试试，也是可能的。

找到激情

投入、目的和意义

当我们在做有意义的事情时，它吸引了我们的注意力、诱发了我们的兴趣，让我们长时间保持专注和持久。动力给予我们能量，激情把能量集中起来。但是到底是什么真正给予我们动力呢？

外在VS内在

心理学家山姆·格鲁兹堡所做的一系列开创性的实验得到了一个违反直觉的结果。建立在卡尔·登克尔的"蜡烛问题"测试的基础上，格鲁兹堡对两组人做了这一实验。只不过，他告诉第一组人这项研究的目的，是确定解决这个问题需要花费多长时间；另一组人则被告知如果他们更快解决了这个问题，就会得到现金奖励。有现金奖励的团队更快解决了问题，前提是图钉被放在盒子外，可是如果图钉在盒子里，这个问题就需要横向思考。他们比第一组"认为自己在努力发现有趣的事情"的团队花费的时间长了三分半钟。这是一个证

对你来说，生活中什么是真正值得做的呢？关于什么是重要的，我们都有自己的想法，可是为了过得圆满，我们需要把精力和激情引向对我们来说更高效、更有意义的事情上。

? **一个思维实验**

问你自己："如果中了彩票，我还会继续做我现在做的事情吗？"如果答案是"是的"，那很可能是因为，你很享受正在做的事情，而且把它看得很重要。如果答案是"不会"，那就说明你应该并没有在做你真正热爱的事情。

我们的期望值是如何限制我们的

德国心理学家卡尔·登克尔最著名的实验"蜡烛问题"发表于1945年。在这项研究中，每个志愿者都被单独留在一个房间里，里面有一支蜡烛、一包火柴和一盒图钉。他们的任务是找到一种方法把点着的蜡烛固定到墙上，并且蜡不会滴到下面的桌子上。

把蜡烛固定在墙上没有奏效，更别提把它点着了。最后，多数人意识到他们还需要使用盒子：把盒子用图钉固定在墙上，然后把蜡烛放在里面。

如果图钉一开始就被放在盒子外面，人们解决这个问题就更快，可是如果是放在里面的，他们解决问题花费的时间就要更长。这源于被称为"功能固着"的认知偏差。这个盒子的表面功能——盛放图钉——让人们看不到它也能被用于解决问题这一事实。

从中得到的教训？ 解决问题总是有赖于换新的方式考虑你的资源和机会。这样做可以创造长期的成功，并在找到解决方案和做出困难决定时建立自信。

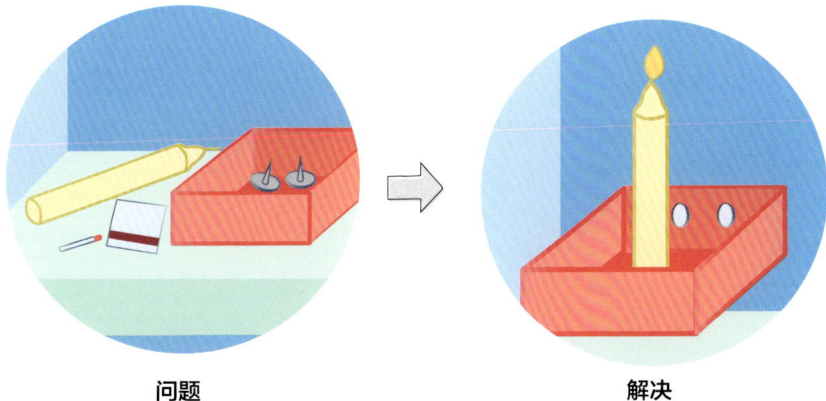

问题　　　　　　解决

明外在动力和内在动力不同的很好的例子：外在的奖励促使我们解决了简单的任务，可是如果我们想要在复杂的事情上做得更好，就需要内在价值的鼓舞。投入、意义和目的都能维持我们内在的动力。

确定你的动机

如何将上述理论运用到真实生活中呢？"活出你的传奇"在线社区创始人斯考特·丁斯莫尔建议你：

■ 弄清楚你的独特优势是什么。

■ 考虑是什么激发你的动力？

■ 想想你喜欢做什么？

把所有这些加在一起，你就得到了行动时动力来源的具体信息。

✓ 工作塑造

如果你正在做的工作没能激励你，可是你又没想离开怎么办呢？心理学家艾米·瑞斯尼斯基、贾斯丁·伯格（Justin M. Berg）和简·达顿（Jane E. Dutton）提出了一个称为"工作塑造"的过程：待在你的位置上，开始以不同的方式处理事情。他们确定了三种你可以依照做事的关键方式：

■ **任务**。你想就什么事做得更多？假设你喜欢教别人：让年轻的同事在你的羽翼下，志愿给他们多做指导。用这种方式，你就可以展示和发展你的教授技能。

■ **关系**。想想在你的工作场所中，谁能帮助你建立你努力想要培养的技能。寻找导师、盟友，以及你能学习的人。

■ **认知**。在心理上重塑你工作中不同的事情，让你聚焦在最有意义的事情上。

我们的工作塑造了我们，但是如果我们是积极的，我们也能反过来塑造我们的工作（至少是在某种程度上）。明确你要如何发展，并着手创设情境，让这些发展的机会成为可能。

当争论出现的时候

冲突背后的和谐

毫无疑问，我们依靠支持和鼓励茁壮成长：太多的批评会抑制我们的优势。这意味着，批评和争论是有区别的。前者是有伤害的，可是后者在合适的环境中能帮助我们变得更优秀。

发现真理

人类历史上的一些好作品，便源于活跃的、持续的争议。关键要形成一种氛围，其中没有人只从个人的角度看待争论：你不必在意谁是对的，而要看什么是对的。通过持不同的意见、彼此挑战来证明每一个观点，这样一起努力，最终得出正确的结论。以这种方式，争论可以是纯粹的协作。

商业顾问玛格丽特· 赫弗南（Margaret Heffernan）讲述了一个具有建设性的关于争议的故事。在20世纪50年代，英国社会面临着一个可怕的问题——越来越多的孩子被确诊患有癌症。科学家爱丽丝·斯图尔特（Alice Stewart）收集了大量的数

不管你对自己的愿景多有激情，你都有可能遇到有些人不以你的方式看事情。在你感到沮丧之前，停下来反思一下：换一个视角可能会出现一个更大的机会。

85%

在**美国和欧洲**，有**85%**的**高管**在**工作中有顾虑**，因为担心得不到提拔而**避免冲突**。

据，得出了结论：癌症是由于这些孩子被孕育在子宫中时经X射线照射引起的。当时传统的医学思想对这个观点很抵触。虽然如此，斯图尔特找到了她完美的合作者，统计学家乔治·奈杰尔（George Kneale），他的立场是"我的工作就是要证明斯图尔特博士是错的"。由于奈杰尔不知疲倦地工作，他找到了斯图尔特理论的弱点，进而一起证明了射线是多么强大——这挽救了数百人的生命。

确认偏误

这里要记住的一个重要的心理学概念是"确认偏误"，指个人无论合乎事实与否，偏好支持自己的成见、猜想的倾向，忘记寻找与之矛盾的信息加以反驳。我们能就中立的主题公平地权衡证据，然而当我们将情感投入到某些事情时，就很容易：

- 高估那些支持我们信念的证据，而低估相反的证据。
- 仅仅寻找（或是首先）支持我们信念的证据，而不是反驳它的证据。
- 只看得见我们正在寻找的，甚至追寻实际上并不存在的模式。

这是人人都会偶尔做的事情。如果你能找到合作者来平衡你自己，并提醒自己关注于你能学习的东西上，来改进你的想法、关系和工作实践，那么争议就会以你之前从未想过的方式助你成功。

✅ 创设正向的冲突

争论并不一定是敌对的。当我们致力于自己的观点时，很容易受到个人批评——可是要记住，批评你的观点并不是在批评你这个人。当下次再发生这种情况时，重新组织一遍从前所说的话，问自己下面的问题：

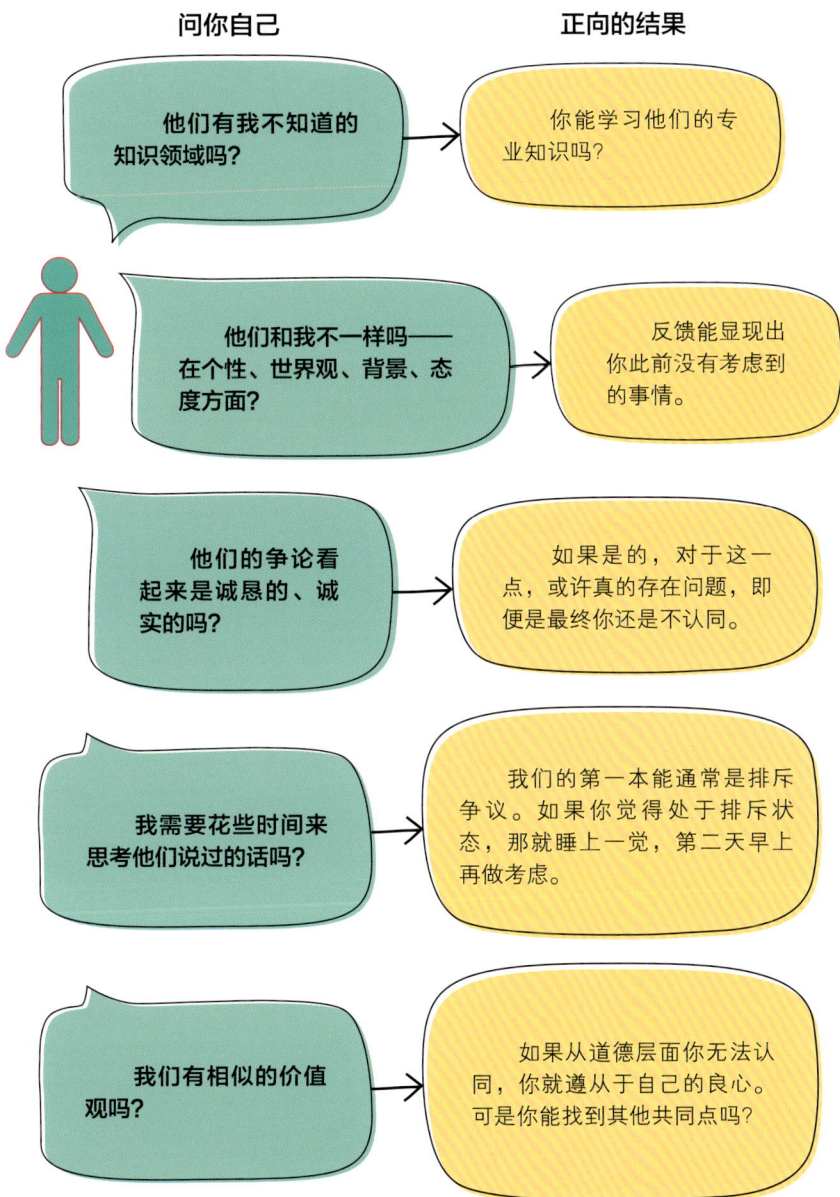

问你自己	正向的结果
他们有我不知道的知识领域吗？	你能学习他们的专业知识吗？
他们和我不一样吗——在个性、世界观、背景、态度方面？	反馈能显现出你此前没有考虑到的事情。
他们的争论看起来是诚恳的、诚实的吗？	如果是的，对于这一点，或许真的存在问题，即便是最终你还是不认同。
我需要花些时间来思考他们说过的话吗？	我们的第一本能通常是排斥争议。如果你觉得处于排斥状态，那就睡上一觉，第二天早上再做考虑。
我们有相似的价值观吗？	如果从道德层面你无法认同，你就遵从于自己的良心。可是你能找到其他共同点吗？

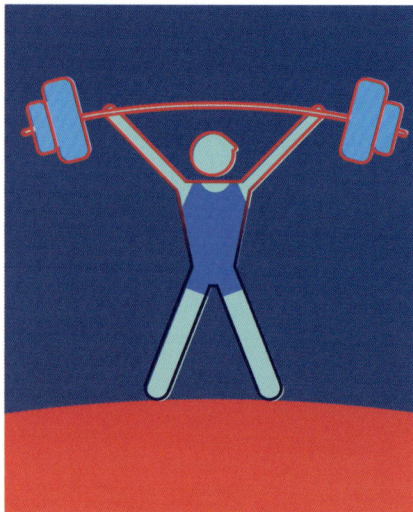

评估优势
明白自己的独特优点

在追求成功的时候，知道自己是谁至关重要，可是你是哪类人呢？最近的研究已经建立了一个系统来阐明使我们每个人显示出独特优势的模式。

要想获得成功，你需要了解独特的优势组合，也就是你人格的本质。这是心理学家们开始深入研究的一个概念。

VIA分类体系

在21世纪最初几年，一项为期三年的研究涉及55名非营利VIA人格研究院的杰出科学家，他们调查了积极的人格特点：得到的结果便是"人格优势和美德价值实践分类评价"。从那时起有关这个体系的文章就多了；值得关注的是2004年积极心理学家克里斯托弗·彼得森和马丁·赛里格曼出版的一本书《人格优势和美德：手册及分类》。其中系统地确定了24种性格特点，其分为六大类，是人们普遍认为从道德的角度很有益处的性格。我们每个人都拥有自己独特的性格和美德组合；在某些特质上我们较强，而在其他方面较弱，这些都促成了我们独特的性格。如果你能确定你的优势，进而利用它们实现你的目标，那就更有可能使你觉得自己在追求一种"愿景"，而不仅仅是工作，或是其他追求。

自测

如果你要详细地分析你自己，可以尝试借助有关性格调查的研究（参见第215页）。同时，看看自己的特点（参见右页"人格优势价值实践分类评价"）。哪些是你最认同的，哪些是你最欣赏的？

⑦ 牢记你的美德

要成为最好的自己，需要接受某些规则。勇气研究所是一个制作有关社会意识和变化类电影的工作室，研究所成员蒂法妮·施莱恩提出，当你要采取行动的时候，停下来思考一下，问问自己：

- 这能反映出我是谁吗？
- 这能反映出我想要成为什么样的人吗？

64%

打造你的优势

根据2015年VIA人格研究院的一项研究，美国几乎2/3的员工认为，成功有赖于打造他们的优势而不是关注他们的弱势。

人格优势价值实践分类评价

VIA人格研究院设计了一个框架来帮助人们鉴别他们的最佳品质。方法各有不同，但你的前五种或是六种特质很可能就是你的"招牌优势"。当你要确定自己的核心素质和志向是什么的时候，VIA系统是一种很好的识别方式。它还能帮你鉴别志同道合的盟友，以及你与众不同之处。

⚖ 公正

合作。对团队忠实；乐于分担；与大家协作。

公平。给每个人公平的机会；不因个人情感而有所偏倚；对所有人能够做到一视同仁。

领导力。踏实做事；鼓励他人；保持良好的团队关系。

🌐 仁慈

爱与被爱的能力。珍视他人，亲近他人；关爱和分享。

善良。慷慨大方，乐于奉献；乐于助人，充满同情心。

社交能力。有效地意识到他人的动机和情感，知道如何与人相处。

🌻 节制

宽恕。原谅他人的错误；接受他人的不足并给予第二次机会。

谦逊。让工作本身说话；不认为自己凌驾于他人之上。

谨慎。对自己的决定谨慎小心；提前思考；不说或不做以后很可能会后悔的事情。

自我调节。自律，控制自己的情感和欲望。

📖 智慧与知识

创造力。运用新颖、富有成效的方式使思维更加概念化。

好奇心。对新事物持开放的态度；对周边世界感兴趣。

判断力。从各个维度进行思考，而不过早下结论；公正地权衡各种证据和迹象。

好学。有好奇心，但又能系统性地掌握如何增加你的知识和技能。

洞察力。为他人提供明智的建议；拥有对自己和他人都有意义的世界观。

⛰ 自我超越

对美和卓越的欣赏。能欣赏生活中不同领域的美丽、卓越和才华。

感恩。花时间去感谢。

希望。乐观的工作态度会带来更好的前景。

幽默。好玩，能够看到事物积极的一面，时常带给他人欢乐。

信仰。对生活的意义、对更高的目标拥有坚定一致的信念，并能将这种信仰付诸实践。

❤ 勇气

勇敢。在威胁、挑战、困难或痛苦面前不畏缩；在有反对意见时依然能够为正义、真理辩护。

毅力。努力工作，做事有始有终。

正直。可信，真诚；带着诚信和责任感做事。

热心。充实的生活；以一种充满活力、激情四射的心态看待事物。

先天与后天

成功的人是天生的吗？

心理学家说塑造你的优势，领导说努力工作。我们在哪里能找到在自然能力和自我完善之间的平衡呢？最好的办法就是欣赏两者的价值。

"熟能生巧" 这句话是通往成功之路的一个好起点。可是当涉及天赋和努力工作时，我们能从自己身上切实期待些什么呢？

10 000小时？

你大概熟悉这个理论：要想成为某个领域的专家，你需要付诸10 000小时的锤炼。瑞典心理学家安德斯·埃里克森（K. Anders Ericsson）率先提出这个观点，而后又被马尔科姆·格拉德韦尔（Malcolm Gladwell）在2008年的《异类》（*Outliers*）一书中得到推广。事实上，数据显示，它有点复杂。

2012年，埃里克森表示，他并没有否认基因可能会从中起一定的作用，只是证据还没有找到。他还强调说10 000小时只是一个平均值，这种实践的锤炼必须是专注的、集中的、系统的。与此同时，其他研究也在质疑他的发现。2014年，许多独立研究的分析指出，实践对技能掌握以及

> 总的来说，我们的**才智**和**学业表现**与我们的**社会背景**有很大关系。
>
> **奥利弗·詹姆斯**
> （**Oliver James**）
> 心理学家

后来成功的作用，仅占12%。

音乐双胞胎

　　瑞典神经系统科学家米利亚姆·莫西（Miriam Mosey）在2014年的一项研究中发现，当涉及音乐能力的时候（这是埃里克森曾测验的关键能力之一）在超过1 000对同卵双胞胎中，练习对音高和节奏感等基础能力的影响微乎其微（一对双胞胎中的一人比他的兄弟多练了超过20 000小时，却没能产生激动人心的改变）。她补充说练习能提升人的专业技能，可是对双胞胎的研究表明先天和后天都是对音乐敏锐度的影响因素。

忘我的力量

　　我们怎样能擅长某些事情呢？基因和实践都起不到决定性的作用：靠它们本身，两者都不能一路引领我们。或许更有效的方法是找到心理空间，在那里，我们能够体验"忘我"的感觉。

　　"忘我"是幸福的"PERMA模型"的一部分。2013年，美国的一项研究在"快乐"和"投入"之间画出了一条有趣的界线。当寻求快乐时，我们总是想满足自己，然而当投入其中的时候，我们就会失去自我，因为我们沉浸在我们所做的事情当中：那就是"忘我"。它也是成功的关键。这项研究发现，那些追求快乐多于投入其中的人更有可能分心，追求

😊 人是生而快乐的吗?

　　积极心理学家马丁·赛里格曼认为，我们大体上的幸福水平——实现我们潜能的一个重要部分——可以用下面的等式来概括：

　　H 代表幸福（Happiness）：你持久的幸福水平，受三个因素综合影响。

　　S 是你的"设定范围"（Set range）：是积极的或是消极的情绪的生理倾向，占有幸福水平比例的40%～50%，其作用就像一个"情感舵手"。你的选择会影响积极的或是消极的情感状态是否能得到控制。

　　C 代表"环境"（Circumstances）：你是否生活在一个富裕的民主国家，是否拥有强大的社会支持网络，是否能够避免或保持最小的负面状态和感觉。

　　V 表明在你自觉控制下的行为（Voluntary）：每一天的行为、选择和所做的决定，都会影响你的幸福水平。

投入的人却更加"坚韧不拔"、更加执着，正朝着更大的成功迈进。

　　积极心理学家马丁·赛里格曼认为，就我们的能力而言，天赋和实践是被视为等同的，但他也对"有天赋的"、天生的和无意识的加以区分，并强调"优势"——一种认为我们有能力学习的健康的思维方式。在一些我们没有资质的事情上，实践可能永远不会使我们完美；在这种情况下，答案或许是找到可信任的、能够使我们找到平衡的合作者。当你着手去做对你来说是重要的事情时，投入你的激情找到忘我的感觉将会起作用，也能让你保持动力。

✅ 检测你的优势

　　优势可以有很多定义它们的元素。当你拥有优势时，你会：

■ **感觉到真实笃定**——"这是我真正喜欢的"。你不一定从一开始就擅长所做的事情：你会时刻渴望保持进步。

■ **感觉兴奋**，即使是很小的进步。你是否向那些已经做过这件事的人学习，以便你也可以在这个领域培养你的技能？

■ **寻求反馈**。当你关注于取得进步的时候，只要你有机会，就会从其他人那里寻求反馈。

■ **感觉精力充沛**并充满热情，每当利用自己能力的时候，就会有此感受。

CHAPTER 3
HONE YOUR ATTITUDE
EXERCISE YOUR THINKING AND HARNESS YOUR SKILLS

第三章

坚定态度

锻炼思维，驾驭技能

消除消极想法

乐观的力量

　　我们能"想到"怎样通往成功之路吗？当然要努力工作并掌握技能，与此同时运气也起作用。可是有证据表明，积极的心理习惯也是必不可少的，我们的态度确实会产生很大影响。

通往成功之路也是一段情感上的顽强旅程：会受打击，有挫败，也有兴奋和满足的时刻。一个积极的态度能帮你度过不可预知的时光。针对身体健康的研究表明，乐观的人有着更强的免疫系统，也会活得更长。心理学家还发现乐观主义者往往更快乐，更具竞争优势，更执着，有更广泛的交际圈，同时也更成功。值得庆幸的是，乐观主义可以通过实践来培养。

通往乐观主义的五个步骤

　　在过去的20年中，积极心理学家们归纳了一个"五步计划"，用于老师教授学生拥有一种积极的态度。如果你正在努力改进你的乐观态度，就尝试这些方法。

1 **确定并优先考虑你的最高目标。** 观全盘，一些是"微观"目标，一些是"宏观"目标，要在你自己的心里确定哪些是最重要的。

2 **把这些重要目标分成几个阶段。** 这对长期目标的实现尤其有益。要知道我们不可能一下子就完成所有事情：我们需要到达不同阶段的一系列里程碑，而每到达一个，都可以庆祝这份成功。

3 **要明白达成目标的方式不止一种。** 研究表明悲观的学生很难解决他们遇到的障碍，所以灵活性是一项关键技能。

认知扭曲

认知行为疗法指出，我们很容易受到"认知扭曲"的影响，就像以下列出的这些内容，它们会破坏我们的乐观态度。当这些想法出现的时候，可以通过鉴别和质疑来抵抗这些想法（参见页面下方"摒除杂念"）。

以偏概全
总觉得一旦某事发生在自己身上之后，它就会一直发生。

个体化
当事情出错的时候，一直责备自己。

孤注一掷的想法
如果你总是做得不完美，就觉得自己一定没有希望了。

情感作祟
把你的感觉当成事实。

心理滤除
过于关注负面细节，过滤掉了更宏观的（以及正面的）环境。

否定正面思考
总是有理由屏蔽好消息和正面的反馈。

贴标签和贴错标签
因一次行为而给人下定论。

最大化和最小化
如果是个坏消息，你就"小题大做"；如果是个好消息，又觉得没什么大不了。

妄下结论
尤其是所谓的"读心术"（假定你知道其他人的想法）和"算命"（预测灾难）。

"应该"理论
制定规则来激励自己，未能依其行事就感觉很糟。

4 **讲述你的成功故事，并聆听其他人的故事。** 找机会提醒自己困难是可以克服的。

5 **保持阳光积极的心态。** 自我怜悯是乐观的杀手，所以要保持积极的自我暗示，即使犯错也要发现其中有趣的一面，尽可能地让自己开心。

摒除杂念

认知行为疗法告诉我们，当你发现自己思维消极的时候，要建立乐观的态度。如果你发现自己陷入这样的思维中，尝试下面的步骤：

- 鉴别正在困扰你的想法是什么。
- 问问自己你有多相信它。设置一个假想的百分比来反映这一程度。
- 问自己是否有认知扭曲。
- 换种方式解释和考虑。不必完全相信新的解释，仅仅试着衡量一下。
- 尽可能冷静地看待事实或证据，它是否支持你的那些令人烦恼的想法？有其他更鼓舞人的证据吗？
- 再问自己一次，你多相信此前消极的想法，答案不一定非得是"一点也不相信"。如果消极的想法从85%降到了45%，那就有了显著改善。

　　长期来看，上述策略的好处是巨大的，无论是从增进心理健康的角度，还是从改进关注点以及承受力的角度——所有这些改善都是为了实现更成功的生活。

学会信任自己

建立信心的方法

有时，自信的人似乎总能在生活中获得更好的机会。这就像是一种自我实现的预言：自我肯定，相信自己，才能让其他人也相信你。

这好像是真的，一些人天生就比其他人更有自信。可是如果你自我怀疑，也不必沮丧，相反，把信心看作是你通往成功的重要组成部分，让自己一步步增强信心。

练习，练习，再练习

首先要培养与自己"聊天"的意识。你会花费很多时间琢磨那些忧虑的事，或是进行自我批评吗？如果是这样的话，就在这些想法刚刚萌芽的时候把它们写出来：用积极的自我对话取代消极的自我对话。比如，成功的运动教练伊凡·约瑟夫（Ivan Joseph）建议，给自己写一封信，列举你所有的成就，然后经常读一读。重复是关键：如果你只是偶尔想到这些成就，你就很容易忘记你的优点。

同时，练习去做那些让你紧张的事。突破你的舒适区，不要只做那些因熟悉而变得容易的事。可以先从低风险

> 自信是成功的第一秘决。
>
> **爱默生**

的事项开始；把自己想象成一个在距离地面仅仅几米的绳子上走钢丝的人。那种令人眩晕的焦虑感始终存在，因为我们都害怕掉下来，可是一旦你学会了一种相对安全的"降落"方式，当你尝试更需要胆量的事情的时候，你就会更擅长找到平衡了。

从小事做起，打造信心

始终努力对一切事物都充满信心似乎是一项艰巨的任务。如果你不确定怎样给自己建立信心，那就试着把它分解开完成：把让你更有信心的事情列成一张表。这就给你描绘了一幅更详尽的画面：想象一下把你推出舒适区的具体情形（先不要太多），然后去做——如果可能，每天都做。从小事开始，有规律地去做，之后你会发现，随着时间的推移，你越来越有信心了。

✒ 提升你的自信心

拿起一张纸，依照下列描述写下你的想法：

1. 你最深的恐惧是什么？放弃，羞辱，还是依赖性？想想答案是什么，它们是怎样对你的成功计划产生影响的？

2. 为什么这些恐惧无可厚非？列一个表给出原因。你的生活经历塑造了你，当然包括最差的经历，这些恐惧是那些经历的产物。不要太过分责备他人或你自己：目标应该是平和地看待过去，然后向前进。

3. 想想在生活中有帮助作用的那些积极的经历，比如，你受到的支持，在你自己的行为中值得骄傲的事，或是你已经掌握的新技能。

4. 制订计划，使用这些技能来帮助打造未来的自己。

5. 预见那些困难的情形——让你气馁的挫折，心中难以摆脱的恶魔。提醒自己，这都是必然要经历的部分，重要的是在这样的时刻中保持对自己的同理心。

姿态决定心态

社会心理学家艾米·卡迪（Amy Cuddy）要求志愿者以特定方式坐下或站着，没有透露它们是"高能量"还是"低能量"姿态。两分钟以后，每一组人员都显现出两种激素水平的变化：睾丸素（不管男女，体内随着信心提升的激素）和肾上腺皮质醇（"压力"激素）。得出的结论是什么？"真正成功之前，先摆好成功的姿态。"

高能量姿态

20%
睾丸素增长
肾上腺皮质醇下降

25%
结论：

更冷静，准备好声明自己的主张。

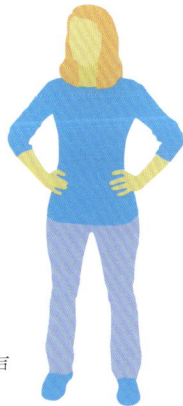

低能量姿态

10%
睾丸素下降
肾上腺皮质醇增长

15%
结论：

更紧张，更不愿表达自己。

休闲的价值

保持精神焕发，生机勃勃

为了保持对实现长期目标的专注力，平衡非常重要。有证据表明，健康的爱好和充足的假期会提升你的适应力，使你更有可能成功。

如果你生活中的目标需要通过努力工作来实现，那就确保把休息的时间纳入计划，因为它对持久战中的精力保存十分必要。当你把注意力放在想要实现的目标上的同时，不要犯愚蠢的错误——忽略自己、家人和朋友，以及你喜爱的休闲活动。大量的研究表明，好好利用休闲时间，无论从心理上还是身体上而言，都会对你的健康产生重大影响。

什么是休闲？

没有处于工作当中，就叫休闲吗？这仅仅是一种看待它的方式。心理学家们研究的是休闲的剩余定义——类似于在经济不景气的情况下，并不总能供应充足的某种东西。这就是为什么我们许多人急于按照自己的方式实现成功的原因：如果我们不得不努力工作，那就应该享受它。

可是，还有其他方式给我们休闲时所做的事情分类：一些研究人员将积极休闲和被动休闲区分开来，或是区分成认真休闲和随意休闲。看电视、打网球、加入艺术社团所代表的休闲方式是不同的：一些消遣方式让我们关掉自身开关，而另一些则需要更多投入。总的来说，研究表明，当加入具有积极参与感的休闲活动中时，我们受益最大。有时，我们需要休息，可是积极的休闲追求也会带来更大的益处：它们会给我们带来成就感和掌控感，这样会改善我们

🌼 休闲的益处

休闲时光不仅仅是乐趣——它也能起治疗的作用。美国心理学家琳达·考德威尔（Linda Caldwell）认为，休闲会通过许多方式为我们提供帮助：

- 对我们来说有意义、有趣，或是提供了很好的个人挑战。

- 让我们切身感受到社会支持和友情。

- 提升我们自我能效的意识（参见第102~103页）和能力。

- 给了我们个人控制和选择的意识。

- 帮助我们放松下来，或是让我们忘记日常烦恼。

这些要素支撑我们的心理健康，这就意味着当回归到对目标的专注时，我们能够更好地坚持目标。娱乐会使你更稳健，更能很好地适应环境，所以问心无愧地享用它吧——对你休闲时所做的事情保持警觉，确保它给予你保持继续前进的能量。

的心境。

休闲能够涵盖非常广泛的活动；关键的要素是心理学家所总结的"知觉自由"。也就是说，不管它是平静的、放松的，还是积极的、兴奋的，对你而言都是一种休息，因为选择权属于你自己。

🔍 全世界都爱做的事……

2013年，33个国家的研究发现，某些活动对促进幸福感具有普遍意义。研究者发现，在既能帮助人们恢复状态，又能增强和他人关系的活动中，人们最有满足感。排名靠前的选项是：

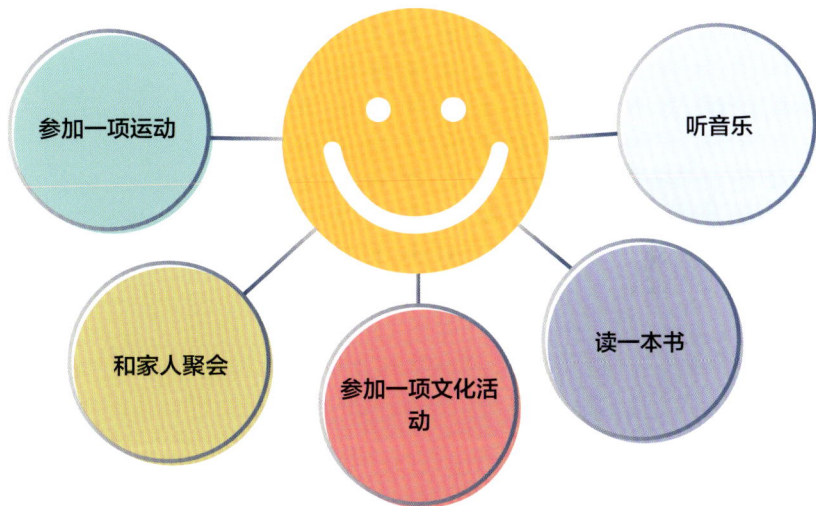

参加一项运动　听音乐　和家人聚会　参加一项文化活动　读一本书

🔍 引人入胜的体验

在休闲时间，很多人看电影、看电视、读书、听收音机、玩游戏——可是我们从中获取了什么呢？有一种理论是基于电子游戏的，但也适用于其他文化形式，该理论在2004年由美国研究人员罗宾·亨尼克（Robin Hunicke）、马克·勒布朗（Marc LeBlanc）和罗伯特·祖贝克（Robert Zubek）提出。他们认为有八种享受事物的方式，我们在特定的体验中因不同的原因而被激发兴趣。为什么你很享受你所钟爱的消遣？你的答案或许能带来一些有趣的见解：

- **发现**。探索新领域。

- **兴奋**。欣赏壮观的景象或是体验一场游戏机制。

- **幻想**。虚拟体验；感受假装成为其他人的快乐。

- **叙事**。追随故事进展的乐趣。

- **挑战**。克服障碍的满足。

- **友谊**。和他人一起玩的乐趣。

- **表达**。自我发现和身份感。

- **屈从/克制**。回到现实，结束消遣。

让自己轻松起来

健康身体形象的重要性

如果你对自己的外貌不满意，不管你多么有成就，你都感觉不到成功。当然，你可以锻炼身体，小心控制饮食，可是从当下开始学会去欣赏你的身体也是一个不错的主意，不管它看起来到底怎样。当我们关注身体而不仅仅是外表时，会发现这能教给我们很多东西。

积极的身体形象

研究发现，积极的身体形象倾向于促进各种各样的健康行为，包括：

- 心理和社会福利的更高水准。
- 更好的应对技能。
- 改善性生活。
- 有意识的饮食（也就是说，饿的时候适量地吃，而不是大肆饕餮或者饿着自己）。

如果随着身体的感觉，你整个人变得更轻松了，就表明你能更好地读懂它的信号——这会反过来引导更积极的行为。

为成功而着装

如果你对自己的外表不完全自信，着装有时是棘手的事。"穿衣认知"这个概念这时会派上用场。

在2012年的《实验社会心理学》（*Journal of Experimental Social Psychology*）杂志上发表的美国伊利诺伊州一系列的实验成果发现，人们穿的衣服有象征性的意义，当完成一项任

健康的身体形象是感受到成功的一个方面。在自己的皮囊之下感觉到舒适会让你创造更有质量的生活，而且很可能让你更有魅力，同时让人印象深刻。

让我们跳起舞来！

以色列健康心理学家塔尔·沙菲尔（Tal Shafir）注意到，我们的身体姿态会给我们大脑反馈，这种反馈能转换成情感。由此，想象一下，一种气馁的姿态倾向于让我们"感觉"悲哀，而自信的姿态则会让我们精神振奋——比如，跳舞比骑健身自行车更能改善情绪。沙菲尔的研究定义了几项能让我们兴奋起来的重要运动：

■ **向上，以及水平地舒展身体。**比如伸展、跳跃、举臂。

■ **轻快活泼地移动。**在你的步伐中带着跳跃地行走或是移动。

■ **重复动作。**跳舞对这一点而言尤其适用。

> 我从来不想看起来像杂志封面的模特一样。我**代表了大多数的女性**，我为此感到**骄傲**。
>
> **阿黛尔**
> 创作歌手

务时，它对我们成就的水准也会有很大的影响。初步的研究发现，白大褂是很典型的科学家和医生穿的服装，它总能和专注、细心联系在一起。在实验中，给志愿者展示白大褂，让他们选择穿或是不穿——但前提是，部分志愿者被告知那是医生的白大褂，而其他人则被告知是艺术家的白大褂。在做出选择之后，志愿者们参与了一项测试。结果便是，穿着"医生大褂"的那些人的测试结果比其他人好：医生精密理智的形象已经提高了他们的注意力（反之，那些自以为穿着艺术家大褂的人，注意力水准没有得到提升）。研究者得出结论：着装的影响取决于附加给它的象征性意义，以及穿着它时人们的行为。

某些着装会给我们带来和它所代表的角色相关的积极的品质。也许当我们选择衣服的时候，不应把过多的关注点放在"我看起来怎样"上，而是要更多地想到，选择这一套服装，意味着我们穿上它时想要得到怎样的感受，想成为什么样的人。

身处这个世界

这是一个充斥着不可思议的完美身体形象的社会，身处其中，我们很容易感觉到自身的匮乏。虽然如此，与其把身体看作一件附属品，更为健康的是把它看成一种工具。

不管它看起来如何，你的身体都能带着你向着目标前进。信心、活力和行动远比外表本身有深度，它们才是助你成功的必备品质。

爱惜你的身体

积极心理学家凯特·海弗伦（Kate Hefferon）指出，身体感觉舒适的人往往身心更健康。她提出了一套综合方法来鼓励我们向着正确的方向发展。

体力活动：
关注怎样锻炼并吃高质量的食物，这会让你对自身感觉更好，而不仅仅在意自己看起来怎样。

媒体识读：
要知道广告商习惯于给我们带来不安全感，以便使我们成为更易受影响的消费者。

美丽神话：
客观鉴别当今社会中，极度限制男男女女的非现实理想。

改善自尊：
无论你看起来怎样，努力喜欢和接受自己，把自己看作一个有价值的个体。

脱缰的野马

掌控情绪

追逐梦想可能是一件情感上的事情，但激情可以点燃许多感受：从潜力得到发展的兴奋感，到障碍阻挠前进的挫败感。

我们的情感不仅给予我们能量，它也是那些需要被关注和理解的信息的重要来源。对情商的研究清晰地表明了人们对自己和他人情绪的认知与成功地实现目标的能力之间的联系。理解和掌控我们的情感是成功的关键。

创建平衡

一般来说，我们都倾向于避免不舒服的感觉，可是事实上，这不是应对这种感觉的最有成效、最有作用的方法。不管我们多么成功，生活有时也会令我们有挫败感而产生不安，我们需要学会应对这些不可避免的起起伏伏。如果你在经历一种痛苦的情感，最好是"跟它坐下来聊聊"，就像受欢迎的作家、小弗博客（Tiny Buddha）创始人洛丽·德斯坎（Lori Deschene）说的那样，"去吧，去接受此时此刻的痛，但也要知道，这种感觉即将过去。"在这同时，我们可以"为积极的情感创设氛围"：如果有能使你开心的事，就创造机会让它经常发生。在生活中，我们需要一个空间容纳好坏两种情感。

掌控我们的情感

尽管我们很想客观看待自己，我们的大脑还是很善于把现实塑造成我们期望的那样。以孤独的情感为例，2000年，俄亥俄州立大学就2500名学生的一项研究发现，那些自称孤

情绪解码器

难以鉴别你的情感吗？《情感工具箱》（*The Emotional Toolkit*）一书的作者、心理学家达琳·米妮妮（Darlene Mininni）建议，检查一下你正在经历的感受，然后问你自己，这些感觉在试着传达给你什么样的信息。

问你自己	情绪	感受
焦虑	肌肉紧张，心率加快	"我怕什么？"
悲哀	累，沉重，即将泪流满面	"我失去了什么？"
牛气	紧张，牙关咬紧，身体温度发生变化	"我被攻击了吗？还是我珍视的东西受到了威胁？"
幸福	轻松，笑声，微笑	"我获得了什么？"

独的学生和不这么认为的学生间的社会资本并没有真正的差别：他们的社会经济地位、外貌和学业成就几乎是一样的，他们隶属同样多的团体、和同样数量的室友住在一起。不同之处在于，他们怎样"把自我和他人联系起来"：在人际关系上，前者更有可能因为难题而责备他人，更有可能把他们自己看成已经尽了最大努力的牺牲品。

　　这项研究没有探究这是否影响其他人对孤独者的感受——尽管完全有可能，人们总是会对那些经常因冲突而责难他人的人表现得不那么热情——可它却是有用的警示。即使外部证据最初似乎并没有提供支持，我们给自己以及周围关系贴上的标签，终能变成现实。

向前进的方式

　　如果你面临情绪的复杂局面，你能做什么呢？首先，确定你知道自己感受到的是什么（参见左页"情绪解码器"）；其次，考虑你能做的可能的回应和选择（参见右侧"对情绪负责"）。我们的情绪是属于我们自己的，有时可能会很难梳理，然而越能为它们承担责任，我们自己才会变得越好。

对情绪负责

　　我们在如何应对情绪方面有前瞻性吗？依照斯坦福大学专门从事情感调节的詹姆斯·格罗斯（James Gross）所说，我们可以把我们的情绪反应分割成一整个过程中的各个部分：如果我们早些做出合适的决定，我们就能获得更好的结果。在任何情况下，我们都有机会能改变自己的行为、我们注意力的焦点、我们所处情境的框架，以及我们相应的反应。假设你被邀请去参加一个短期的电影节，这对建立人际关系很有帮助——可是影片之一是你先前的合作伙伴拍摄的，后来你们闹僵了。那么你的选择是什么呢？

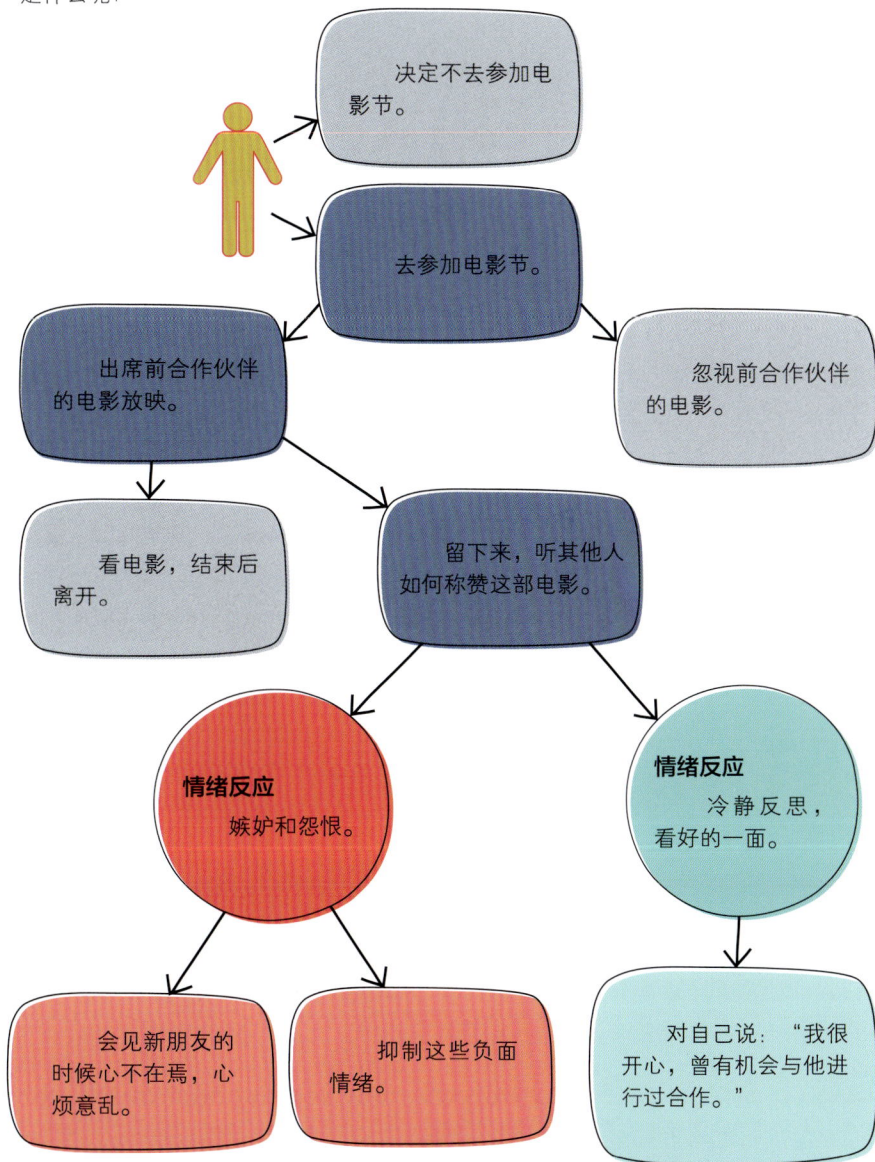

决定不去参加电影节。

去参加电影节。

出席前合作伙伴的电影放映。

忽视前合作伙伴的电影。

看电影，结束后离开。

留下来，听其他人如何称赞这部电影。

情绪反应
嫉妒和怨恨。

情绪反应
冷静反思，看好的一面。

会见新朋友的时候心不在焉，心烦意乱。

抑制这些负面情绪。

对自己说："我很开心，曾有机会与他进行过合作。"

一个人可以选择返回到安全地带，或是朝着成长的方向向前。成长必然要经历一次又一次的选择；恐惧也必然会一次又一次地被克服。

心理学家亚伯拉罕·马斯洛（ABRAHAM MASLOW），以其自我实现理论而闻名

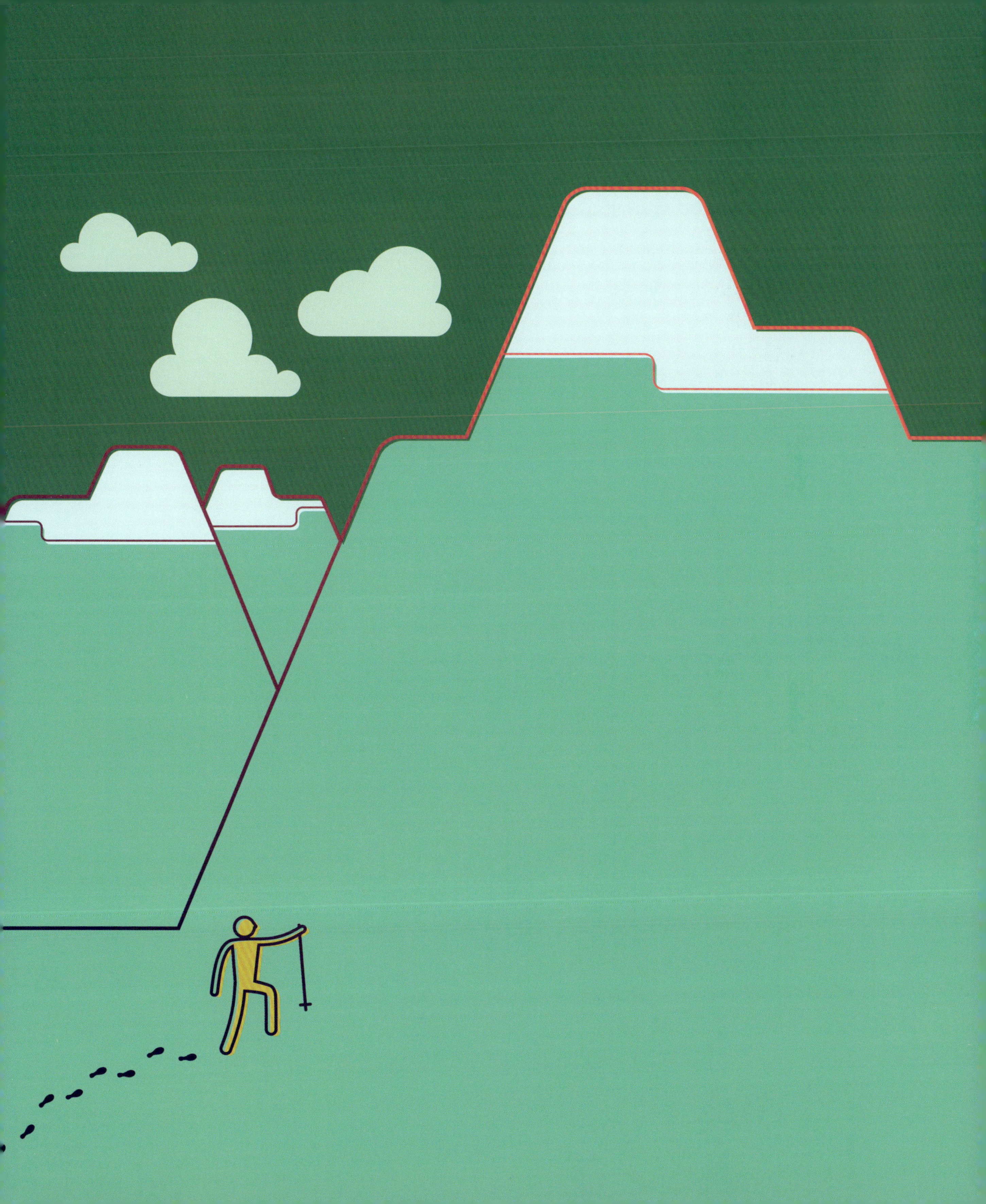

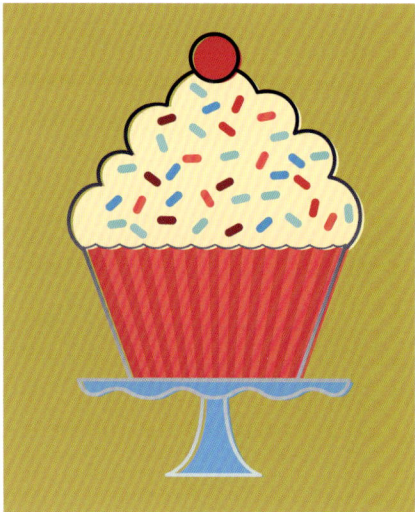

自我控制的艺术

抵制诱惑

实现长期目标是一场持久战，这就意味着你需要将短期的满足先搁置一边。如果这些眼前的诱惑和你的大目标相冲突，你怎样学会对它们说"不"呢？

我们都有想要追寻实现的多个目标，这会让我们感受到成功。遗憾的是，有许多干扰因素会使得我们关注在眼前的满足感上（"我想买辆新车"），而忽视了长期的目标（"我要还清我的助学贷款，这样我就能存更多的钱买房子了"）。在想要实现短期愿望（开上好车）的同时又想实现长期愿望（保有更多财产），这会激发强烈的冲撞感，进而影响我们的抉择。

有些眼前的欲望对我们来说并没那么重要，但它们在短期内更容易实现，也更有趣。此时若它们与我们的长期优选目标相冲突，挣扎的感觉就出现了。

做出选择

2014年，美国心理学家安吉拉·李·达克沃斯（Angela Lee Duckworth）和詹姆斯·格罗斯（James Gross）所做的研究指出，这在一定程度上是层级的问题。人们的目标不止一个：我们有大的支配性目标，也有小的倾向于更有实践意义和行为导向的目标。当它们发生冲突时，问题就出现了。在这一节点上，我们需要回过头确定一下哪个长期目标是最重要的（参见右页"目标的层级结构"）。当我们做选择的时候，要能够辨别长期优先级和日常的眼前诱惑，这才有帮助意义。

抵制棉花糖的诱惑

"棉花糖测试"是沃尔特·米歇尔（Walter Mischel）于20世纪60年代在斯坦福大学进行的测试。在这个测试中，分给一组四岁的孩子每人一块棉花糖，他们被单独留在一个房间里，测试者对孩子许诺，在他离开的15分钟里，如果孩子们没把棉花糖吃掉，就能在测试者回来后再获得另一块棉花糖的奖励。此后，测试者随着这群孩子年龄的增长，进行了跟踪调查。他们发现，那些能等到测试者回来而不吃棉花糖的孩子们长大以后，在学业上、健康和生活方面大体表现得更好。这项研究的发现引发了一系列的研究，这些研究都聚焦在理解自我控制的动力和人们在不同境遇下的反应是怎样的。

检验棉花糖测试

2013年，一组美国研究人员做了进

一步的实验来检测最初的棉花糖理论。在第二次测试中，孩子们同样被许诺，如果他们在测试者回来前抵制住了第一块棉花糖的诱惑，就能得到第二块。但有点不一样，在"棉花糖测试"之前，他们把孩子们分成了两组，让他们与测试者一起用蜡笔画画。之后，测试者会跟孩子们说："你们可以继续画，我去拿一些全新的更漂亮的蜡笔和贴纸回来。"随后，一组测试者拿着全新的蜡笔和贴纸回来了，而另一组的测试者却空手而归。

结果如何？"信任环境"组比经历了"不可信环境"组的孩子们抵抗棉花糖的时间长4倍。研究人员认为，棉花糖测试更多的是衡量出了孩子在他们的环境中获取了多少信任：对那些有理由相信承诺的孩子们来说，抵抗棉花糖的诱惑是很容易的事。

或许，自控力的关键与情商相关（参见第58~59页），也与你对情绪如何影响你的反应和行为的解读能力相关。心理学家丹尼尔·戈尔曼（Daniel Goleman）将自我调节作为情商的要素之一：这就意味着你不能一时冲动做决定，你要有能力克制当下的欲望，进而获得长远满足。下一次你需要坚定决心的时候，先听听你的大脑和内心的想法。

> 如果我们掌握**技能**，让自己**分辨**什么时候该做什么、不该做什么……以及什么时候行动、什么时候无须**等待**，我们就不再是自身欲望的**牺牲品**了。
>
> **沃尔特·米歇尔**
> *心理学家、"棉花糖测试"的创始人*

目标的层级结构

即使你有某一个强烈的渴望胜过其他所有愿望，还是应该全盘考虑多重目标的实现。有一个办法是将它们分成长期目标、中期目标和短期目标，这样一来，你的长期目标或是中期目标就能触及你所渴望的领域，还能同时使你的短期目标具有实践意义。草拟一张表格，看看你的短期目标之间是否相互冲突，比如，某场与客户建立联系的会议，是否会占用你与朋友、家人一起共度的时光？如果你能以这种思路将它们厘清，就更容易确定哪些短期目标和中期目标能更好地支撑你的长期目标，相应地，你就知道该如何优化自己的决定。

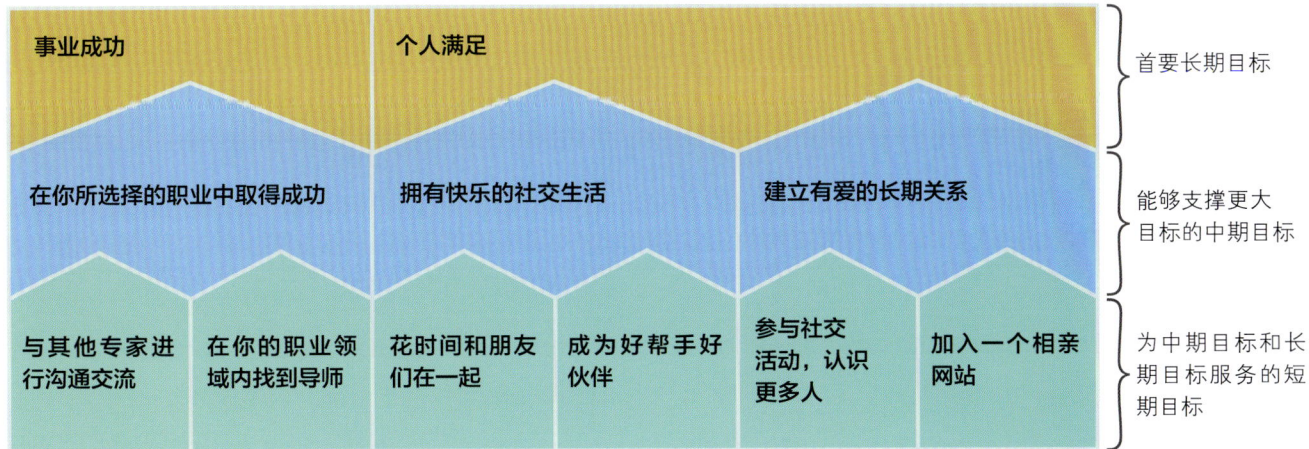

事业成功	个人满足		首要长期目标
在你所选择的职业中取得成功	拥有快乐的社交生活	建立有爱的长期关系	能够支撑更大目标的中期目标
与其他专家进行沟通交流 ／ 在你的职业领域内找到导师	花时间和朋友们在一起 ／ 成为好帮手好伙伴	参与社交活动，认识更多人 ／ 加入一个相亲网站	为中期目标和长期目标服务的短期目标

扭曲的因素

压力如何危及成功

尽管障碍有时能激励你继续前进，但要适可而止，你要知道：长期的压力会让你受伤害，同时也可能会降低你成功的概率。

当你发现或者感觉到生活对你的要求大于你能应对的能力时，你会感受到压力。虽然有时压力可以变成动力，让你更专注（参见第100～101页），可压力也需要经过权衡：你会咬紧牙关挺过去，是因为你知道眼前的压力能给你的长期目标带来益处。但如果它已经成为负担了呢？换句话说，多大的压力是难以承受的？

压力的危险

我们都知道压力是一种不舒服的感觉，但却没有意识到它的危害。慢性紧张会对大脑的分泌、结构甚至尺寸大小都产生影响（见右页"压力如何影响大脑"）。长期的压力不仅会增加你身体患病的风险（尽管偶尔生病是正常的），还会让你变得不那么有动力，也会让你变得不那么聪明。当威胁来临时，身体会自动响应：就像你面对一只熊，本能会让你逃离得更迅速。但如果你在面试中僵住或在演讲中卡住了，你就知道有时候压力

72%

资金困扰

根据美国心理协会（American Psychological Association）2014年的"美国压力"调查，72%的人说他们至少在某些时候会对钱感到有压力。

会对你造成不良影响。你越需要成功时，高压会让你变得越糟。当你意识到压力会增加你患精神类疾病的概率时，那你就应该反省了，因为压力会让才华出众的人也光彩不再。

你能做什么？

重要的问题是：当你感觉自己无法应对的时候，那种感觉源于何处。是源于境遇，还是源于你对自己应对能力的信心？两者都是有可能的，哪一个都没有"错"，可是每一种答案都需要一个不同的解决办法。如果你是处在长期有压力的情况下，你大概需要修订你的计划：一段必然会结束的充满压力的时期是可以忍受的，可是如果你把自己耗尽，就没有成功的可能了。

如果你觉得你必须坚持这种境遇，你至少可以缓解你的压力水平（参见第98～99页）。但这些建议都不是

工作上的压力

全球人力资源和风险管理专业服务公司——韬睿惠悦咨询公司于2014年所做调查发现：

57%

57%的高压员工说他们感觉自己的工作很不自由。

10%

与之相对的，仅有10%的员工说自己承受着较轻的压力。

神奇弹药，尝试一下，看一看对你来说，哪种更奏效。

成功的生活包含了你能长期承受压力的水平，你可能比自己想象中的要强大，但听信你的直觉也是明智之举，并在必要的时候采取行动。

Q 压力如何影响大脑

在生理上，压力以多种方式改变着你的大脑：

- 太多的"脑白质"（髓磷脂）出现。在一个健康的大脑内，脑白质提供了一个绝缘的电鞘视神经，能够有效地发送信号。一旦它过量，就会过度绝缘，从而减缓大脑不同部分之间的连接。

- 蛋白质BDNF（脑源性神经营养因子）被减慢。由于脑源性神经营养因子负责新脑细胞的发育和分化，这就阻碍了大脑的功能，并增加了患精神疾病、痴呆、阿尔茨海默病的风险。

- 与开心和幸福感相关的多巴胺和血清素、性激素水平下降。在较为温和的情况下，它仅是导致情绪的低落；而在更极端的情况下，它会增加心理疾病和成瘾的风险。

- 大脑的免疫细胞（微神经胶质细胞）被过度激活，从而增加患脑炎症的风险。

- 丘脑，帮助产生恐惧反应，总体上会变得过于活跃。

- 感觉皮层对身体发出更强的恐惧信号，造成身体上的症状，例如肌肉紧张、胃部不适、坐立不安。

- 海马体萎缩，减退自控力、记忆功能和情绪调节。

- 脑下垂体激素会刺激躯体的肾上腺素，释放更多的"应激激素"皮质醇。

你的大脑是一个身体器官，所以要小心呵护它。如果你真的有压力，记住那不是一个软弱的信号，要去休息。这是合理的是医学意识，从长远来看对你有诸多好处。

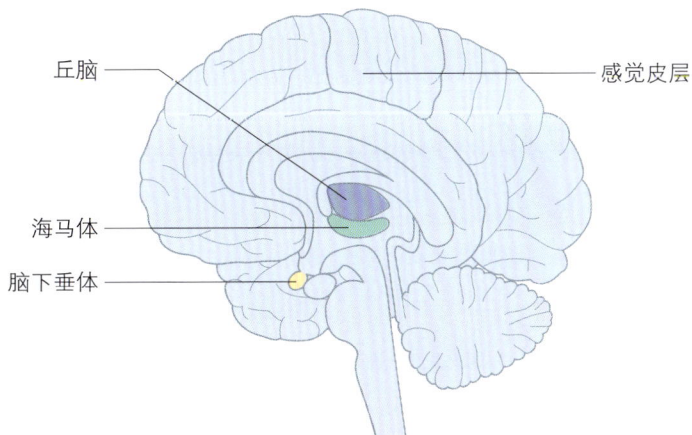

丘脑　　　感觉皮层
海马体
脑下垂体

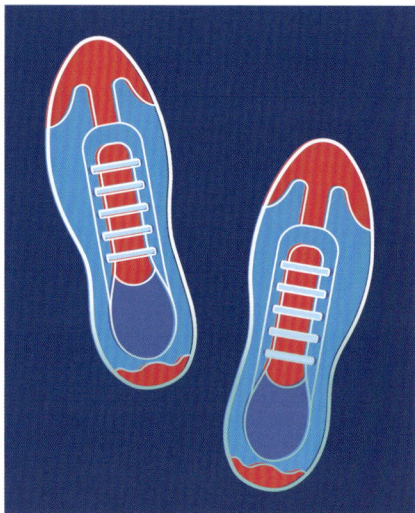

掌控压力

有效应对压力

成功包括努力工作和孤注一掷。当压力持续的时候，为了让自己保持在正确的轨道上，一定要确保你的习惯（既有心理的又有身体的）可以让自己保持镇静和自我控制。

生活中的压力是不可避免的。适度的压力对我们是有好处的（参见第100~101页），关键在于我们面临每一种境况所做出的反应，因为这决定了那是否是我们能掌控的事情，或者它最终能否让我们变得更好。

有序思考

人们很容易笼统概括和认为"我的整个生活都是充满压力的"，而有时那种感觉必然成真。与其屈服于不堪重负的感觉，不如努力去识别和监控引起你最大焦虑的事情：尽可能明确地保持你的注意力。列一个清单，看一看你能在哪些方面减少或是消除你生活中的某些压力源头。

接下来，拟订一个计划，列出你所了解的、触发你的压力反应的境况和人。这将有助于你在这些情况出现时有效地做出反应。记住，就如何做出反应，你总是有选择的。

掌控日常压力的好方法就是列一张表。优先考虑最重要和最紧迫的目标，当这些目标完成的时候，享受勾掉它们的满足感。如果你始终觉得在你需要做的事情上自己落后了，可以使用时间管理技巧来帮助自己提高效能（参见第124~125页）。

接受不可避免的事情

你不能控制什么？对你能够改变的事情有前瞻性会对你有帮助，可是试图改变那些既成事实，就会产生心理学家称为"习得性无助"的感觉。研究表明，无论是人还是动物，不断尝试去做自己做不到的事情会减少主动性，进而引起沮丧；所以，不要把自己训练得去期待失败，相反，应该把焦点放在你能施加影响和改变的事情上。

大自然的力量

即使多数的日子你必须待在室内，至少花些时间待在户外也是极好的。像公园、绿地这样怡人的环境会帮助我们从焦虑中解脱出来，暴露

> 对抗压力最强大的武器是我们选择思维方式的能力。
>
> **威廉·詹姆斯**
> （William James）
> 心理学家

缓解压力的常用方法

澳大利亚心理学会（The Australian Psychological Society）2015年"压力与幸福"的调查揭示了人们应对压力的各种各样的方式。"普遍性"一栏显示了进行该项活动的受访者的百分比，而"有效性"一栏则显示了他们对这些活动缓解压力成功程度的估计——为你考虑如何最好地缓解自己的压力水平提供了很好的建议。

应对压力的方式	普遍性	有效性
看电视或电影	85%	73%
看积极的一面	81%	79%
与朋友或家人待在一起	81%	83%
听音乐	80%	80%
阅读	75%	78%
调整预期	73%	75%
做些积极的事	69%	81%
避免与有压力的人或境遇接触	65%	70%
花些时间培养爱好	64%	80%
购物	57%	64%
多睡一会儿	54%	60%
访问社交网站	46%	52%
打电子游戏	32%	67%
做点灵修类的事	30%	78%

在阳光下会帮助我们的身体制造维生素D。这不仅对我们的身体健康有好处，研究表明它也能提高我们血清素的水平——"感觉良好"的荷尔蒙。在公园里散步，会让你在生化层面上振奋起来。

让你室内的环境亮丽起来也会起作用。华盛顿州立大学1996年所做的研究表明，当植物被引入到工作空间时，在计算机实验室中工作的志愿者

精神支持

如果你有朋友或是家人愿意支持你，不要害怕向他们求助。2015年美国的一项调查发现，缺少精神支持的人，在1～10这个范围内，他们的压力水平处在6.2；那些得到支持的人压力水平是4.8。后者为积极的生活方式做出改变的可能性是前者的2倍。

缺少精神支持的人：
压力水平

6.2/10

21%
的人因为压力太大而不会做出积极的生活改变。

得到精神支持的人：
压力水平

4.8/10

10%
的人因为压力太大而不会做出积极的生活改变。

们显示了较低的压力反应——他们的工作效率更高、血压下降。即使很少的绿色植物也能帮助你放松。

专注的状态

让压力为你工作

　　长期的压力对你的健康和表现是有害的，可是如果你想把事情做好，适度的压力会帮助你集中精力，表现出最佳水平。理想的状态是你既忙碌又高效。

承受持续的压力和紧张是有害的（参见第96～97页）。可是，一项针对3万名美国成年人8年的研究发现，压力虽然会缩短人的寿命，却只有在个体认为压力对他们的健康有害的情况下才起作用。那些压力使他们痛苦的人受到了伤害，可是另外有压力却并不痛苦的人却能够更好地生存下来。这意味着什么呢？

重铸的压力

　　"唤醒的错误归因"大概提供了一个答案（参见第101页"你感受到的是压力吗？"）。情绪产生了生理的感觉，可是因为我们经历了各种情感的相似感受，这些感受可能很容易被混淆。对一个人来说是痛苦的压力，而对另一个人却是兴奋和挑战。

　　艾莉森·伍德·布鲁克斯2014年在《实验心理学期刊》（*Journal of Experimental Psychology*）上发表的一项研究表明，在有压力的情况下，与其努力地保持平静，不如重塑压力，把它当成令人兴奋的事物，这样人们会表现得更好。这可以通过积极的自我对话实现，把这种情况看成是机遇而不是威胁。

击中甜蜜点

　　不管你的态度有多么积极，有些压力还是会太大。但究竟有多大，可以依照心理学家称为"耶斯基–多德森定律"来判断，压力多少是随着挑战

最佳表现

耶斯基–多德森定律（"the Yerkes－Dodson law of arousal"）认为，在我们表现最佳的状态下，有一个最佳的压力水平——当我们处在这个"专注区域"时，会有很高的效能。一般来说，纯粹的体育活动需要更高水平的压力唤醒，因为压力把我们的身体置于"战斗或是逃跑"的模式。例如，当我们在短跑比赛中时，压力十分必要。对于纯粹的智力活动，像读一本书，我们的压力水平需要处在较低层面，才能把我们自己置入"专注区域"。下面的图示展示了某项结合了体力和智力表现的活动的"区域"，比如定向越野比赛。在这里，中等程度的压力让我们走上了正确的道路。当确定多少压力是过大时，想想你要承担什么样的任务，并相应地监控你的压力水平。

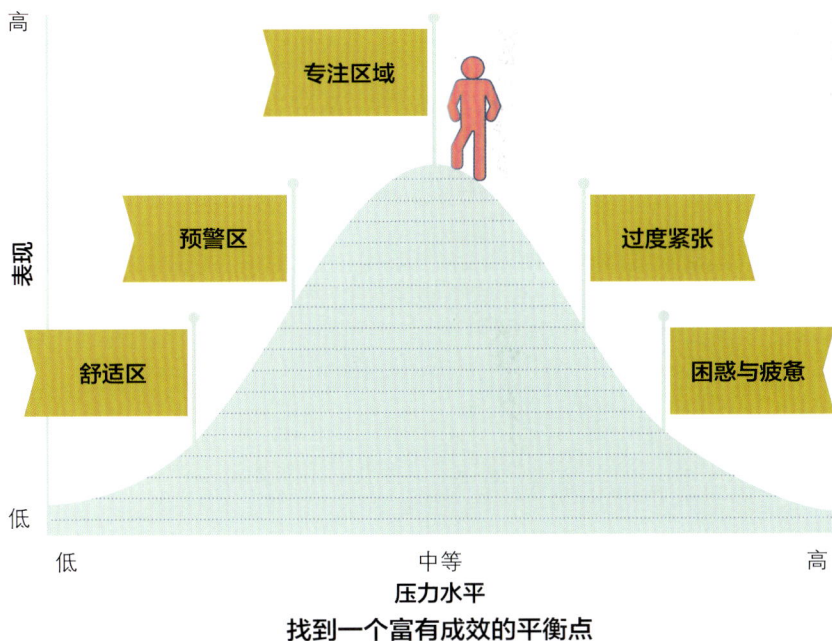

找到一个富有成效的平衡点

（纵轴：表现 高／低；横轴：压力水平 低／中等／高）

标签：专注区域、预警区、舒适区、过度紧张、困惑与疲惫

的不同而变化的：

- 如果你一点压力都没有，你就不会有足够的警觉去表现良好。
- 如果你处在适当的压力之下，你的表现就处于"专注的状态"，会有巅峰表现。
- 如果你压力太大，你的表现就会开始受到影响。

你需要做的不是消除压力，而是避免过度的压力。

预防可避免的压力

我们应该怎样避免过度的压力呢？神经科学家丹尼尔·列维京（Daniel Levitin）提出了"事前检验"的建议：考虑在任何情况下可能会出错的地方，然后预防，使之最小

你感受到的是压力吗？

1974年，心理学家唐纳德·达顿和阿瑟·亚伦在加拿大进行的一项实验向我们展示了我们是如何误解我们的压力来源的。男性路人有的被要求穿过一座安全的、稳固的桥，有的被要求穿过一座危桥，到达桥另一端的女性研究员处，完成一份调查问卷。然后她会给出自己的号码，告知他们如果他们有任何问题就可以给她打电话。穿过不太稳定的桥的男人更有可能打电话给那位女性研究员。为什么？他们注意到了自己抖动的膝盖、加快的呼吸和上下翻腾的胃，但他们把这些归因于来自那位女性的吸引力，而不是桥的恐惧。当我们错误地识别出我们感觉的真实来源时，这种"觉醒的错误归因"就产生了。养成一种习惯，问问自己，你的感觉是害怕、压力还是兴奋，这样你就可以根据情况的需要做出适当的反应。

化，或是考虑你能提前做什么。压力会使大脑中和记忆相关的海马体过度劳累，你可能会变得糊涂。列维京建议在你可以随时访问的地方储存重要的信息，这样你就不必单单依赖你的记忆了。这不会解决所有问题，可是当你处在有压力的情况下时，它就能起作用了。

内在的敌人
与自我挫败感做斗争

我们许多人都听过自己内心的声音告诉我们，我们不够优秀，我们永远都无法获得自己想要的东西，我们所获得的一文不值。是时候挑战这些想法并消除它们带来的刺痛了。

如果我们内心的声音经常是负面的，它会破坏我们的自信，它会制造障碍阻止我们采取行动去打造我们的技能和优势，因此也就成了我们前进的阻碍。

认为自己有能力

要消除这些无用的想法，我们需要培养一种强烈的"自我效能"意识——那是一种信念，相信我们有能力、能胜任，而且能发展新技能和方法，这有助于实现我们的目标（参见第103页"自我效能"）。自我效能不是一种包罗万象的特质，因为我们很少有人在每个领域都有同样的能力。如果你要追求你的热衷的事情，你确实需要在适用于它的领域去强化自我效能感。

重塑你的反应

如果你有低估自己的倾向，关注一下你是如何"构架"事件的，也就是你对自己解释事件的方式。如果你感觉自己不能胜任，那就重塑你的反应。举例来说，如果你觉得一场会议很糟糕，那就找出在为会议做准备时错过了什么，以及在下一次会议上你会有什么不同，把它看作是一次学习的经历。这类思考可以成为习惯，所以培养积极的构架事件的习惯，通过关注你在学习的东西和你在发展的技能来提升自我效能意识。

✔ 宽恕你自己

几乎没有人在任何情况下都是温文尔雅、体格健壮或是经得起考验的。如果你对自己感觉郁闷，记住这些要点：

■ **不要做可恶的比较。** 放下名人杂志，停止在你的"出众的"朋友们中闷闷不乐。你是在自己的旅途当中，这才是重要的事。

■ **接受你的弱点。** 把注意力放在你已经取得的进步上，以及对你来说重要的目标上。宽恕你的缺欠和弱点：给自己一些同情心。

■ **自我优先。** 我们始终在寻求别人的认可，可是要优先考虑你自己的内心和标准：对于你的自我意识来说，那是关键所在。

一切都在掌控之中吗？

社会认知理论认为有三样东西会促使人们形成消极的想法：个人、行为和环境因素，它们都是相互作用的。你对自己的个人因素和行为问题会有一定的影响力，但如果你的外部环境令人沮丧，便可能需要你通过自己的努力做出一些改变。

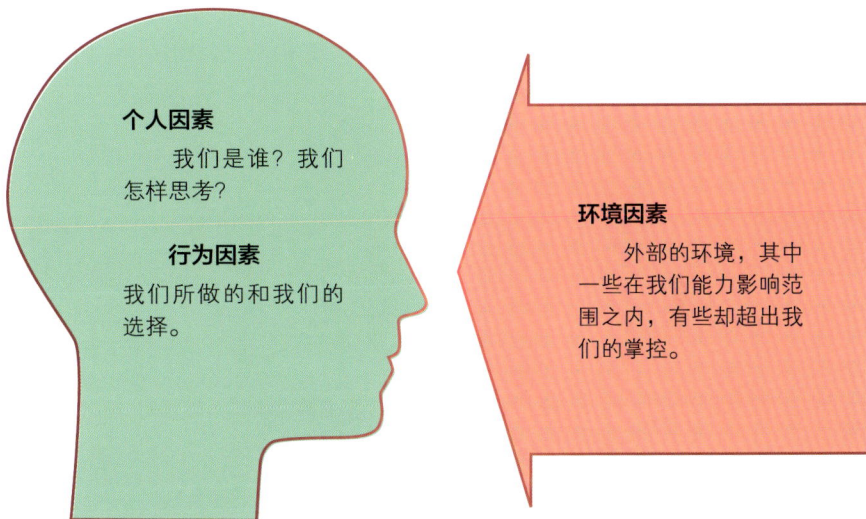

个人因素

我们是谁？我们怎样思考？

行为因素

我们所做的和我们的选择。

环境因素

外部的环境，其中一些在我们能力影响范围之内，有些却超出我们的掌控。

🔍 自我效能

当心理学家谈论"自我效能"的时候，他们的意思是我们相信自己是有能力的人，能够完成我们所要做的事情。有四个主要因素来诠释这一点：

1 掌控经验。 努力工作，完成一件特定的事情，可以帮助我们获得技能，并激发我们的信心，即我们可以实现为自己设定的目标。如果经历过付出努力与坚持克服困难的阶段，我们对自己的信心会更强。

2 社会榜样。 我们总会受到周边所闻所见的影响。向那些努力解决问题和应对困境的人学习，这一点很重要。我们有时需要"亲眼所见"其他人是如何处理问题的，这会让我们在处理相似的难题时得到新的启发，发展之前未曾考虑过的新技能和新方法。

3 社会公信力。 寻求反馈，洞悉如何做事才能提升我们的自我效能。他人的视角有助于我们更好地调整正在做的事以及需要改进的地方，而不是我们自己在某些特定的情况下高估或是低估自己的能力。

4 可选择的过程。 在每一种情况下，都要乐观地看待这样一个事实：你可以学习和改进，或者你可以做一个不同的选择，以便继续朝着你的目标和你想要的结果前进。记住，你可以在任何时候修正或改变你的目标。

冒牌者症候群

接受自己的能力

许多成功人士都有很高的标准，这意味着如果我们做得不够好，我们可能会严厉地评判自己。当我们的标准很高，自信心却不够强时，我们就在经历"冒牌者症候群"，感觉我们的成功一定要归功于纯粹的机会，而和我们不一样的真正的专家迟早会发现这一点。

谁在受煎熬？

具有讽刺意味的是，那些"冒牌者症候群"的易发人群往往是有资格和技能的，甚至是相当成功的人。从逻辑上说，在我们开始担心我们是否已经超越了自己之前，首先得达到一定的水平。攀爬得越高，就越害怕摔落。

这一经历最初是作为女性现象被研究的。这个术语的第一次使用是在波林·克兰斯和苏珊·埃姆斯1978年在《心理疗法：理论，研究和实践》杂志上发表的一篇论文中，标题为《高成就女性的自我能力否定倾向》。在这样一种文化中，女性有时因为太健谈或是不够顺从而受到评判（参见第

你是否曾经坐在满屋子成功人士的房间里，自己心里想："我不属于这里，他们很快就会发现这一点，那么我到底属于哪儿呢？"如果是这样，那么事实是，你不是唯一一个有这种感觉的人。

> 在任何时候我依然希望没有天赋的警察会来逮捕我。
>
> **麦克·迈尔斯**
> （**Mike Myers**）
> 演员、喜剧演员

36～37页），这就不足为奇为什么许多女性可能会觉得自己没有准备好，无法确信自己拥有高风险职位所需要的技能和才能。

男人也不例外。"冒牌者症候群"专家瓦莱丽·杨观察到，近年来参与她讲习班的男性越来越多，在研究生中发起的"是否很容易有自我否定感"的调查中，男性和女性的比率是50:50。

对于我们所有人来说，关注"我们总是有更多的东西要学习"这样一个事实很有必要，这就意味着我们不必假装自己什么都知道，取而代之的，是把注意力放在我们如何发展和成长上。

❓ 你觉得自己像一个骗子吗？

你对下面所列举的陈述认同多少？越符合这些描述，就越容易受到"冒牌者症候群"的影响。或许能让人安心的是，即使是才华横溢而且成功的人也常常有同样的感觉。

	✔	✘
■ 我钦佩那些已经实现我所向往的目标的人，可我不认为我属于他们的行列。		
■ 我感觉我的很多成功都是运气使然。		
■ 在描述我的成就时，我常感觉很蠢或是不舒服。		
■ 当我与我所在领域内的其他人在一起时，我倾向于觉得他们比我更配拥有领域内的一席之地。		
■ 我担心人们会意识到我知道得很少。		
■ 当人们赞扬我的时候，我感觉有点心虚。		
■ 我不相信自己的成功会持续下去。		
■ 我感觉自己的成功并没能真的证明什么。		

✅ 消除你的疑虑

不要把你的内心和他人的外在相比较。

当我们经历"冒牌者症候群"的时候，我们是把我们焦虑的感觉和其他人很显然的表面镇静相比较。如果这样做，我们就忽略了一个事实，那就是其他每个人都和我们一样感觉不舒服——他们甚至可能会担心，大家彼此间相互比较测量的结果势均力敌。

记住没有人是完美的。

正确的导师可以对我们有很大的帮助，可是如果我们认为他们的杰出无法企及，最终感觉会更糟，因为我们认为自己永远到不了同样的高度。美国社会学家杰西卡·科利特（Jessica L. Collett）和杰德·爱芙丽丝（Jade Avelis）的一项研究发现，相当多的女学生觉得她们永远都不能和她们的女导师相比，然而经济学家凯特·巴恩（Kate Bahn）在《高等教育纪事报》中指出：即使是阅读"超级成功"的建议，也会让我们这些"适度成功"的人感到并不适用。榜样可以很有帮助，但需要我们把他们看成是和我们一样的普通人。

发生错误是正常的。如果你没有犯过错误，那就说明你一直没有冒险的机会，应该去尝试新的方法或是以不同的方式做事。不断扩展自己，寻找可能导致错误的"实验"方法，以便你能从中吸取教训。

想要赢还是害怕输？

当失败的恐惧阻碍你前进的时候

　　"做得很差"的恐惧会对我们的行为和选择有着重大的影响，也会妨碍我们取得进步。克服恐惧的第一步是重新构建你对失败的看法。

没有人想要失败。但是，因计划受挫而害怕失败和害怕失败本身之间有很大的不同。有时我们的动机是积极的：我们是因为想做而去做事情，或是因为我们想要带来一个结果。可是，有时我们的动机是逃避性的：我们做一些事情，是因为我们害怕如果自己不这样做会发生什么。

将恐惧变成你的优势

　　害怕失败并不总是坏事。2015年，在《商业冒险杂志》（*Journal of Business Venturing*）上发表的一项荷兰-美国的联合研究表明，许多成功的企业家都把对失败的恐惧作为他们最强烈的激励因素之一。这种矛盾就是被心理学家称为成功的"内在尺度"：被

恐惧激发的人是最具雄心壮志的。因竭尽全力也没能取得进一步的进展而担心"失败"，他们利用这种恐惧作为激励自己继续前行的动力。

　　那么，我们当中那些一想到被人发现自身有缺陷就被吓呆了的人会怎样呢？决定不冒险是一回事，因为失败似乎是有可能的；但如果对失败的恐惧增加了失败发生的可能性，它就变成问题了。糟糕的是，如果太焦

> ### 以失败为基础
> 打造自己。把失败当作垫脚石。
>
> 约翰尼·卡什
> （Johnny Cash）
> 音乐家

虑，我们就很容易把自己搞砸。2010年，加拿大的一项研究发现，特别害怕失败的学生尤其可能有拖延行为。其他研究也已经发现，我们会因为忧虑而使自己生病：如果你持续头疼或是胃不舒服，或是发现越难集中精力，你的压力就越大，那就应该去检查一下你到底在害怕什么。

学着别针对自己

　　如果事情土崩瓦解，感到难过或是失望，甚至生气，是很正常的。但是，成功的关键是理解和接受这些感受，这是对一件事的主观反映，而不是你是哪类人的客观衡量尺度。失望和挫败最终都会过去，如果你能让自己在此刻不沉浸在这些感觉中，它们可能很快就会过去。如果事情失败了，感觉很糟糕是很正常的，可并不意味着你很差。如果失败的想法对你来说特别的恐怖，这可能是你需要提

Q 让你害怕的是什么？

失败的恐惧可能以多种方式被人体验到。2016年《商业冒险杂志》上发表的一项国际研究定义了几个我们如何表达自己忧虑的重要主题。在你自己的思考中，你意识到这些问题并有应对机制了吗？如果这些问题存在，失败的恐惧就会抑制你的行为。

精神焦虑

个人能力

"我具备它所需要的必要条件吗？"

社会声望

"我的名誉会受损吗？"

机会成本

"我还能保持工作与生活的平衡吗？"

情感紧张

感觉不开心

"这是有压力的！"

行为反应

"我一定得小心。"

激励

"我仅仅需要再努力一些。"

压抑

"我现在不能考虑这些。"

高自我接受度的一个信号。每个人都可能失败，如果你能从这种经历中学习，并思考今后如何以不同的方式做事，你就会取得更大的进步。

无关紧要的自我怀疑

失败的恐惧会支配你的想法吗？我们都有质疑的时刻，但要对某些假设保持警惕。如果你发现自己停留在下面左手栏里的某些想法上，就要提醒自己，还有其他更有效的方法来考虑事情。

如果我失败了，恐怕……	取而代之的是，尝试思考：
"那会显得我不聪明，我没有能力，或是我不够好。"	"我的能力只是未来愿景中的一部分。即使最聪明、最能干的人也会遇到挫折。"（提醒自己联想那些在困难时期工作的个人英雄。）
"我会毁掉自己的机会，面对一个不确定的未来。"	"'不确定'和'世界末日'不是一个概念。我大概不得不让自己适应，可是生活总是有不止一个机会的。"
"人们会不尊重我，不爱我了。"	"如果因为我在某件事情上失败了，有人就对我有不同看法，那我应该关注的是我真正的朋友。"
"我会让我关心我的朋友失望。"	"好在我是一个负责任的人，这是即使我失败了也依然拥有的品德。"
"把想要得到它放在第一位会让我看起来很可笑。"	"我是一个有价值的人，我想做一些有难度的事情没有什么可笑的。"
"我可能没有能力去应对。"	"直到我做到那儿了，才知道事情会发展成什么样。船到桥头自然直。"

应对失败

改变观点

无论你多么有才华，或是多么努力，有时你也会失败。要认识到，如果你没有冒险或是承受失败，你就不能以获取成功的方式来拓展自己。

如果你目标高远，就不可避免地冒着失败的风险，或许是一次又一次的失败。几乎没有人会在第一次尝试就达到成功的顶峰，从某种程度上讲，这是我们都知道的，然而当它发生的时候，仍旧不能阻止我们感觉失望、挫败、尴尬和气馁。我们能在多大程度上体验这些感觉，并且仍然专注于每一次失败的重要时刻，并从中吸取教训？

框架里面是什么？

我们对"半满半空"的范例很熟悉：心理学家将此称为"增益框架"（gain frame，半满）或是"损失框架"（half empty，半空）。问题是，人类天生就更关注负面信息（损失框架），而不是正面信息（增益框架）。比如，社会心理学家艾莉森·雷格伍德（Alison Ledgerwood）已经发现，我们的大脑需要更加努力才能看到积极的一面而不是消极的一面（参见右页"权衡损失"）。

此外，把增益框架改变为损失框架，比反过来要容易得多。为了验证这个理论，雷格伍德给两组人介绍同样信息：一组被告知外科手术的成功率是70%，另一组被告知失败的概率是30%。如你所料，第一组对手术给予正面的评估，而第二组却是负面评估，可是当被告知反过来看待这件事的时候，他们的回答就不一样了。第一组被提醒70%的成功率意味着30%的失败率，他们就改变了想法，从负面估价手术了。第二组被提醒30%的失败率意味着70%的成功率，他们却坚持原本的负面评估。

雷格伍德的结论是，我们需要做出努力来平衡我们的焦点。例如，我们对应该谈论更多正面的经历，减少任何不必要的负面影响。

拥抱脆弱性

你可能会认为成功人士都很坚韧。可是，按照研究人员布琳·布朗（Brené Brown）的说法，情况恰恰相反：为了过充实的生活，我们需要接受脆弱是我们的一部分。我们都担心因为不够好而被排斥，这种恐惧会阻碍我们前进。布朗历经六年的时间采访了数千人，结果发现那些生活得更开心、更成功的人是那些"全心全意的"人：他们把脆弱视为生活中不可或缺的一部分。当我们的大脑被设计用来处理损失而不是增益时，我们会发现很难将失败看作积极的学习机会。可是正如布朗指出，脆弱是创新和创造力的基础：如果我们不冒着看起来愚蠢的风险，就没有任何改变。用她的话来说，我们需要"接受不完美的勇气"——接受脆弱是人类的一部分，尽管我们失败了，但我们仍然值得爱、值得被接纳，也配得上成功。

权衡损失

社会心理学家艾莉森·雷格伍德进行了一项实验，参与者被要求想象出600名疾病缠身的受害者，然后分组问两个不同的问题。那些被问到"如果有100人获救，会有多少人失去生命？"的人平均花费7秒钟去回答问题。那些被问到"如果失去100个人的生命，会挽救多少人？"的人花了大约11秒来完成。这就支持了我们很自然地偏向于负面信息或是损失框架，而不是正面信息或是增益框架的观点。

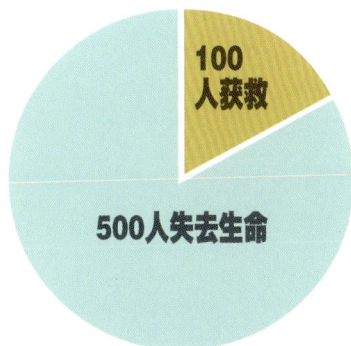

损失框架计算时间：7秒　　　　增益框架计算时间：11秒

令人不安的麻木

研究人员布琳·布朗认为，因为害怕感到脆弱，我们甚至可以麻痹自己的情感。遗憾的是，这影响了我们所有的情感，不单单是我们要消除的情感。还制造了我们需要打破的循环——如下图所示。让我们感觉不好的时刻和享受好时光是分不开的正反面。

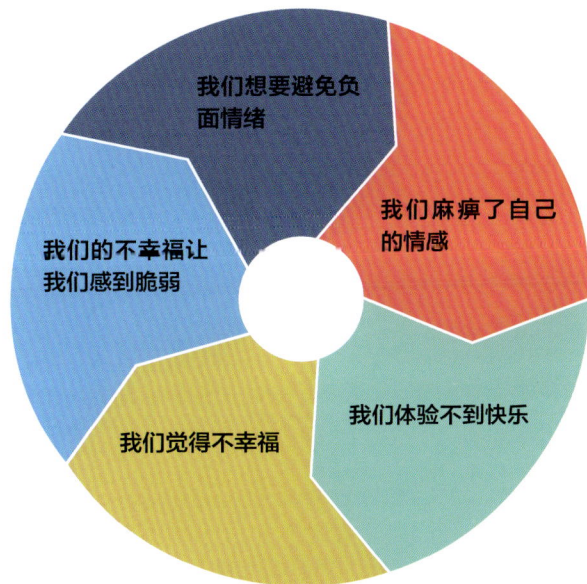

不安的赢家

处理对成功的恐惧

你有没有发现自己在担心一个问题：如果你真的实现目标了该怎么办呢？如果真是这样，便应该考虑一下这对你来说意味着什么了，你恐惧的根源会是什么？

你可能完全致力于实现你认为有价值的目标，但依然为此感到紧张。我们的愿望会受到变数和机会的影响，当我们接近达成让自己热情十足的目标时，我们可能开始感到恐惧。

是兴奋还是压力？

如果你习惯于担心自己是否会达成目标，"唤醒的错误归因"（参见第100～101页）可能就是个问题。当我们接近实现一个目标时，我们脑中的系统便开始感觉"被唤醒"，也就是说，产生警觉和刺激。理想的情况下，我们把这种感觉看成一种兴奋的表现，可是如果你曾经有过一段负面的压力或失望的经历，你的心思就会把这种强烈的感觉归为恐惧或是紧张。如果当一件好事临近时，你发现自己越来越紧张，那就提醒自己即使你还不习惯于成功，这种神经过敏的感觉很大程度上仍是积极的信号（参见第111页"区分不同"）。

突破传统期望

我们当中的许多人都想被所处的社会接受，这是非常自然而健康的愿望。可是社会也承载着人们的期望，而这些期望并不总是最适合我们个人的抱负。你的目标越是使你不同于你周边的人，你预期的社会价值就越大，你就得更努力地关注于让自己满意，而不是取悦他人。心理学家已

你害怕成功吗？

2001年，美国心理学家道恩·迪特尔-施梅尔茨（Dawn Deeter-Schmelz）和露斯玛丽·拉姆齐（Rosemary Ramsey）着手研究人们对成功的恐惧。他们向志愿者们收集了一系列的陈述，然后发现某些断言能很清晰地说明这个人是否恐惧成功。下面所展示的两组陈述中的哪一组，听起来更像是你所相信的？

害怕成功
- "通常成功的代价大于回报。"
- "一个处在顶端的人需要不断地奋斗才能保持高居的状态。"
- "一个成功的人总是被人认为冷漠高傲。"
- "人们的行为在成功之后会变得越来越差。"

不害怕成功
- "我期待其他人会完全欣赏我的潜能。"
- "成就令人肃然起敬。"
- "当你处在顶端时，每个人都会仰视你。"
- "如果你是最好的，所有大门都会为你敞开。"

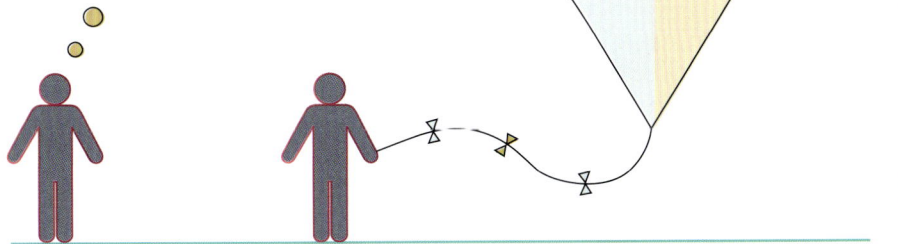

经发现对成功的恐惧往往会抑制我们的主动性和创造性，就像对失败的恐惧一样（参见第106～107页）。我们许多人都听说过这个谚语"高处不胜寒"，我们不想被孤立而感觉孤单——我们害怕朝着其他人的期望猛冲，结果却是以某种方式被否定。可是同时，退缩也是一种损失：正如受人尊敬的美国篮球教练约翰·伍登（John Wooden）所观察到的：成功是源于"知道你努力做到了你能力所及的最好"的平和心态；没能充分发挥潜力而失败会给自己带来遗憾。只有你自己知道什么对你来说是对的，但也同样应该问问自己你的期望是什么（参见页面上方"你害怕成功吗？"）。这有助于你区分代表你真正抱负的目标以及让你保持在社会舒适区的目标。改变总是意味着一个全新的世界，可却是一个最好的世界。

区分不同

你是否很难区分兴奋和恐惧？如果你因为接近成功而紧张，把压力和兴奋的记忆区分开来是训练自己辨别两者不同的好方法。创伤心理学家苏珊娜·巴贝尔（Susanne Babbel）建议进行下面的练习：

- 回想你年轻时感觉兴奋和成功的记忆。停留在那种状态大约五分钟，注意它所激起的情感和感觉。
- 把最近的兴奋和成功的记忆拾起来。再停留五分钟，看看会有怎样的感觉。
- 想想不舒服的记忆。不要选择真正的创伤（或是至少在没有真正值得信赖的专业人士帮助的情况下就不选择），但是至少选择某件称不上好经历的事情，看看感觉如何？
- 回到你最近的成功故事中，它看起来与你糟糕的记忆感觉相似还是不同呢？

CHAPTER 4

BASIC SKILLS FOR SUCCESS

AN EVERYDAY GUIDE TO EFFECTIVENESS

成功的基本技能

关于成效的日常指南

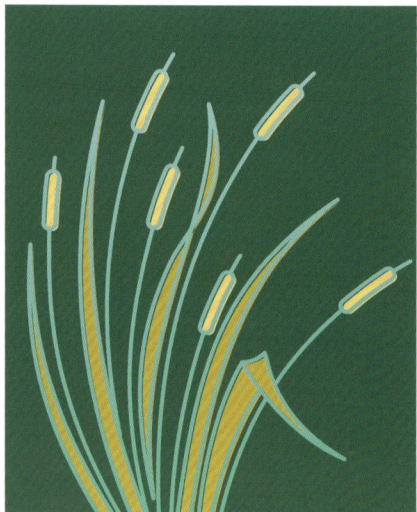

风中的芦苇

灵活处事的艺术

俗话说：大丈夫能屈能伸。生活意味着要面对各种意外，无论这些"惊喜"是大还是小，只要能应对好它们，你成功的机会就会更大。

我们生活的世界不再以自我意愿为转移。科技变化太快，工作方式也随之改变。全球经济在地球的每一个角落都产生了涟漪。文化之间的交流和相互影响比以往任何时候都来得多，通过互联网，我们可以随时看到别人的所作所为，并会对其做出反应。我们中的一些人比其他人更适应变化，但以建设性的方式做出回应的能力有助于我们的成长和成功。我们需要在改变来临的时候自信地做出调整，这样才能感到轻松自在。

发现机会

看待变化的积极方式是把它看作一个机会——你现在正面临着寻找新解决方案的挑战。对新环境我们应该持开放和回应的态度。英国布拉德福德大学（Bradford University）的研究人员发现了许多与灵活处事相关的技能。

1 知识的灵活性。 保持开放的心态，这样才能使新的信息被吸收并充分利用，这样才能平衡好细节和大局观。

2 善于接受。 当改变发生时，接受它而不是抵抗它，并随时准备好学习新的方法去实现目标。

3 创造力。 愿意尝试，即兴发挥，冒着犯错的风险来达成你的目标。

4 调整。 当情况需要时，改变自己的方法和工作方式。

5 搞定它。 如果一个解决方案不起作用，就不要停留在它上面，应转而寻找另一种方式。

6 提出新的想法。 设计新的方法使改变更有成效。

研究人员将这些特征定义为对雇主而言特别有吸引力的毕业生特质，无论你的工作环境如何，它们都是有用的技能。当你试图向潜在的新雇主或合作者证明你的价值时，它们也举足轻重。布拉德福德大学建议用STAR技巧（参见第115页"展示你的技能"）来帮助你展示自己的最佳优势。

> **风暴能刮倒橡树，却吹不倒芦苇。**
>
> 谚语

看到另一面

当我们和他人一起工作时，灵活性是必不可少的。在工作场所保持灵活的一个好方法是意识到一个常见的心理错误：基本归因错误。简单地说，当自己犯了一个错误时，我们往往认为这是因为某事发生在我们无法控制的范围内；但是当别人犯了一个错误时，我们则认为它是由一个人的性格缺陷或个人过失引起的。例如："我没有上交报告，因为研究的时间比计划的时间要长。""他没有交报告，因为他没有条理、不负责任。"为了保持灵活性，要意识到我们倾向于产生如上错误推论，此外，应该尽量在可能的时候站在他人的立场看问题。这会让你成为一个更好的合作者，也不会让别人的错误对你产生太大压力。

灵活处事的四种方式

迈阿密大学2015年的一项研究发现，认知灵活性——改变思维和适应环境的能力——有四个特点：

注意力。能够发现什么是相关的，什么是不相关的。

工作记忆。把事实记在心里。

抑制。能够控制你的即时反应。

切换。能够将你的注意力从一项任务转移到另一项任务。

🔍 变通你的解决方案

我们有时会被鼓励遵循一种"一刀切"的解决方案来应对困难，但这时也要灵活一些。2011年，斯坦福大学的一项研究让志愿者经历了一系列不同强度的压力实验，并给出了"分散注意力"或"重新评估"（也就是说，把困难想一遍，考虑可能的新应对方案）两个选项作为应对这些压力的方法。在更为紧张的时刻，志愿者们大都倾向于选择"分散注意力"的方法；而在相对温和的情况下，他们则会进行"重新评估"。我们天生就有一种改变策略的倾向，因为当涉及应对困难时，并没有一种所谓的"正确"方式。要准备好，跟随自己的直觉。

展示你的技能

展示自己的技能能够表现出你的灵活性和适应性，让你的潜在雇主觉得你很有吸引力。英国布拉德福德大学的研究人员推荐了如下所示的STAR技巧。他们的建议是：在你可以自信讲述的故事中，将你遇到过的挫折作为自我展示的一部分。

步骤	做法	举例
S 情境（Situation）	明确发生的事情和你的处境	"我辞了工作想要创业，但刚一着手，资金告吹，不得不关门大吉。"
T 任务（Task）	了解你需要做什么	"我需要很快找到一份新工作，否则将收不抵支，但我不想吃回头草。"
A 行动（Action）	描述你做了什么将事情解决	"我不得不找了份兼职，但它并不对口。所以我选择用空余时间进行技能培训，且针对我真正感兴趣的领域。"
R 结果（Result）	展示你达成的结果	"随后我便能够申请更需要专业技术的工作了，现在我终于能回到正确的工作领域。"

为自己创造幸运

抓住机会的艺术

当努力未能带来想要的回报时，有时很容易就会把一切都归咎于运气不好。然而，那些经过长期努力后取得成功的人，不太可能源源不断地受到好运的眷顾；更有可能的是，他们已经平静接受了事业中的起起伏伏。

要想在好运气来临的时候利用好它，我们需要培养一种特殊的心态。最重要的是，要对生活的各种可能性敞开大门——因果关系的曲折和变

> 机会常常会敲门，但有时声音轻柔。在盲目追求目标时，我们常常会错过意想不到的、美妙的可能性。
>
> **史蒂芬·夏皮罗**
> （Stephen Shapiro）
> 商业作家、顾问、
> 公众演说家

有些人认为运气是成功的关键，也是失败的原因。一个更平衡的观点是，好运气和坏运气总是会在我们的生活中起些作用，但关键是要积极思考、抓住机会。

化。看到机会中蕴藏的潜力会激发我们保持积极的态度，这有助于取得成功，即使个别机会最终经证明只是死路一条。

开放和包容

美国心理学家卡萝尔·桑索内

（Caro Nsone）简单说："似乎是运气的东西，实际上是感知、个性特征、选择和行动的结果。"所有这些都在你的控制范围之内。那些从运气中获益最多的人，被证明很大比例上都是性格外向者。这样的人享受着一种更丰富的偶然邂逅的交织关系，其实只是因为他们不断结交新朋友，而且他们倾向于与广泛的人脉保持联系。

这有助于你对从未经历过的经历感到好奇，同时也对其他人感到好奇——尤其是那些在你的经验范围之外做事情的人。主动建立与他人的联系吧，看看在他们的引领下，可以让你看到什么新的视角和方向。

愿意进行体验也是关键。如果你天生谨慎，对未知的事情过于担心，你可能会在成功结出硕果之前，将机会阻挡在外。去享受新的体验：记住，如果焦虑压倒了好奇心，惰性就会乘虚而入。　**»**

10%

心理学家理查德·怀斯曼（Richard Wiseman）相信，生命中不超过10%的结果取决于纯粹的运气。不如这样说，运气是一系列行为的集合，取决于你对生活的付出，以及你对机遇出现时的回应。

✅ 运气的艺术

把运气看作你必须培养和鼓励的一种属性，或者把它当作你应该学习和实践的一门艺术，作为你日常生活的一部分。以下的技巧将有助于你产生新想法，为你带来更多机遇。

培养你的关系网
一个朋友和熟人组成的正能量群体，其中包含来自不同阶层的人，它将有助于拓宽你的视野。让自己和积极的人在一起。

对自己说：我很幸运
在任何不利的情况下都要积极地寻找可能的正面因素。这是一种比指责别人或抱怨命运不公更有成效的方法。

环顾四周
关注周围的环境。适时休息，改变例行公事，才能打开新鲜视野。那些谨小慎微、在很窄的领域内工作再努力的人，都很可能错失好机会。

接受失败
即使是在生活日常中，也要乐于应对普遍存在的失望情况。要意识到成功人士是经常经历失败或错误的：这都是朝着更大目标努力的过程中的一部分。

打破规则
是否看得到做事的不同方法？要富于创造力。当然，倾听你直觉的声音，搞清楚自己能在多大程度上打破传统。

紧跟时代思潮
跟得上社会大趋势的步伐。无论你在追求什么理想目标，这都是灵感的源泉。

▶▶ 心态决定机会

我们都会遭受挫折，所以如何以最好的方式战胜挫折呢？部分解决方案可以归结于"认知框架"，即我们选择注意的东西，我们选择忽视的东西，以及我们如何理解和向自己解释更广阔的局势。这些心理框架影响着我们的决定和选择：认为自己幸运的态度，能让我们更积极主动。

在21世纪最初几年，英国心理学家理查德·怀斯曼进行了一系列的实验，对象就是一些认为自己是"幸运的"的人（他们成功而快乐，生活中发生的事情似乎对他们都是有利的），和另一些认为自己"不幸"的人（生活似乎对他们来说充满了错误）。他发现，"幸运"的人善于发现机遇。在一项实验中，他告诉两组人要数一份报纸上图片的数量。"不幸"的人勤勤恳恳地数照片完成任务；"幸运"的人通常会注意到第二页上清楚写着："停止计数——这张报纸上有43张图片。"翻到报纸的后面一页时，"不幸"的人还在忙着计算图片数量，完全看不到一条信息："停止计算，告诉实验者你看到了这句话，然后就能赢得250美元。"

怀斯曼总结说，当面对挑战时，"不幸"的人变通性更差。他们只把注意力放在一个目标上，而忽视了擦肩而过的其他选项。怀斯曼提出了四种"时来运转"的基本方法：

打开脑洞

感觉陷入了困境？心理学家克利福德·拉扎勒斯（Clifford N.Lazarus）建议用以下的练习来刺激你的思考，并激发更多的随机机会。

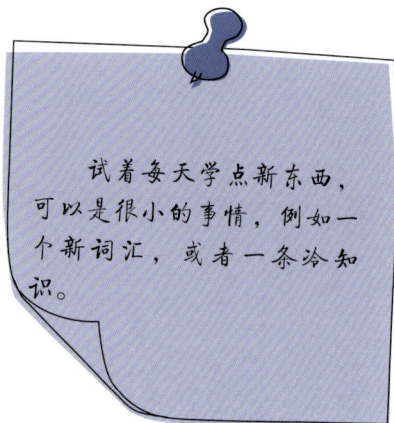

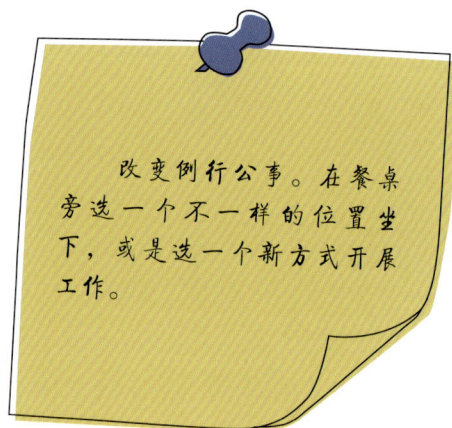

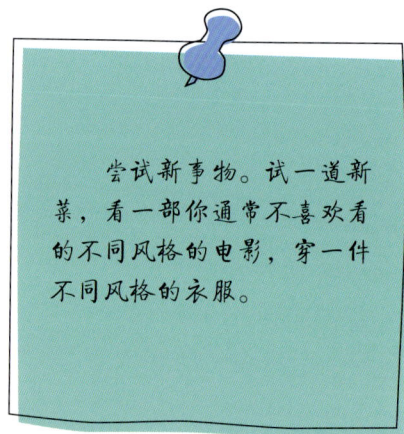

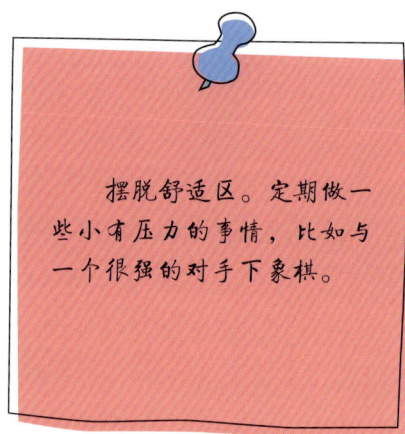

> 试着每天学点新东西，可以是很小的事情，例如一个新词汇，或者一条冷知识。

> 改变例行公事。在餐桌旁选一个不一样的位置坐下，或是选一个新方式开展工作。

> 尝试新事物。试一道新菜，看一部你通常不喜欢看的不同风格的电影，穿一件不同风格的衣服。

> 摆脱舒适区。定期做一些小有压力的事情，比如与一个很强的对手下象棋。

1 **创造和关注**带来机会。

2 **倾听你的直觉**——它更有可能会指引你做出好运的选择。

3 通过积极的思考来**创造自我实现的预言**。

4 **要有韧性：**告诉自己你可以扭转坏运气。

他发现，当"不幸"的人采用这些策略时，他们的好运就会增加：他们开始变得"幸运"了。通过遵循怀斯曼的方法，你把坏运气变成好事的概率可能会大大提高。

❓ 银行抢劫犯情境

想象一下：你在银行排队，一个持枪的抢劫犯跑了进来，开枪了，子弹击中了你的手臂。你是幸运的还是不幸的？心理学家理查德·怀斯曼把这一场景放在了"幸运"和"不幸"的人面前，前者的生活似乎过得较好，后者则相比之下过得较差。他们的答案揭示如下：

- "幸运"的人们倾向于说他们很幸运——毕竟子弹没有射中他们的致命部位。

- "不幸"的人往往会说这是一种糟糕的运气——最典型的想法就是"怎么偏偏我们就在那天出现在银行里。"

有证据表明，那些用另一种方式来迎接不幸的人，在面对意想不到的挑战时，往往能更好地应对和适应。

😊 塞翁失马，焉知非福？

中国古代有这样一个故事： 有一天，塞翁的马从马厩里逃跑了，邻居们知道这个消息都赶来慰问塞翁，让他不要太难过，塞翁一点都不难过，反而笑笑说："我的马虽然走失了，但这说不定是件好事呢？"

过了几个月，这匹马自己跑回来了，而且还跟来了另一匹骏马，邻居们听说这个事情之后，又纷纷跑到塞翁家来道贺，塞翁这回反而皱起眉头对大家说："白白得来这匹骏马恐怕不是什么好事哦！"

塞翁有个儿子很喜欢骑马，他有一天就骑着这匹骏马外出游玩，结果一不小心从马背上摔了下来跌断了腿，邻居们知道了这件意外后，又赶来塞翁家安慰塞翁，劝他不要太伤心，没想到塞翁并不怎么太难过、伤心，反而淡淡地对大家说："我的儿子虽然摔断了腿，但是说不定是件好事呢！"

过了不久，所有的青年男子都因战争被征去当兵，但是塞翁的儿子因为摔断了腿不用当兵，反而因此保全了性命，过上了长久安定的生活。

在我们自己的生活中，很多事情可能会有不可预见的结果，所以应该明白"塞翁失马，焉知非福"这个道理。

😊 创造好运气

英国新白金汉大学的心理学家马修·史密斯（Matthew Smith）是一位运气心理学方面的专家。他的研究专注在我们能否通过采取积极的行动使自己更幸运。以下是他建议的五个途径：

1 接受幸运的想法。 不是一切都可预测，有些事情是偶然发生的。如果我们接受这一点，并且在它到来的时候能最大程度地利用好运气，我们似乎会做得更好。

2 "幸运"的心态。 当我们以一种积极的方式思考时，我们会使自己变得更加自信和主动，我们的行为和期望会对我们有能力影响的事件和结果产生影响。

3 对机会敞开大门。 通过放松心态、好奇和乐于尝试新事物，我们将能够更好地看到各种可能性，并更愿意承担风险。

4 顺其自然。 如果你心中有特定的梦想，那么离开自己选择的道路可能会使你很不舒服，但要准备好让生活给你带来惊喜。

5 记住，事情可能会更糟。 当你感到"不幸"时，要考虑到虽然事情可能并不完美，但这一结果已是不幸中的万幸。

从容应对

接受的艺术

如果你想要成功，你可能多半是想做你自己，而不是像别人一样。成功的关键在于你接受了自己，并接受了自己的处境。

接受现状能创造一个有活力且稳重的个体，这是成功的坚实基础。然而，事实是，我们中的许多人对我们自己或处境的方方面面都不满意。即使现在是这样，我们也不会一直保持这个状态。正如禅宗习惯（Zen Habits）的博客作者里奥·巴伯塔（Leo Babauta）所写的那样，生活就像"在一条河中抓住什么坚实的东西。"生活是流动的，流动也就意味着它并不总是朝着我们所选择的方向发展。如果你想改变自己的某些方面，或者你发现很难接受你无法改变的东西，又该怎么办呢？

身份的质疑

企业家兼励志演说家卡洛琳·麦克休（Caroline McHugh）提出了这样一个问题：如果你有能力做任何事，你会选择做什么？她指出，我们往往仅在感到不幸福或没有成就感时问这个问题，但事实上，我们应该在感到坚强的时候把它提出来。我们倾向于对自己的想法天生自信，但当我们学会拿自己和别人比较时，会失去那种相信自我的感觉。不过，最好还是把比较放到一边去，就像麦克休所说的那样，要"善于做自己"。她说，既没有优越感也没有自卑感会对我们有帮助。相反，我们需要的是内在性，或者是一种对我们内在性格的感知，内心才是"你生活中唯一没有竞争的地方"，因为你自己的观点不能被剥夺。实现顺应力的第一步是接受这样一个事实：想要和别人一样是没有好处的——你就是你自己，这是一件好事。

激进接受

如果我们不喜欢自己的处境，那就很难喜欢自己（反之亦然）。然而，有时候，事情就是这样的。你可能正在努力改变你的处境，但如果你挣扎于无法接受当前处境，则改变很难做到。在20世纪90年代，辩证行为疗法（Dialectical Behaviour Therapy）的创始人、心理学家玛莎·莱恩汉（Marsha Linehan）开创了一个名为"激进接受"（Radical Acceptance）的有用概念。莱恩汉注意到，在应对不幸时，人往往会做出以下的反应：

- 他们试图改变这种情况。
- 他们试图改变他们对环境的感受。
- 他们继续感到不开心。
- 他们接受了这种情况。

当情况无法改变时，只有第四步能够减轻他们的痛苦。从这一观点出发，

克服接受障碍

美国作家兼临床医生嘉林·霍尔（Karyn Hall）针对玛莎·莱恩汉的"激进接受"理论，定义了三种接受障碍，并给出了克服它们的建议。

障碍	解释	现实
不想让别人就这么算了	如果你被冤枉了，保持愤怒会让你觉得自己是正义的，而释放你的怨恨会让你觉得自己在为有罪的一方开脱。	你的愤怒不会解决不公正的问题，最受它影响的人将是你，也可能是你所爱的人。你不需要喜欢伤害你的人，但你应该试着从这段经历中受益。即使你的愤怒爆发了，你仍然可以从中学到东西。
接受的感觉就像投降	你不认同正在发生的事情，而接受它就好像你在认同它。	你不必认同它，但你可以承认事情现在的样子，不要再试图去掩盖生活原本的面貌。
想要保护你自己	有时你穿着愤怒的盔甲是为了感到安全。	这副盔甲太重了。如果你把它放下，你就能更好地保护自己。应该专注于你所获得的知识，以及如何利用它来保护你自己。

心理学家便提出了这个观点：认为我们不必相信现实总是这样，但我们应该首先承认它现在的样子。在做出决定时，接受现实并不是软弱，而是一个强大而积极的决定，会让我们更健康。

激进接受的要素

在她的"激进接受"理论中，心理学家玛莎·莱恩汉定义了五个基本要素。

1 接受意味着了解现状。

2 接受评判。它不被"好"或"坏"所束缚。

3 为了不受苦难，我们必须接受现实，而不是拒绝。

4 如果我们选择暂时忍受痛苦，那也是一种接受的行为。

5 接受痛苦的情绪，而不是逃避它们，实际上可以减轻长期的痛苦。

当日子变得艰难

应对技巧

尽管没有任何一种方法可以让我们在困难时期恢复活力，但我们可以培养一系列的态度和习惯来帮助我们管控，以适应不同的情况。

我们中的大多数人在人生的某个阶段都会面临艰难的时刻，我们都希望，经历逆境后最终变得更强大。应对生活中的困难和挑战的秘诀是什么呢？

✓ 得到社会支持

大量研究表明，朋友和爱人的支持是应对逆境的重要组成部分。心理学家詹姆斯·豪斯（James S. House）提出了一个完善的模型，将社会支持分为三类。

1 情感上的支持： 让我们放心，知道自己是受人喜欢、信任、尊重、关心的。这感觉很好，当我们需要的时候，它可以带来重要的改变。

2 工具支持： 当某人提供实际的帮助时，比如牵线搭桥、贷款，或者是搭把手整理房子。

3 信息支持： 有人与我们分享他们的知识，或向我们指出有用的资源。

这些类型的社会支持是相互关联的，有时我们三者都需要。在数字时代，寻求支持的方式有很多，然而，根据2012年进行的一项研究显示，即使是普通的互联网用户也发现，面对面的支持（在这三个层次之上）比在线建议更有效。

✓ 找到对的焦点

为了让自己感觉良好，要专注于我们想做的事情，而不是我们想成为的人。一系列针对运动员的研究发现了两种与我们的目标相关的参与方法。

- **任务参与模式：** 专注于获取知识，提高能力和理解力。我们只需关注自己的技能，与其他的人关系不大。

- **自我参与模式：** 我们寻求向他人展示我们的卓越能力，或获得他们的好意见。这一模式下，竞争和比周围人做得更好很重要。

研究人员发现，遵循任务参与模式的人往往不那么容易受到负面情绪和压力的影响，而且对自己的效率有更高的信心。从另一方面来说，自我参与模式的人更容易规避困难，或在困境中分散注意力。这些回避型的应对策略往往会对他们的表现产生消极的影响，进而影响他们的情绪。更成功的应对方法包括重新评估态度、重新制订战略、接受和管理情绪。当你专注于一个目标时，尽量少考虑你的竞争对手，应更多地关注你需要学习的东西。

✓ 知道何时叫停

应对可以成为一种习惯，但它不是一种没有成本的习惯。美国心理学家盖瑞·埃文斯（Gary Evans）指出，如果我们在不需要的情况下运用这些策略，我们的应对策略就会变得有问题。例如，如果你生活在拥挤的环境中，研究表明你会学着自己去寻找"空间"，但这可能会导致社会支持的减少，因为如果你以后再也不能离开你为自己塑造的"壳"，那么维持友谊是很困难的。如果你正经历一段困难时期，你可能需要设置一些障碍。例如，如果你的老板脾气暴躁，则应尽可能少地与他沟通；如果你有很吵闹的邻居，训练你的耳朵来屏蔽背景噪声是有意义的。对于你遇到的每一个情况和每一种人，要考虑如何最好地回应，以优化结果和与人的关系。

✓ 获得一种新力量

增强你对一个领域的信心会让你整个人更自信——这一点尤其体现在你学到的某个应对风险的身体技能上。2000年美国的一项由朱莉·维特洛夫（Julie C. Weitlauf）、罗纳德·史密斯（Ronald E. Smith）和丹尼尔·瑟沃尼（Daniel P. Cervone）做出的研究表明，参加自卫课程的女性不仅减少了害怕的感觉，六个月后，她们被证明更加自信、更少敌视他人。你的生活中有没有什么东西是你害怕的？而这种恐惧会让你感觉不那么自由吗？如果你能找到一种方法让这种恐惧不再那么吓人，你可能会发现，自己在生活的其他方面也会变得更坚强、更平静。

🔍 表达还是压抑？

你应该表达出你的感受，还是试图隐藏它们？根据《心理科学》（Psychological Science）杂志2004年的一项研究发现，能长时间表现良好的人两者都能做到。不同的情况需要不同的反应，如果你能根据需要做出调整，随着时间的推移，你会更加成功。

时间管理

为成功做好准备

有时我们会觉得一天中没有足够的时间，特别是当我们努力实现目标的时候。幸运的是，有一些切实的方法可以让我们变得更有效率。

研究表明，那些善于管理自己时间的人更有控制力、更快乐、更放松（严格地说，当然，我们不能"管理"时间，我们只能管理自己的选择，学会如何使用可用时间）。尽管时间管理是一个被广泛研究的领域，但一些关键因素仍不断被提及。能安排好时间的人往往会与下述几点结合在一起：

■ 时间评估行为。

这包括对你的优点和缺点进行真实的概述，并确定将精力集中在哪些领域可以优化你的优势，进而有效地利用你的时间（而不是浪费时间去开发那些可能不值得你投资的领域）。

■ 规划行为。

设定目标，制订任务清单，并将任务分组整合。明确你的生活目标是另一方面，它能帮助你把任务划分优先级并让你保持动力。

休息时间到

17 分钟

2014年，拉脱维亚社交网络公司朋友集团（Draugiem Group）追踪员工的时间利用情况。他们发现，工作效率最高的人并没有长时间工作，但他们平均每工作52分钟就会休息17分钟。

■ 监视行为。

保持记录时间日志是监控你行为的好方法。观察自己如何利用每一分每一秒，可以帮助你集中精力完成任务，并确定你能做些什么改变来减少那些消耗你时间、又不能帮助你达到目标或者放松和充电的行为。

规划陷阱

但是，不要花太多时间在计划和监控自己的行为上，因为它会挤占你用来完成实际任务的时间。商业专家通常建议，在一天开始的时候，把制订计划限制在30分钟以内完成。也要警惕"分析瘫痪"（参见第132～133页），它会把你困在试图优化你计划的过程当中，而实际上你并没有真正地行动起来。时间计划要的是实际，而不是完美主义，这样才能避免拖延症（参见第156～159页）。

艾森豪威尔的十字时间计划

如果你正纠结于决定哪些任务是应该放在优先位置的，试着用这个决策矩阵来评估每一项任务。这是基于美国总统德怀特·艾森豪威尔（Dwight D. Eisenhower）的言论："重要的事情往往不是紧急的，紧急的事情往往不是重要的。"非常危急和快到截止时间的事应该是最先位置去完成的，但这样的事通常不是很常见。在它之后，目标和关系型事件的重要性应该排在突发事件之前。

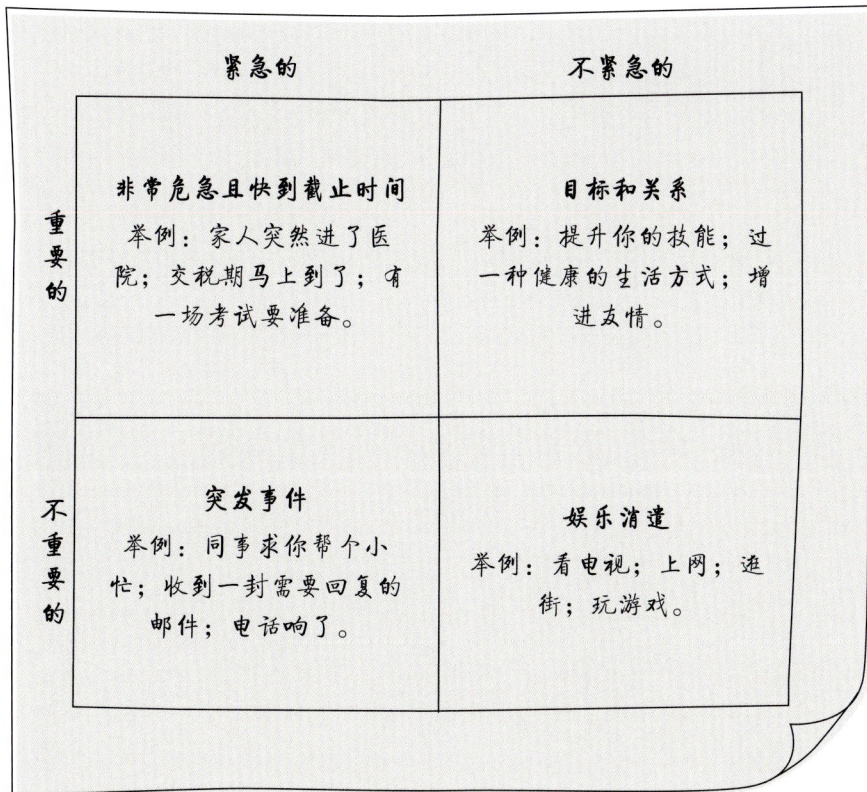

	紧急的	不紧急的
重要的	**非常危急且快到截止时间** 举例：家人突然进了医院；交税期马上到了；有一场考试要准备。	**目标和关系** 举例：提升你的技能；过一种健康的生活方式；增进友情。
不重要的	**突发事件** 举例：同事求你帮个小忙；收到一封需要回复的邮件；电话响了。	**娱乐消遣** 举例：看电视；上网；逛街；玩游戏。

你应该同时处理多个任务吗？

答案可能取决于你自己。1999年，心理学家卡罗尔·卡伯勒-斯卡伯勒（Carol Kaufman-Scarborough）和杰伊·林奎斯特（Jay D.Lindquist）的一项研究发现了两种工作方式："多元时间模式"和"单一时间模式"。多元时间模式工作者更喜欢一次性完成多项任务，而单一时间模式工作者则更喜欢按顺序一项一项执行任务。后者制订计划时更在意细节，但实际上却发现更难按计划完成，因为他们很难处理计划中断的情况。所以，如果你不喜欢多任务同时处理的工作方式，你可能需要对环境更强的控制力来限制自己分心。

说到管理时间，我们每个人都有不同的个人风格，关键是要清楚地了解什么能让你保持高效率，然后计划好你的生活，尽可能多地去做这些事情。

✅ 四个D

如果你被不时弹出的电子邮件轰炸，职业心理学家艾玛·唐纳森–菲尔德（Emma Donaldson–Feilder）建议你尝试以下步骤：

1
删除（Delete）。约半数的邮件可以直接进入你的垃圾箱。

2
做（Do）。如果事件紧急又不花时间，把它解决掉，然后就不再想它了。

3
委派（Delegate）。有没有其他人能更好地解决这件事？直接把它委派给别人。

4
推迟（Defer）。如果你知道需要花更多时间解决这件事，重新给它规划一个时间，先把这封邮件放一放。

管理不好时间，我们就管理不了任何事。

经济学家、作家彼得·德鲁克（PETER DRUCKER）

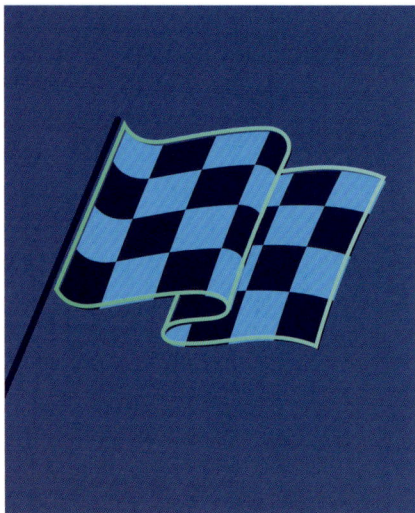

当截止时间临近

如何专注于挑战

我们中很多人总能在截止时间到来前完成任务，另一些人则会畏惧它的到来。对我们大多数人来说，众多的截止时间常是我们关注的焦点，我们该如何有效地按计划去实现自己的目标，同时管控自己的压力水平呢？

截止时间的存在是否会让你感到精力充沛、充满自信？或是让你产生一种紧张的感觉，知道如何按时完成每一项工作？了解如何管控截止时间是你获取成功技能的关键一环。

适度管控

如果你想要正向发展，截止时间的设定必须是现实的。在特殊时期较为忙碌是一回事，但总是长期设定严格的截止时间并以此为标准是不健康的。2012年丹麦的一项研究发现，截止时间太过密集会导致睡眠质量差，要么是因为员工必须熬夜完成任务，要么是为了跟上进度而时刻提着的心很难在晚上放下。睡眠时间太少会对健康和工作造成影响，所以如果你处于这种压力之下，那就应该多留意自己的状态。也许应该试着开始调整你的计划，让自己有足够的空间去喘口气。

然而，与此同时，认知重构是一种有用的工具。人们常常把截止日期看作一场灾难，但研究表明，那些把截止时间当作挑战的人（参见第129页"保持正向压力"），会用他们感受的压力来帮助自己专注于工作，从而避免会分心的想法和行为。

我们中的一些人会在截止时间一经确定的时候就立马行动起来，但是仍有很多人都在拖延，只有在时间快到了的时候才开始听到时钟"嘀嗒嘀嗒"倒数的声音。这是一个心理学家所说的我们是否存在"行动力"的心态问题——也就是说，一种采取行动而不是计划和评估的态度。为了赶上截止时间，我们需要采取行动，不管我们有什么样的计划。

将时间分类

根据心理学家涂艳萍（Yanping Tu）和迪利普·索曼（DilipSoman）的说法，如何对时间进行分类是我们经常要面对的障碍。我们倾向于把时间分成几个单位，比如几周、几个月和几个季度。在2014年针对印度农民和北美学生的系列研究发现，如果截止时间设定在某个时间单位结束之后 一比如新年——我们便更倾向于把它当作一个遥远的截止时间（参见第129页"获得动力"），因此不准备立即行动。在这种情况下，你需要做的是找到另一种思考时间框架的方法。例如，如果现在是11月，而截止时间是1月，你最好告诉自己，必须在"这个冬天"而不是拖到"明年"

保持正向压力

　　并不是所有的压力都是不好的（参见第100～101页）——也有一种被称为"良性应激"（eustress）的心理范畴，意思是积极的或有益的压力（来自希腊语前缀"eu"，译为"快乐"）。2013年发表在《组织动力学》（*Organizational Dynamics*）上的一项研究发现，当截止时间紧迫时，你可以培养一种积极的模式：把该截止时间当作挑战，然后你可能会发现自己的重点是采取行动，而不是过分强调自己的压力。

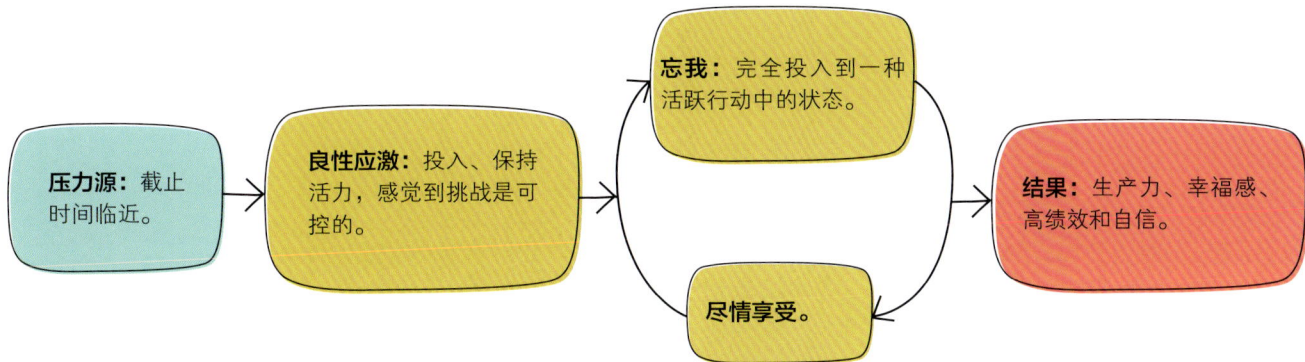

忘我：完全投入到一种活跃行动中的状态。

压力源：截止时间临近。 → 良性应激：投入、保持活力，感觉到挑战是可控的。 → 结果：生产力、幸福感、高绩效和自信。

尽情享受。

❓ 截止时间生物钟

　　回顾过去3～5年里你的工作，想一想你是否会按时完成所有工作。有固定模式吗？有些人可能会刚好赶在截止时间到来时完成任务，有些人总是迟于截止时间完成，有些人则会提前完成任务。假设截止时间都是可以达成的，这些行为模式在同样的人身上通常是一致的：例如，人们几乎总是会花差不多比例的时间完成不同的任务——比允许的时间少花5%，或者比允许的时间多花10%。如果你属于迟于截止时间完成任务的人群，解决的办法或许是给自己设定一个虚构的截止时间，让它比实际的截止时间略早一些。

去完成它。最好的方法是，把截止时间看作你必须在即将到来的一段时间内完成的挑战。这样一来，压力就更容易掌控了，而且你有更好的机会着手开始，并因此在最合适的时间内将它完成。

获得动力

　　心理学家涂艳萍和迪利普·索曼于2014年在印度和北美进行的一项研究发现，当制订计划的时候，最好把截止时间放在一个对你来说很紧迫的时间框架内。研究发现，要把事情做好，我们需要把截止时间定在"现在"的心理空间，而不是"无须现在"这样的时间类别中。借用下面的例子，想象一下你的截止时间是6月5日，今天是5月10日。你可以采取两种方法中的一种：

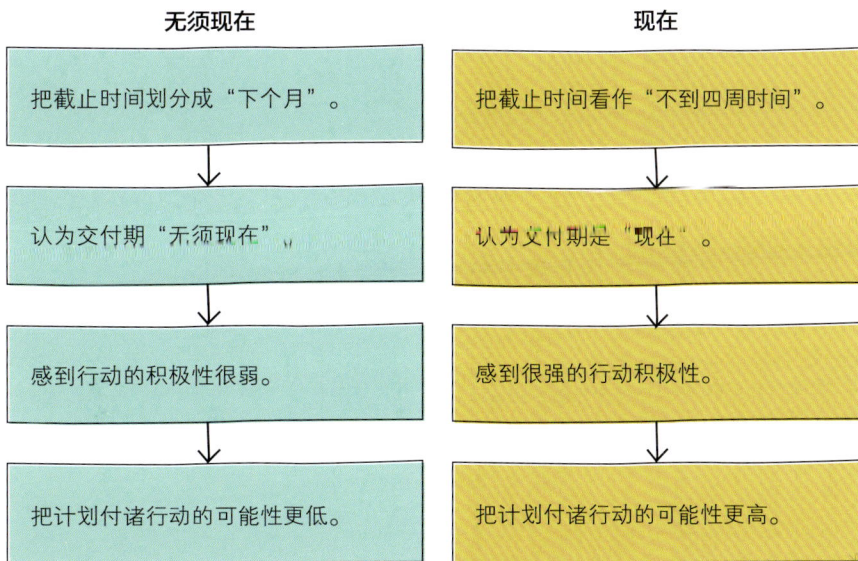

无须现在	现在
把截止时间划分成"下个月"。	把截止时间看作"不到四周时间"。
认为交付期"无须现在"。	认为交付期是"现在"。
感到行动的积极性很弱。	感到很强的行动积极性。
把计划付诸行动的可能性更低。	把计划付诸行动的可能性更高。

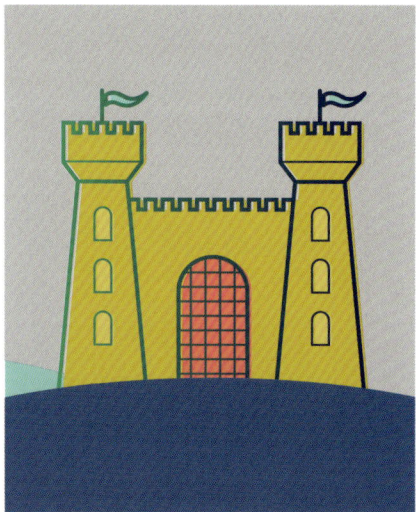

坚持立场

学会说"不"

如果你想在一个团队中被视为参与者或行动者，即使你真的没有时间或精力去做某事，你也很难在事情出现时把自己置身事外。即便如此，说"不"仍是一种我们需要发展的技能。

一旦你决定说"不"，就可以用其他的策略来帮助自己更好地解决这个问题。

有 时我们不得不拒绝别人。毕竟，一天只有24小时，没人有无限的能量。然而，我们中的很多人说"不"时会感到不舒服，担心这会破坏我们与拒绝对象的人际关系。那么，恰当地说"不"或"现在不行"的秘诀是什么呢？

给面子

"面子"的概念在1963年由美籍加拿大科学家艾尔文·戈夫曼提出，并沿用至今。简单来说，我们不喜欢削弱与他人的关系。对某人说"不"可能会威胁到他们的面子，大多数人会因为拒绝别人而感到不舒服。戈夫曼指出了两种不同的面子类型：

- **积极的面子：** 被视为一个好的受尊敬的人的欲望。
- **消极的面子：** 保持主观的欲望。

心理学家佩内洛普·布朗和斯蒂芬·莱文森进一步深化了这一概念，将说"不"分成四种不同的类型（见第131页"礼貌理论"），每一种类型都会让收听者对面子的感知产生不同的影响。

如果你在向某人说"不"的时候并不想冒犯到对方，你或许需要想想他们想要保护的面子是什么。如果你和被拒绝者是服从和被服从的关系，例如在一个分等级的组织中，你就要格外注意了。意识到你的坚持可能会威胁到他们对面子的感知，这可能会帮助你减少不良后果的可能性。

- **找到积极的方面：** 谈判专家和总统顾问威廉·尤里将我们"积极说不"的艺术分为三个步骤：肯定→否定→肯定。

  肯定： "我愿意和你一起工作。"

> 通过**积极的方式**说**"不"**，我们在给自己准备一个礼物……因为我们**保护**了自己**珍视**的东西。
>
> **威廉·尤里**
> 人类学家、谈判专家

设定一个限制： "1月对我来说不太合适。"

提出一种替代方案： "为什么我们不在今年晚些时候把我们的时间表对比一下呢？"

尤里还补充说，我们应该掌握"BATNA"原则——一个谈判协议的最佳选择——这样，即使谈判进展不顺利，我们也已经准备了一个合适的后备计划。

- **说得具体些：** 2005年发表在《实验社会心理学》杂志上的一项研究表明，用抽象词汇说话的人，往往被认为比那些语言更具体的人更倾向于使他们的态度和动机被误导。如果你对自己的原因有具体的解释，那么你说"不"的对象会更能理解你。
- **给一个理由：** 美国心理学家罗伯特·贝诺·查尔蒂尼的研究发现，要给一个说"不"的理由，即使这个理由经不起核查，也比没有任何理由更有说服力。
- **选择你的语言：** 2011年美国的一项研究发现，说"我不"比"我不能"更有说服力。很明显，有些情况是不适用的——比如，告诉你的老板"我不承担更多的工作"是不明智的——它更多指的是社会压力，而不是来自上级的命令，研究发现，"不能"听起来不那么有商

量余地。所以，不要说"我不能在不检查预算的情况下花钱。"试着说，"我不会在没有检查预算的情况下花钱。"或者，"我不会对钱做出太过主观的判断。"

✅ 礼貌理论

心理学家佩内洛普·布朗和斯蒂芬·莱文森提出了四种说话方式，直接决定着是否会通过削弱听众的"面子"来对抗听众。这一理论适用于许多场合，包括拒绝的场合。不同的情况需要用不同的方式说"不"。

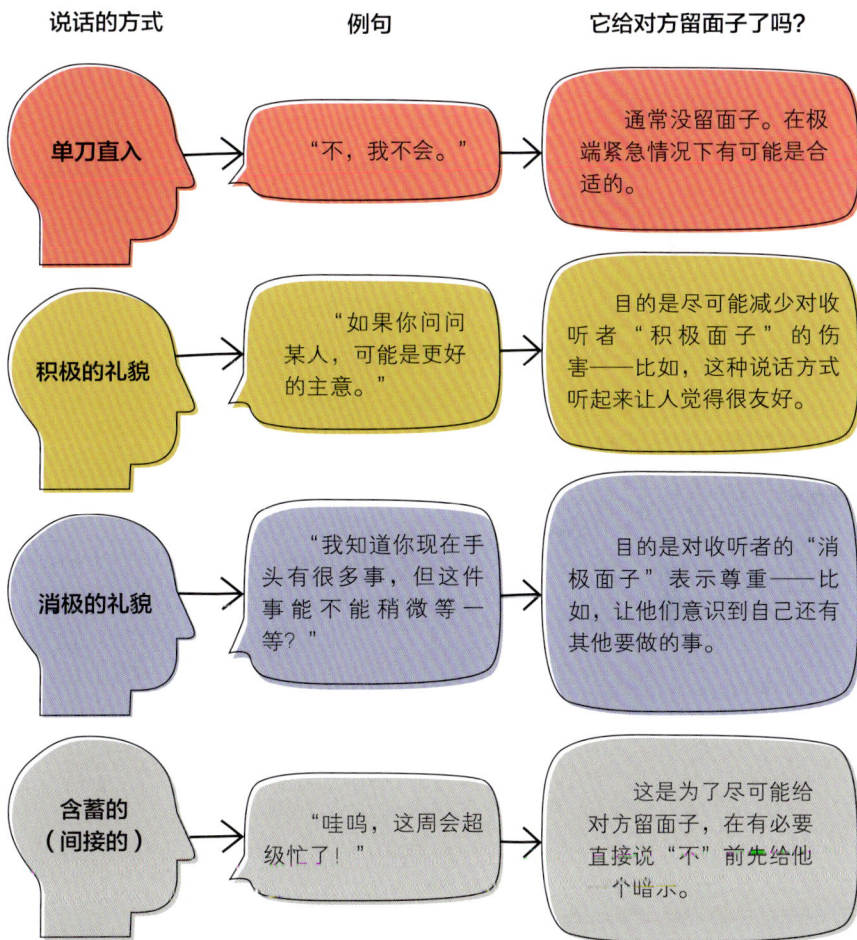

说话的方式	例句	它给对方留面子了吗？
单刀直入	"不，我不会。"	通常没留面子。在极端紧急情况下有可能是合适的。
积极的礼貌	"如果你问问某人，可能是更好的主意。"	目的是尽可能减少对收听者"积极面子"的伤害——比如，这种说话方式听起来让人觉得很友好。
消极的礼貌	"我知道你现在手头有很多事，但这件事能不能稍微等一等？"	目的是对收听者的"消极面子"表示尊重——比如，让他们意识到自己还有其他要做的事。
含蓄的（间接的）	"哇呜，这周会超级忙了！"	这是为了尽可能给对方留面子，在有必要直接说"不"前先给他一个暗示。

对说话者和听众来说，说"不"可能是一种不舒服的经历，但如果将信任和敏感性正确地结合在一起，你就能既保护好你的界限，又维护好你的联盟关系。

抉择时刻

平衡选择

当太多信息摆在你面前时，你产生过恐慌吗？或者太担心不知如何决定才好，以至于根本没做任何决定？这就是心理学家所说的"分析瘫痪"：你的大脑被各种不同的可能性压倒，以至于你无法得出结论。过度思考和过度分析信息会在很多方面削弱我们的能力。

- **产出和判断：** 太多的信息、压力或焦虑会给短期记忆加重负担，进而影响我们的熟练度和敏锐度。
- **创造力：** 过度思考会降低我们的创造力。一份斯坦福大学2015年的研究发现，研究对象最有创造性的工作都是在他们的小脑（控制人体运动和协调）比前额叶皮层（大脑高级认知中枢）更活跃时完成的。
- **幸福感：** 完美主义会降低我们获得幸福感的机会。按照经济学家赫伯

51%

很好地利用时间了吗？

根据2010年在美国、中国、南非、英国和澳大利亚做的一项研究发现，**白领员工平均花费51%的工作时间**接收**信息**，并进行分类，而不是将这些信息**用在工作上**。这就不难理解我们为什么有时会感到不堪重负。

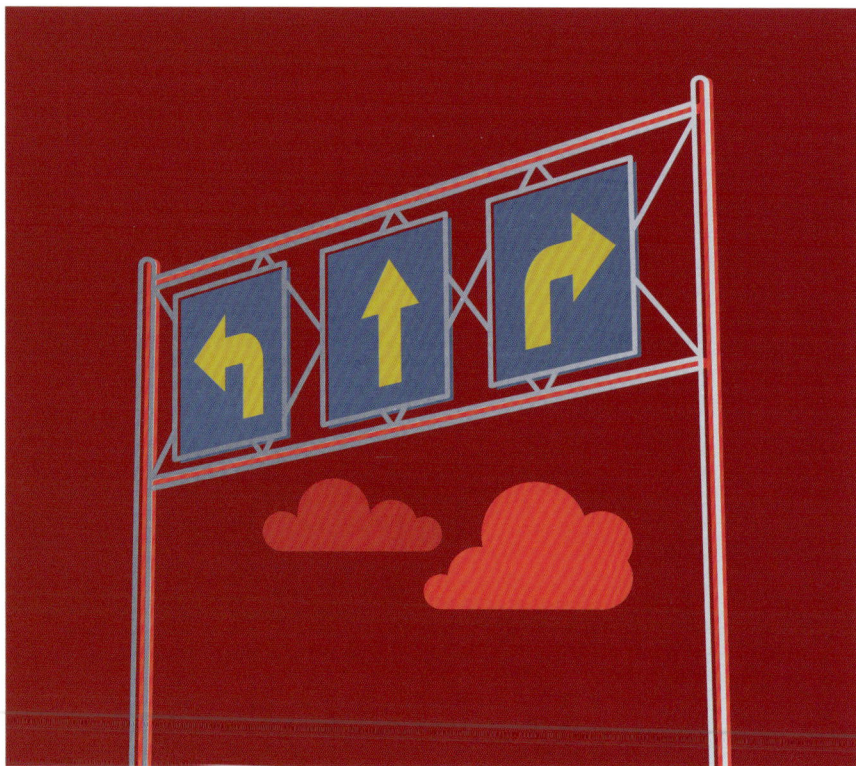

为了把事情做完，我们不得不做决定。这对有些人来说很容易，但对另一些人来说很难不产生犹豫。我们的优柔寡断背后的科学是什么？我们如何才能克服它？

特·西蒙的说法，人们要么是"满足者"——只要觉得某事"足够好"就能知足常乐，要么就是"极大化者"——想要最优化自己的选择。后者往往更难感到幸福，比满足者更容易后悔自己的选择。

我们越是渴望做出一个完美的决定，就越有可能创造出妨碍我们决策能力的心理习惯。

有话直说

如果你发现自己很难下决心，试试下面的方法：

- 想象你正在给一个朋友提建议。所谓当局者迷，研究发现当我们投入太多感情的时候就很难做决定。如果你把自己置身事外，你的选择或许会变得更清晰。
- 限定你的信息。普林斯顿大学和斯坦福大学的研究人员发现，信息过载是无法抉择的关键因素。在这个数字时代，总是有更多的东西可看——在你应付不了的时候，就别接收更多信息。
- 意识到"普遍"并不意味着"一直"。心理学家拉尔夫·赫特维希和伊多·艾瑞芙于2009年所做的研究发现，我们经常过分重视最近发生的事情，而忽视了那些比想象中更有可能发生、只是近期较少发生的事情。不要忘记，环境随时会改变。
- 不要把时间浪费在小的决定上。如

你是一个"理性主义者"吗？

你会听从你的大脑还是追随你的内心？2015年美国市场营销协会的一项研究发现，那些被他们称为"理性主义者"的人——也就是，更愿意听从事实而不是跟着感觉走的人——更容易受到他们认为应该做的事情的影响；而那些不那么理性的人，更可能受到他们的情感和想做的事情的影响。在这两种类型的人眼里，成功的概念往往截然不同。

理性主义者	感性决策者
更可能根据材料质量消费。	更可能根据经验消费。
喜欢感觉好的东西，但会做理性的选择。	选择感觉好的东西。
有更多"有用的"朋友——也就是，结交那些能拓展人脉的人。	有更多"有趣的"朋友——也就是，结交那些相伴时能享受其中的人。
更容易受客观结果的影响。	更关注于公平和道德。
会为了减少损失而做出妥协。	如果妥协意味着不公正，那宁愿承受损失。
做慈善捐助时，更关注能够帮到的群体数量。	做慈善捐助时，更容易受到他们对被捐助者情感的影响。
大体上看，更能获得专业上的成功。	大体上看，在日常生活中更开心。

果某件事在一年里都不会因为你的任何努力而发生改变，那这一选择就不值得你耗费过多力气。

- 设定一个截止时间。如果你还没有做出决定，那就下定决心，一定要

在特定的日期之前得出结论。

抉择可能极富挑战，但要在脑海中明确事件的优先顺序，那它们就会变得更容易管理。

有效的计划

修正和完善策略

一个好的计划会让你更高效，而一个坏的计划会浪费很多时间。当你在心中已有一个目标的时候，怎样能在策略和行动之间取得适当的平衡呢？

研究表明，当我们做好计划时，或许会按计划良好行事，但我们也常常会拒绝事先思考，除非有人鼓励我们这样做。似乎我们都有一种带着机会主义解决问题的倾向——当事情发生或初见端倪时——而不是预先预测到问题的出现。然而，如果我们能够训练自己去思考，那么我们就有了真正的优势。

阻碍我们的是什么？

认知科学家维埃里·格雷（Wayne Gray）和符韦达（Wai-Tat Fu）说，当遇到困难时，我们需要克服两种障碍。

- **硬约束**：不可协商的事实，意味着某件事要么行要么不行，没有中间地带。

- **软约束**：阻力最小的路径。我们更喜欢用尽可能少的可感知压力来达到目标。如果我们有两种方式可达到同一种结果，其中一种对我们的记忆或能量提出更高的要求，那么"软约束"就会把我们转向另一种方法。

有时候我们需要在工作的时候调整计划，但是先制订一个策略是好主意。如果你知道自己的思维是如何运作的，就可以预见到软约束并限制它们的影响。格雷和符韦达举了一个关于组装孩子玩具的例子。你喜欢在组装开始前阅读所有的说明，还是感到这样做会给你的记忆力造成太大的压力？你喜欢阅读一条说明，按着它做完，然后转向下一步，还是感到这样做存在太多的任务切换？我们中的一些人需要更多的时间来做前期规划，而另一些人则需要在行动过程中做出安排。首先评估你对简单任务的认知方法，然后制订相应的计划。

制订团队计划

一项好的计划需要适用于团队中的每个人。这里可以尝试一个有用的模板——1975被提出的"投入-过程-产出"模型（参见第135页"群体效用"）。有些任务只要求每个人都执行基本的部分，但是任务难度越大，需要考虑的变量就越多。这里有一些重要的提示：

- 项目越复杂，你就越需要计划，因为会有很多项任务和子任务。

- 如果你同事的经验有限，你应该做详细的计划。但也要做好一旦工作开始，计划就会有改变的准备。他

群体效用

如果与他人协作，你需要让每个人都参与其中，以获得最好的结果。这个由心理学家理查德·哈克曼（J. Richard Hackman）和莫里斯（C. G. Morris）开发的"投入-过程-产出"模型，能够帮助预测团队的有效性。在制订策略时，可根据自己的情况填写。

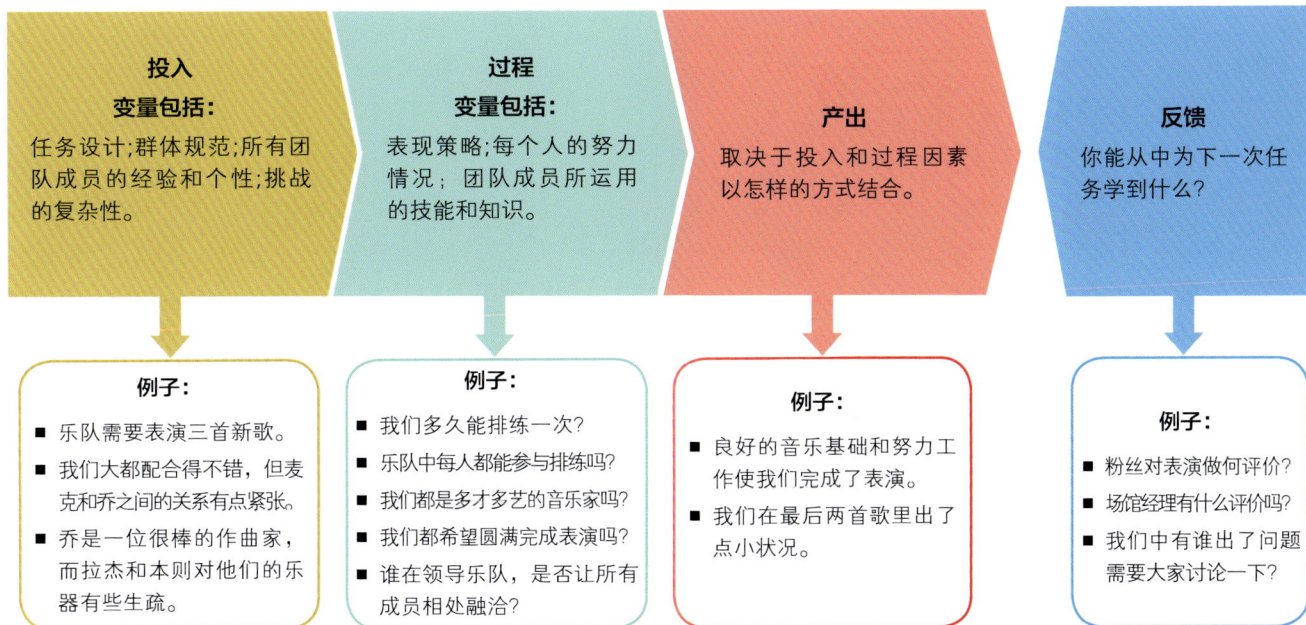

投入	过程	产出	反馈
变量包括：	**变量包括：**	取决于投入和过程因素以怎样的方式结合。	你能从中为下一次任务学到什么？
任务设计;群体规范;所有团队成员的经验和个性;挑战的复杂性。	表现策略;每个人的努力情况；团队成员所运用的技能和知识。		

例子：
- 乐队需要表演三首新歌。
- 我们大都配合得不错，但麦克和乔之间的关系有点紧张。
- 乔是一位很棒的作曲家，而拉杰和本则对他们的乐器有些生疏。

例子：
- 我们多久能排练一次？
- 乐队中每人都能参与排练吗？
- 我们都是多才多艺的音乐家吗？
- 我们都希望圆满完成表演吗？
- 谁在领导乐队，是否让所有成员相处融洽？

例子：
- 良好的音乐基础和努力工作使我们完成了表演。
- 我们在最后两首歌里出了点小状况。

例子：
- 粉丝对表演做何评价？
- 场馆经理有什么评价吗？
- 我们中有谁出了问题需要大家讨论一下？

们会在这一过程中学习，这就是所谓的"过程规划"。

- 制订一个团队计划，让个人做各自的计划：研究表明，这可以提高工作效率。另一项研究证实，除非有特别指示，人们通常不会这样做，所以要让团队中的每个人都明确自己应该有的计划。
- 如果人们做了他们所知道的事情，就不要强迫他们过度计划：这是不必要的，是在浪费时间。

当每个成员都有自己的计划时，团队就会表现出色，并能让团队的成员互相传达清楚的信息。

了解你的目标

商业领袖建议，每一个强有力的计划都包括四个阶段。

1 目的： 你的任务，还有你的愿景和价值观。

2 目标： 为了达到这个目的，你将会做些什么。

3 策略： 如何实现这些目标。

4 行动计划： 什么时候该做什么，由谁来做。

Q 一项伟大计划的方方面面

1990年的一项研究发现，一个有效的计划有五个关键要素。

1 未来的方向： 一切都应该朝着目标以及你将如何实现目标前进。

2 交流： 每个一起工作的人应该尽可能多地交流。

3 了解你的优势、劣势、机会和威胁（SWOT），并不断地反复评估它们。

4 角色定义： 每个人的任务都应该清楚。

5 行动计划： 为你将要做的事情和如何分配资源交流想法。

掌控舞台

演讲技巧

无论你的成功理念是在完美的独立状态下工作，还是说服成千上万的人，可能你都需要时不时地在公共场合讲话。那么，你能适应自己成为舞台中心的感觉吗？

据《华尔街日报》报道，公开演讲是美国人最害怕的事情，甚至连死亡都排在第二位！即使我们真的搞砸了一个演讲，我们也不太可能会被扔烂番茄。所以，我们到底是在害怕什么，我们又该怎么做呢？

演讲恐惧

人们最根本的担心是被集体拒绝，而被拒绝确实是痛苦的。密歇根大学2013年的一项研究发现，大脑在面对社会排斥时的反应，与它对身体疼痛时的反应一样，两者会释放出同样的化学物质。当我们说拒绝"伤害"时，并不仅仅是做比喻。一些进化心理学家还认为，对公众演讲的恐惧，触及了我们大脑的古老部分，认为如果我们失去了社会支持，我们就会被孤立，不仅仅是生气，还会饿死。由此，那么多人害怕公众演讲也就不足为奇。

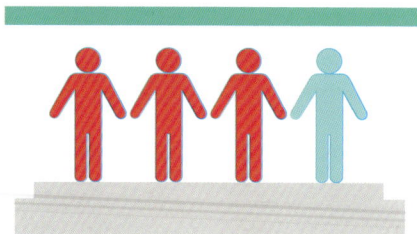

找个好搭档

根据领导力顾问贝弗利·弗兰克辛顿（Beverly D.Flaxington）在《今日心理学》中的说法，**四分之三的人害怕公开演讲**。尽管如此，当有人陪伴时，他们中的大多数人都说得很好。

一招走天下——HAIL

2013年，英国健康顾问朱利安·特雷热（Julian Treasure）设计了一个有用的缩略词，帮助你激励听众，并确保他们想听你说的话。

H 诚实
直言不讳，说出你想表达的意思。

A 真实
做你自己；"坚持自己的想法"。

I 正直
说什么做什么；值得信赖。

L 爱
祝福你的听众过得好时，这种情绪就会出现。

有个好状态

一些研究人员认为，我们的大脑里有一种叫作"镜像神经元"的细胞，它不仅能感知别人的感受，还能在我们身上产生这种感觉。如果你曾经在别人受伤时感到退缩，或者被朋友逗得咯咯笑，那就是你的镜像神经元在工作。你可以在公共演讲中使用这个。如果你因自己的演讲主题感到兴奋，观众将会镜像反映出你的热情。

对观众要慷慨

受欢迎的教育TED讲座建议演讲者给听众一些可以带回家的东西——他们可以应用到自己的生活中去——并思考如何使他们受益，而不是向他们推销。我们都能发出一种机械的音高，但我们通常从中感到的是压力而不是投入。相反，把你自己和你的听众看作具有相同人性的成员，思考如何说话才能让他们更乐于了解你要分享的事情。

把它看作是一种技能

公开演讲并不是衡量你内在价值的标准：在聚光灯下，哪怕是世界上一些最优秀的人都可能会含混不清、大脑一片空白。相反，采用成长型思维（参见第26页）：你是一个终生学习者，而公开演讲只是你需要通过练习来提高的一件事。

不要只是把它读出来

最后，一点关于做笔记的提醒。如果你想的话，可以使用笔记，但是不要写一份你会照本宣科的脚本。有经验的表演者才能够一边表述着大段文字，一边时不时与人进行自然的互

🗹 驾驭你的恐惧

一点点的紧张不安实际上对你的表现有好处（参见第100～101页）。焦虑会让肾上腺素流动，肾上腺素会给我们能量。你可以利用这些能量来推动自己前进。自信地面对你的情绪，提醒自己，紧张并不能证明你会失败，这只是意味着你的身体正在为挑战做准备。

动。如果你大声朗读，就会有一个新的问题，那就是经常盯着页面，而不是看着听众。在你的笔记上记一些你能一眼就抓住的要点，并把它们当作提醒你自己演讲中关键思想的亮点。用这种方式，你就可以直接对着观众流畅发言，听起来也会更吸引人。

推销你自己

销售的艺术

　　你有好点子是一回事，说服别人是另一回事。无论你是在筹集资金、寻找工作，还是调动周围人的激情，如果能令人信服地展示你的计划，你会做得更好。

推销是一种向别人展示你自己价值的艺术——或者至少是你的工作价值。这对我们很多人来说并不总是很自然，所以基于一些心理学研究，在这里给出一些有用的建议。

✅ 做好准备

- **调查市场。**你想要吸引的人群有怎样的统计数据？他们将如何从你所提供的东西中获益？记住，人们买东西是出于自己的理由，而不是因为他们想取悦一个陌生人。

- **想想价格。**如果你卖的东西很贵，那么应该瞄准高收入人群。

- **正视你面临的竞争。**如果有很多人在做你正在做的事情，你可以通过另一种方式来竞争，比如在质量上打败他们，或者提供更好的价值。如果你的想法是独一无二的，那么它需要满足什么需求，这种需求目前又要通过什么方式来满足呢？你销售的是能更好满足这些需求的好想法。

- **思考变通性。**如果你想吸引更多的人，可以修改你提供的服务来满足不同的个人需求。

- **练习说话。**磨炼你的公众演讲技能（参见第136～137页）——一个糟糕的演讲者会让他们的点子也看起来很烂。

✔ 用正确的方法

- **了解你的价值。**如果你有过往成功的记录，或者有一些独特的东西，那就让它成为你演讲内容的中心部分。

- **信奉推销术。**我们都对那种油嘴滑舌、爱出风头的推销人员有刻板印象，但是不要让负面的联想影响到你的推销。记住，你是在展示一些有意义和诚实的东西，所以试着从积极向上的角度看待销售这门艺术。

- **让你的身体语言平静自信。**你讲话过程中过多的手势或坐立不安的姿态会分散别人的注意力。

- **看着别人的眼睛。**如果你在努力与他人建立联系，那么目光接触会帮上大忙。

- **学习的愿望。**鼓励讨论、提问，并记下反馈。这需要勇气，但一个敢于回应的销售才是出色的销售。

- **擅长谈判。**即使是一个强势的销售人员，也不会总是能得到他们所要求的一切。所以和朋友们一起扮演买卖双方的角色，直到你在谈判中感到轻松自如。

- **充满热情。**这是你的点子，你当然要对它充满信心，并让所有人都看到这一点。

✔ 好好构建你的推销

- **对你的结论持开放态度。**根据高管教练帕特里夏·弗里普（Patricia Fripp）的说法，你应该让人们从一开始就知道你的观点是什么。你所说的一切都将支持这一点。

- **让它简单但印象深刻。**推介的时候尽量使它易于人们掌握，并容易传播给他人。

- **描述收益和花费。**不要羞于启齿它们中的任何一个——你的听众两者都想了解。

- **明确你所需要的。**你描述得越清晰、越准确，听起来就会越专业。

选择你的风格

　　2015年，销售训练机构塔克国际（TACK International）的报告称，他们50%的听众投票选择讨论式和展示型的推销方式。

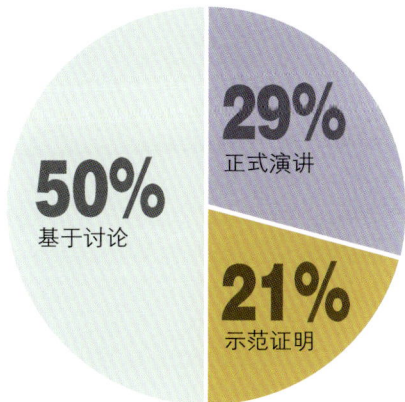

50% 基于讨论
29% 正式演讲
21% 示范证明

✘ 孤注一掷

　　加利福尼亚大学组织行为学教授金伯利·埃尔斯巴赫（Kimberly D. Elsbach）指出了四种会毁掉你整个推销的说话风格。

1 人云亦云。适应听众的需要是很好的，但是如果你主动做出改变，看起来就像是你对自己的想法不够确定——如果你不确定，也很难说服别人这样做。把反馈记录在案，但在必要的时候解释和保护自己。

2 机器人。不要只是从脚本中阅读，也不要用预先准备好的演讲来回答问题。与和你交谈的人进行互动，这样他们就能感觉到"被倾听"和被理解。

3 二手车推销员。甜言蜜语、古怪的主张和强硬的推销会让人们远离你、不尊重你的想法。认真对待自己，相信自己。

4 博取同情。不要让自己听起来太艰辛，如果有人说不，不要乞求。一般来说，人们对你能给他们的东西感兴趣，而不是他们能为你做什么感兴趣。

简而言之

52%

52%的客户希望你给出的初始提案文档长度**不超过3页纸**。

保护你的团队

如何守护你的项目

作为一个团队来处理一个项目会涉及许多不同的因素，有时事情可能会出错。保持生产力和提高团队和谐的最佳方法是什么呢？

任何组织都可能经历冲突、士气低落和缺乏凝聚力。你如何避免这些问题，给你的团队最大的成功机会？

一个好的计划

众所周知，一个精心规划的项目最有可能获得成功，但科学也支持这一点：例如，2013年澳大利亚和斐济的一项研究发现，精心规划对预测潜在风险特别有帮助（见第141页"风险类型"）。精心策划的项目有如下双重好处：

- 当风险高的时候，计划好的项目会更有效率。也就是说，更有可能按时按预算完成。
- 当风险较低时，精心规划的项目会更有效果。也就是说，更有可能取得好的结果。

每个人都要坚持一个计划，他们需要保持动力和合作，这就是为什么好的管理技巧很重要。

关键问题

多项研究证实，要保持团队凝聚在一起，最重要的一点就是能够回答一个简单的问题："我们为什么要这样做？"在这一点上不清楚会令人沮丧，而团队也会更容易发生冲突。

有很多原因导致我们可能不会问

一个出色团队的特质

自20世纪50年代以来，管理学教授达夫·德维尔（DovDvir）和亚伦·申哈（Aaron J. Shenhar）在世界各地的多个行业研究了400多个项目，并发现优秀的团队有几个共同的特点。

1 他们致力于提供一些独特的或特殊的价值。

2 他们会在项目开始阶段做一个长期的规划，在此之后，每个人都清楚地看到了最重要的愿景和目标。

3 他们可以创造一个革命性的项目文化。如果旧习惯不起作用，他们就会把它放在一边，为真正的目标服务。

4 他们的领导有良好的个人能力和沟通技巧，并且经常和下一层的指挥型人员保持联系。

5 他们并没有试图标新立异。如果相关的知识已经存在，他们就会使用它。

6 如果市场发生变化，他们的团队足够多样化，能够适应。

7 他们有很强的团队精神和对工作的自豪感。团队成员有共同的主人翁意识，领导者们尊重这一点。

这个问题。麻省理工学院2013年的一项研究给了一些可能的原因，包括：行动偏向、采用熟悉的解决方案。麻省理工学院的团队建议人们问问自己：

- 我们最重要的问题是什么？
- 这一行动将解决真正的问题吗？
- 我们能找到多少潜在的原因？我们在完整考虑全局吗？
- 我们是否就推动项目需求的原因达成了一致？
- 我们是否已经开诚布公地讨论了一些没有明说的问题？
- 我们是在坚持自己的目标，还是在迷失方向？

这样一来，个人冲突就占了第二位，新的信息可以用于你们团队更大的、共同的目标。

Q 风险类型

在制订计划时，试着预测潜在的未来风险。不同的理论家提出了不同的考虑范围，所以要决定什么符合你的情况。

项目管理专家马克思·怀德曼（Max Wideman）提出了以下五个方面的风险：

- **外部的、不可预测的、不可控制的风险：** 例如，天气对建筑物的损坏会增加额外的成本。
- **外部的、可预测的、不可控制的风险：** 例如，你的主要供应商似乎正走向破产。
- **内部的、非技术的、可控的风险：** 例如，员工的紧张关系降低了生产力。
- **内部、技术性的、可控制的风险：** 例如，你的计算机安全性很弱。
- **法律和可控制的风险：** 例如，有版权问题要调查。

管理学专家**亚伯拉罕·施塔布（Avraham Shtub）**和他的团队提出了以下三个方面的考虑。

- 技术性能风险：例如，你能安全地运输易碎产品吗？
- 预算风险：例如，明年你有足够的钱支付每个人的薪水吗？
- 计划风险：例如，你能在最后期限前完成任务吗？

学会负责任

管理和领导

　　无论你是领导一个部门，还是作为团队的一员，有些时候你都需要站出来，发挥你的影响力。让你拥有话语权的最好方法是什么？

人们普遍觉得管理能力和领导能力是同样的事情，然而，更确切的说法是，领导力是管理者需要的众多技能之一。

　　即使你不是负责人，你也有可能成为领导者。例如，一个试图说服自己的团队去改变的人正在表现出领导能力——不管他们是不是老板。另一方面，管理涉及一种具有挑战性的权威和组织技能的平衡。做好管理可能是你的愿望，但成为一名领导者应该是基于你的行为、你所做的事，而非你的头衔或地位。

掌握正确的领导风格

　　成功人士往往喜欢说他们知道领导的"秘密"，但不同的情况往往需要不同的方法。由权变理论家罗伯特·塔嫩鲍姆（Robert Tannenbaum）和沃伦·施密特（Warren Schmidt）提出的一个想法（见第143页"领导连续体理论"）将领导风格分为四类，分类方式取决于管理者使用多少权力。

1 **"告知。"** 独裁领袖，尽管可能没有那么严格。规则已经制订好，这种领导的工作就是监督人们遵守规则。

2 **"销售。"** 决定已经做出，但是需要管理者把它展示给团队。这里需要的关键技能是说服力和鼓舞人心的能力。

3 **"咨询。"** 你知道你想要达到什么目标，但是团队在如何去做这件事上有很多发言权。你的工作是激励和委派，并做指导。

4 **"参与。"** 你要指明的是需要达成的目标和任务中的变量，但要依赖你团队的技能和积极性来找到有效的工作方法。在这一风格中你要允许他们尽可能多地承担责任。

　　你可能需要调整你的领导风格，这取决于你和你一起工作的人。一个好的领导者靠的不是不被质疑，而是可以通过改变风格满足每一种情况的需要。

> **领导能力**与头衔、职位或流程图均无关系，它是**一个人对其他人的生活产生的影响。**
>
> **约翰·麦克斯韦**
> （John C. Maxwell）
> 领导力作家、演讲者

鼓舞人心

回过头想想你喜欢的老板、老师或是对你产生影响的人，他们身上的什么特质让你印象深刻？你能从他们身上学到什么？

不同的文化对不同的人格特质有不同的影响，但研究表明，以下特质几乎总是能激发人们的信心。

- **目标清晰。** 在一个不断变化的世界里，领导者可能不得不改变策略，这可能会让他们的团队感到困惑。要让他们看到你的首要目标，这样即使你必须调整战术，也不会被人误解。

- **不要把倾听和赞同混为一谈。** 一个不善于倾听的领导者是令人沮丧的，一个没有权威的领导者同样让人失望。要善于接纳反馈，但在做决定的关头要当机立断。

- **自信但不要自大。** 过于自信最好的解药是开放的态度。三人行必有我师焉。

- **监测结果。** 同时跟踪你所学到的知识。

一位好的领导者能帮助身边的人做出改进。如果你抱着负责任的态度，找到一种适合所有人的管理方式，你的整个团队都会变得更好，更能听命于你。

领导连续体理论

这一重要的领导模式是由权变理论家罗伯特·塔嫩鲍姆和沃伦·施密特于1958年在美国共同开发的。他们发现，不同的团队和任务会让不同的领导风格呈现出极佳的表现。

领导者中心型管理风格 ←——————→ 团队中心型管理风格

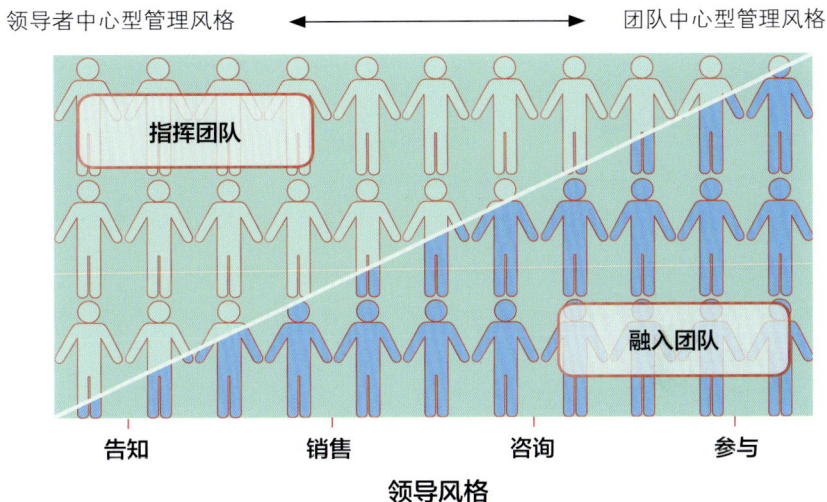

指挥团队

融入团队

告知　销售　咨询　参与

领导风格

Q 人人都会认同你吗?

心理学家安娜·莱贝德娃（Anna Lebedeva）定义了当变化来临时，三种不同利益相关者之间的反应（如团队成员、客户或赞助商）。

1 积极支持者：那些喜欢和支持新想法的人。一个好的领导者应该认识到并公开感谢这样的人。

2 骑墙派：那些对事态发展持观望态度的人。说服他们的最好方法是让活跃的支持者待在他们的周围。

3 积极阻滞者：反对或批评的人。这些人需要更直接地进行说服。

一个领导者的大局观

管理专家约翰·阿黛尔（John Adair）认为，团队表现取决于领导者如何在不同的需求间找到一个"总的"平衡点。当你掌管全局时，你需要意识到下面这些方面：

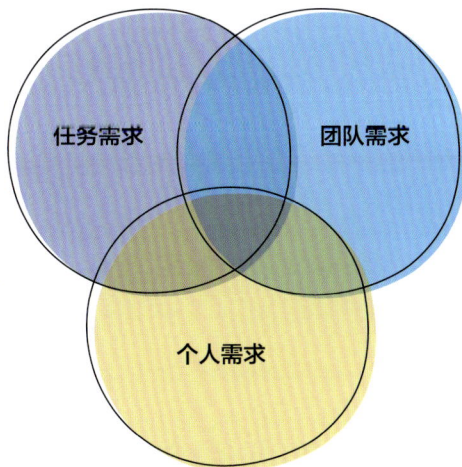

任务需求

团队需求

个人需求

留下美好的记忆

让你的精神资源最大化

记忆是我们祖先的生存技能之一——但我们怎样能让一个石器时代的大脑为现代人工作呢？无论是为了保留信息还是为了维持乐观情绪，都有助于我们了解记忆的功能。

我们为什么会有创造和提取记忆的能力？最有可能的解释是，这一功能并不是完全为了让我们回想过去，而是告诉我们对现在发生的事情做何反应，以及尝试着预测未来。了解这一点对我们来说是很有用的，因为我们在寻找保留信息的方法，它也可以帮助我们管理我们的期望。

勾勒情境

需要记得某件事？研究表明，我们的记忆是自适应的——也就是说，它天生就能帮助我们尽可能地适应我们的环境。2007年的一项研究（见第145页"生存本能"）发现我们更容易记住与生存有关的想法，所以如果需要记住一段信息，那就试着在那个情境中把它勾勒出来。当然，你不必过于紧张——这种情形可能是虚构的，也可能与积极的"生存"特质有关，比如结盟或吸引潜在的合作伙伴。

不要让积极打折扣

记忆可以帮助我们生存，但它也会破坏我们的生活。研究发现，我们很容易产生一种被称为"过程时间忽视"的谬误，这可能导致消极的想法。

心理学家丹尼尔·卡尼曼（Daniel Kahneman）和杰森·里斯（Jason Riis）给出了如下的例子：一名音乐爱好者听了一段很长的交响乐，最后却被一段损坏的录音吓了一跳。他可

生存本能

2007年的一项国际性的实验要求三组志愿者分别阅读一组随机选择的单词，例如"石头"和"椅子"，之后每组被问到一个不同的问题：

> 想象一下，你被困在外国的草原上。列出对你的**生存**而言最重要的词汇。

> 我们刚才给你展示了一组单词，根据不同单词带给你的**喜悦**程度把它们列出并排序。

> 想象一下你正**计划举家搬到国外**，根据这组单词与完成这一任务的相关程度给它们排序。

即使给每组志愿者看的单词表都是相同的，那些被问及与生存相关问题的志愿者们总能回想起最多的词汇，这就是"自适应"记忆：我们最能记住的是那些能帮助我们适应并让我们在环境中生存的事物。

单词被正确记忆的百分比

"生存"	"喜悦"	"搬家"
60%	**53%**	**52%**

能会说，这段经历被毁了，但事实上，只有记忆被破坏了而已——在前面一个多小时的时间里，他的经历是非常愉快的。

我们体验一项事物之后，所能记住的就只是在峰值与结束时的体验——这一现象被称为"峰终定律"。在激励自己时，要意识到你会讨于强调不好的时刻，纯粹出于它们带来的感受太强烈了。不要让这种强烈感阻碍你，一次"失败"可能已经经历了数月或数年的成功。要记住所有的事实，而不仅仅是那些戏剧性的事件，这样你会感到更有信心。

✅ 记忆宫殿

古代的希腊人和罗马人都是演讲大师，而且他们可以脱稿工作。他们的诀窍是创造一个"记忆宫殿"，在这个"记忆宫殿"里，他们在一个熟悉的环境中放置了古怪的提醒方式。你可以自己试一试，假设你想要做一个关于产品市场的演讲，一个你在加拿大开发的广告活动，而且你想在社交媒体上对它进行测试。想象这样一幅场景：

- 你在家门口，门阶上有一株巨大的植物，你高速对它进行射击（这让你想起"扩展"这一词汇）。

- 你走进房子，走廊里有一个跳舞的小丑，用枫叶做鼻子（这就像加拿大国旗上的叶子，这让你想起了广告宣传活动）。

- 你走进厨房，却没法使用工作台，因为上面满是微型计算机，它们正叽叽喳喳讨论着你的烤面包机（这是你对"社交媒体"的提醒）。

一流的修辞学家对他们的演讲的记忆不是逐字的，而是记住一个个主题。当代科学证明了他们是正确的，因为我们的视觉空间记忆比我们记住语言和数字信息的能力更强大。如果你需要记住一些东西，试着创造你自己的记忆宫殿，让里面充满古怪的暗示。

批判性思维

怀疑的力量

当我们想要成功的时候，尝试听从建议似乎听起来很有帮助。然而，关键是要有你自己的判断，提出问题，并在听到所谓"成功故事"的时候保留一点警觉。

批判性思维并不总是天生存在的。事实上，研究表明我们中的大多数人都不怎么具备这一能力，除非我们被明确地教会了如何去做。然而，在做出重要选择时，一些逻辑上的技巧是必不可少的。

信息素养

如果你要着手一个新项目，第一步是收集相关信息。要有效地做到这一点，请尝试下面的技巧。它们被美国大学和研究图书馆协会（American Association of College and Research Libraries）定义为"信息素养个体"的关键。

- 定义你所需要的信息的性质和范围。
- 尽可能有效地获取信息。

- 批判地评估这些信息，包括有可靠来源的信息。
- 有效地、合乎道德地、合法地利用这些信息来达成一个特定的目标。
- 记住，信息素养是终生学习的一部分。

批判性思维的关键是确保你掌握了所有的事实。只有在这个坚实的基础之上，你才可以做出决定。

听从正确的人

不管你的志向是什么，你可能都有自己的榜样和你钦佩的人。如果是这样，那么遵循他们关于如何成功的建议是很自然的——毕竟，如果他们的成功道路可行，那么在你身上也应该可行，不是吗？

但事实上，应该对这种假设抱有疑问。批判性思维揭示了个中原因——成功人士实际上是一个不完整的数据组。例如，一个在商业上冒很大风险并成为亿万富翁的人，很可能会推荐大胆的策略和全面的承诺；然而，也有一些人采取了同样的行动，

> 我们以为自己**做决定**是**基于充足的理由**……但我们之所以找到这些理由，是因为我们**已经做出了决定**。
>
> **丹尼尔·卡尼曼**

却走向破产，他们会建议你小心谨慎，保护你的资产。如果你只听到成功的故事，就等于听从了一个自我选择的群体，他们不能给你描述出完整的画面。

生存偏差

"生存偏差"是一种常见的逻辑谬误。我们很容易听到成功的故事——事实上他们是幸存者——因为其他人没这个故事可讲。历史上的一个戏剧性的例子是统计学家亚伯拉罕·瓦尔德（Abraham Wald），他在"二战"期间被美国空军雇用来判断如何让他们的轰炸机更安全。从战斗中返回的飞机往往在机翼、机身和尾部都有弹孔，指挥官们希望加强这些区域，因为它们似乎经常受到攻击。

然而，瓦尔德发现，真正的问题是，这些弹孔并没有摧毁飞机，而需要更多保护的是那些没有被击中的区域。在那些部位，如果一架飞机被一颗子弹击中，它就再也飞不回来了。基于这一逻辑的计算现在仍在使用中，他们挽救了许多飞行员的生命。当你接受关于如何成功的建议时，要确保你掌握了所有的事实。应尽可能充分地收集你需要的信息，并且要意识到生活中的"赢家"可能并不是答案的全部。如何向前走是你自己的决定，所以要提出问题，并得出你自己的结论。

✏ 经典的三段论

古希腊哲学家亚里士多德（Aristotle）提出了一种推理形式，成为西方思想的核心：三段论，或演绎推理的模式。这在现在仍然是检验我们的证据是否合理的有效方法。请考虑下面这两种三段论，并尝试找出错误的一种。

这两个结论在技术上都是正确的，但是右边的三段论是基于错误的推理，它忽略了苏格拉底可能是其他生物的可能性。通过论点可以得出这样的结论，听起来似乎是对的，但总是要对它们真实的逻辑性保持警觉。

凡人终有一死，
苏格拉底是凡人，
因此苏格拉底会死。

凡人终有一死，
苏格拉底会死，
因此苏格拉底是凡人。

我们如何管理信息？

心理学中的"双重加工"理论认为，当我们评估信息时，有两种思维过程在工作：决策和反思性思考。当面临选择的时候，问问自己哪一个过程看起来是主导的，你是否可以通过调整它和另一个过程的平衡而受益。

思维过程	作用原理	优点	缺点
决策	快速，自动，基于过去的经验。	在日常生活中，它是高效的，省去了不必要的烦恼。	它是未经过思考的，容易产生偏见，容易受到错误信息的影响。
反思性思考	有意识的，理性的，专注的。	当面对新的复杂状况时，它更有可能得出正确的结论。	它对工作记忆有更高的需求，需要花费更多的时间和精力。

了解你的盲点

如何保持理性的观点

当我们决定什么能够最让自己获益时，我们并不总是以一种理性的方式行事。事实上，我们如果处于一个糟糕的境地，往往会采取一种不可预知的行动，从而使情况变得更糟；却很难简单地接受我们的损失，并试图阻止进一步的伤害。

沉没成本谬论

如果我们投资了一些没有回报的东西，比如失败的风险投资、一段不愉快的关系，或者轮盘赌上的筹码，我们会发现自己很难就这样离开。这叫作沉没成本谬论。我们的本能是继续投资金钱或时间，因为我们希望自己的投资最终会被证明是值得的。放弃则意味着承认我们浪费了一些自己拿不回来的东西，而这种想法是如此的痛苦，如果可以的话，我们宁愿它

说到赌博，无论是在赌场还是在股市中，许多人都相信自己会赢。了解这种错误假设背后的心理原因，可以帮助我们走上成功之路。

🔍 前景理论

如果一种选择或一个产品呈现出了不确定的回报，我们很有可能根据它的前景而不是它的效用来对它进行评估。也就是说，我们倾向于基于它以后可能有的价值对它进行评估，而不是它现在实际上的价值——如果它以后的价值"可能会"高得极具诱惑力，我们更可能会做出非理性的决定，向某事投资过多，而事实上它的效用并不值得我们的付出。意识到未来可能的结果是有用的，但不要让它来控制你：所谓的前景并不是确定的。

从未发生过。

当然，问题在于，如果某件事真的是一场糟糕的赌博，那么放不开手只会进一步增加我们的损失。例如，我们不是放弃了一段糟糕的维系了五年的关系，而是把它变成一段长达十年的糟糕关系；不能接受我们已经损失了一千磅的事实，我们又下注了一千磅，连这一份也一并痛失。到最后，由于迟迟不愿承认问题的痛苦，我们反而进一步增加了它的痛苦。有时，我们不得不做到减少损失。

近距离脱靶的力量

2016年，《赌博研究杂志》的一项实验表明，那些在一场赌注中差一点就赢了的被试者表现出了更高的心率和更大的赌博欲望。要永远记住，差一点点的损失仍然是一种损失。

数量VS胜算

1994年，心理学家薇罗妮卡·德内斯拉伊（Veronika denes-raj）和西摩·爱泼斯坦（Seymour Epstein）向一些美国的志愿者提供了一个机会，如果他们能从一些红色和白色混合的糖豆中挑选出一颗红色的糖豆，就有机会赢得1美元。他们提供两种选择：一个是大的、盛放着更多红色糖豆的碗，但其实红色的比例较少；另一个是小的、盛放着较少红色糖豆的碗，但红色的比例较大。大多数的被试者——尽管他们事先知道了概率——选择了大碗，也就意味着更低的胜算。碗的大小战胜了他们对哪个是更好选择的理性判断。在做决定时，不要让数量蒙蔽了你对真实概率的选择。

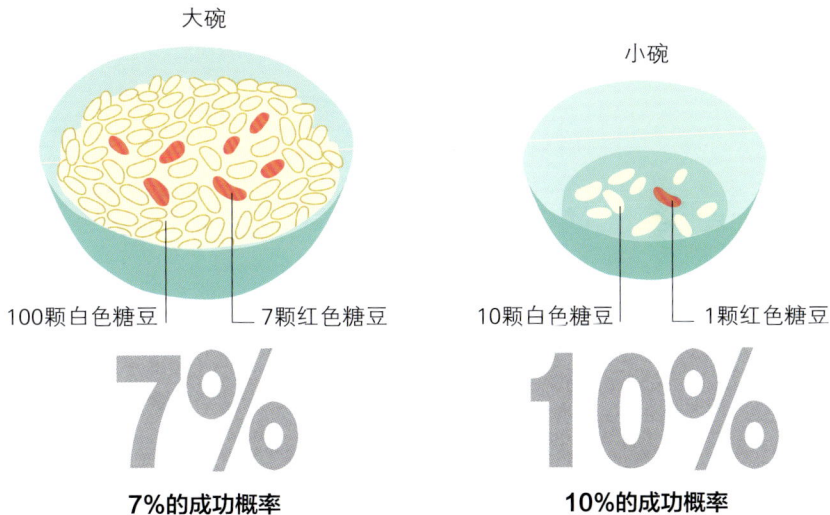

大碗

小碗

100颗白色糖豆　　7颗红色糖豆

10颗白色糖豆　　1颗红色糖豆

7%

10%

7%的成功概率

10%的成功概率

Q 赌徒谬论

连续几次失利就意味着胜利一定在拐角处吗？遗憾的是：这是赌徒谬论，它假定下次发生事件的概率会因为已经发生的事情而降低。举个例子，如果你抛一枚硬币6次，它都落在正面，下一次它出现反面的概率是多少？如果你猜的比例高于一半，那就是赌徒谬论。评估每个机会的概率仅仅基于它自身的可能性。

Q 合成谬误

我们有时可能会假设，某事的整体会和它的各部分一样好。例如，你负责一家初创公司，你知道你所带来的每一个人都是高产且高效的，因此，很容易认为这家初创企业的产能和效率也都是很高的，这似乎合乎逻辑，但这并不一定正确。组合的谬误忽略了不同的"部分"间的相互作用。例如，如果公司里高效的管理者和技术负责人都认为对方应该负责校验某个原型测试结果，那么就有问题了。同样，由能干的人组成的一个团队仍然可能造就一个注定失败的项目，一个由好的想法组成的项目可能缺乏一个稳健的核心。在组建一个具有共同目标的团队时，要始终综合考虑整体前景，以及涉及其中的每个个体。

CHAPTER 5
IN YOUR SIGHTS

GOAL SETTING AND GOAL GETTING

第五章

依你之见

目标设定与实现

命运的主人

让自己保持积极

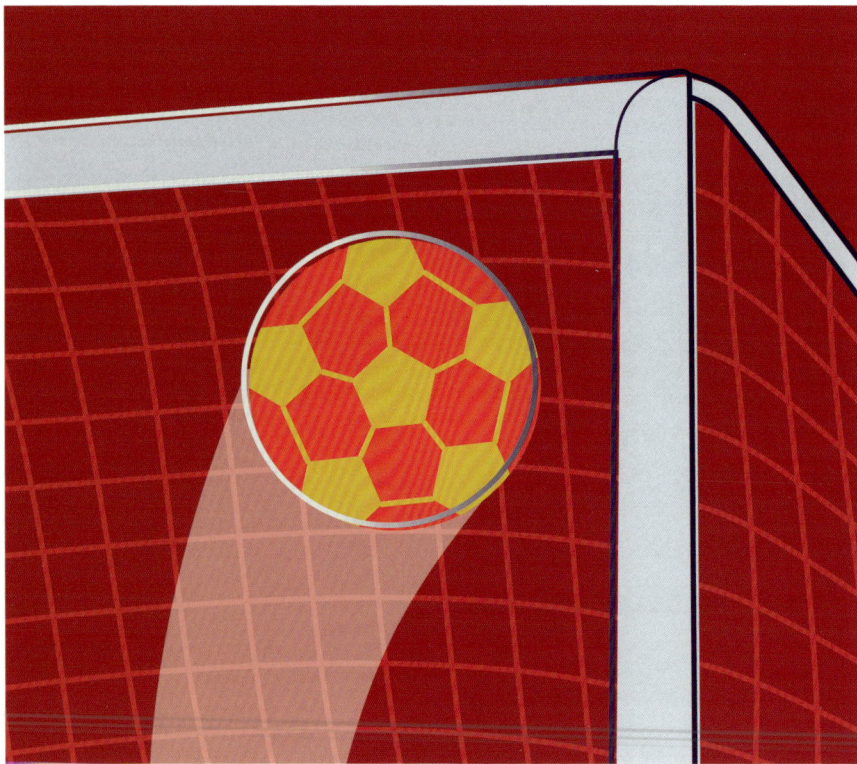

你把自己视为充满动力的自我激励者，还是一个需要别人鞭挞的陀螺？你看待自己的方式会不可思议地影响你的成功。

你 认为自己有能力改变世界吗？你认为自己的生活取决于运气吗？你对这些问题的反应会影响你实现目标的能力。

控制点

1954年，美国心理学家朱利安·洛特（Julian Rotter）提出了如今著名的"控制点"理论。用洛特的话说，这是人们对"由自身的行为和个性决定成果"的期望程度。简单来说，它关注的是你对事件的控制取决于哪里：是你自身的因素，还是外部因素。

许多研究发现，强内控者更容易成功，表现更优异，更能享受他们的工作，延长满足感，也更愿意挑战自我。相信自己关系重大会增强他们的自尊心与积极性（尽管这也会使他们更刻薄且将失败归咎于个体）。另外，如果你觉得自己在行动时需要他人的鼓励或者授权，则可能是一个强外控者，需要通过外因来施展控制。

✅ 先行动，后积极

想尝试一件新事物？留意一下认知行为疗法（Cognitive Behavioural Therapy, CBT）专家大卫·伯恩斯（David D. Burns）给出的建议：积极性不会一开始就有，先有行动才会有积极性。有时开始一件事情的最佳方法仅仅是动手去做，并等待积极性慢慢形成。

内控还是外控？

你是一个强内控者还是弱内控者？看看你符合下面哪些描述。符合红色的越多，则越说明你是一个强内控者。

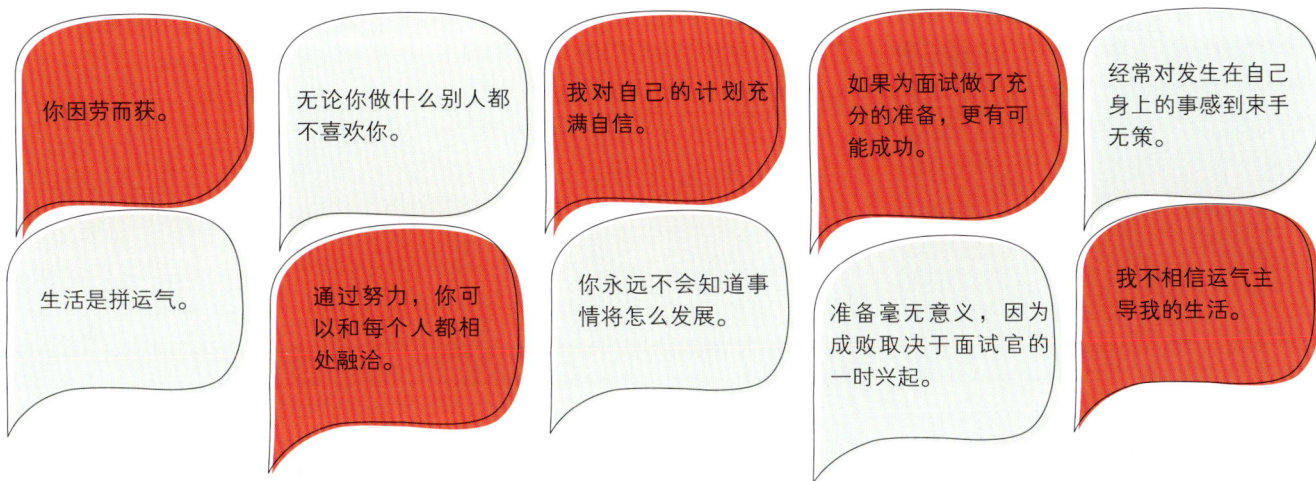

你因劳而获。

无论你做什么别人都不喜欢你。

我对自己的计划充满自信。

如果为面试做了充分的准备，更有可能成功。

经常对发生在自己身上的事感到束手无策。

生活是拼运气。

通过努力，你可以和每个人都相处融洽。

你永远不会知道事情将怎么发展。

准备毫无意义，因为成败取决于面试官的一时兴起。

我不相信运气主导我的生活。

它有帮助吗？

我们无法控制环境中的所有事情。然而，1980年，美国心理学家米勒（S. M. Miller）的一项研究发现，即使是错误的控制感知，也能引向好的一面。当这种感知激励自己，并形成了一种"我可以"的态度，即使自身存在怀疑，也是最佳的督促自身行动的方法。为了长时间保持积极性，应关注那些可以受控的事物，并在需要时寻求他人帮助。你会发现你对世界的控制力比想象中更强。

Q 当你无法提起兴致时

根据自我决定论（Self Determination-Theory，SDT），当员工对工作产生了内在动机时，即享受工作本身时，他们所承受的压力会更少。然而，如果工作任务无法给你内在的收获，那么可以用以下的激励因素替代：

- **外部激励因素。** 为了获取酬劳或者满足别人的期待。

- **自我价值激励因素。** 做好这件事能让你自豪，抑或是因为搞砸而愧疚、焦虑。

- **内部激励因素。** 尝试找出外在的原因，例如："我相信公司的决定，即使再小的细节也能关系成败。"

Q 决策困难？

2015年的一项研究，对美国人、以色列人和中国人面对职业决策时什么因素更能左右他们的决心进行了调查。综合这些文化，最成功的决策者表现出了以下特征：

- 内控者的特征。

- 基本不拖延。

- 在需要决策时速度更快。

- 较少依赖他人。

研究还发现多数人可以受益于更广泛的信息获取（美国志愿者除外），以及更少地考虑取悦他人（中国志愿者除外）。

像赢家一样思考

10个激励自己的信条

那些成功人士在想些什么？如果你想在直面挑战时，保持专注并坚持不懈，可以尝试采用下面这些有用的、积极的思维模式。

成功以各种形式表现出来，我们对其也都有各自的看法。然而，研究表明，全世界那些有较高成就的人都有相似的人生观。如果你发现自己很难变得积极，试试以下的思维方式来重新获取激励。

1 成就比权力更重要。 如果人们的目标是权力，那么他们会上升到管理职位。但那些能够在这个世界拼出一席之地的人，往往是那些因自身达成重要目标而感到自豪的人。权力是达成目标的必需品，但它只是一种手段，而不是目标本身。你的目标应该是对自己的所作所为感到满意，能够实现自己的价值，让生活变得有意义。

2 这是我的责任。 成功人士往往拥有较强的内控力（参见第152～153页），而且相信通过自身的努力可以改变一切。他们关注的是去完成那些需要被完成的事，而不是等待别人的鼓励或者指引。承担起责任也意味着知道何时应该寻求帮助。

3 这是一个机会，不是一个威胁。 当表现出众的员工面临挑战时，他们会感到兴奋而不是担心出错。他们知道有价值的结果往往不会轻而易举地获得，遇到困难往往意味着当前所做之事是富有意义的。

4 我很享受其中。 坚持不懈会带来满足感，志在必得的人会被这种感觉吸引。长期专注于你的目标，就像一场比赛，你每天坚持自己的目标，感觉就像一场胜利。如果你能够为自己的努力而感到愉悦，那么你所承受的压力就越小，而受威胁的成分降低了，快乐就会增加。

5 无须担心天赋。 你出生时所具备的能力只是为潜在的成功设置了基线，但是如果没有培养，天赋也不会被开发，就像一块无用武之地的肌肉。我们无力对天生的能力做出改变，但是我们可以选择如何利用它

> 你不是靠遵守规则来学习走路的，而是靠**不断地实践与跌倒**。
>
> **理查德·布兰森**
> （Richard Branson）爵士
> 维珍集团创始人

43%

生产力

全球性咨询公司合益集团（Hay Group）发现，员工积极性高的公司比员工积极性低的公司**多出43%的生产力**。

员工敬业度

2014年的一项盖洛普民意调查发现，不到1/3的美国雇员是积极且专注于工作的，该比例从2000年的26%开始达到顶峰。你要自己去寻找这些人，他们的积极性会带动你自身的积极性。

怠工：非常不开心、不满足。

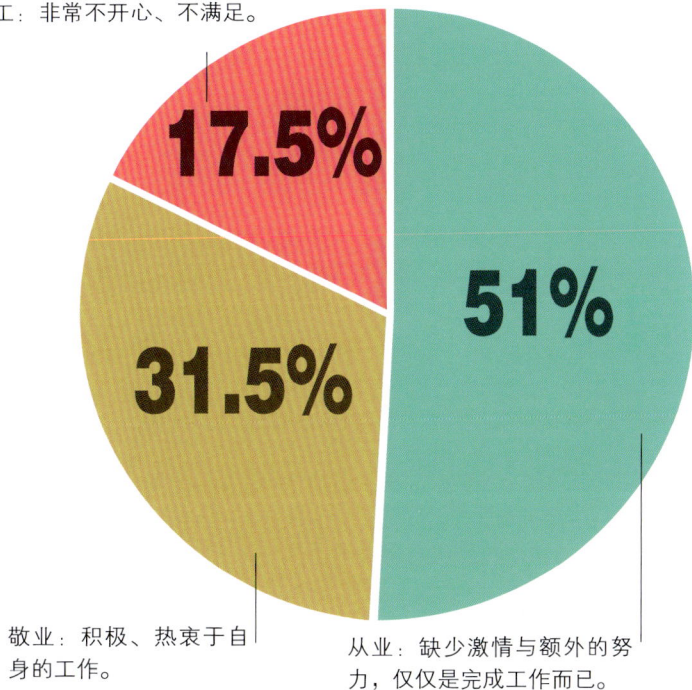

17.5%

31.5%

51%

敬业：积极、热衷于自身的工作。

从业：缺少激情与额外的努力，仅仅是完成工作而已。

们。即使天资聪慧的人仍然需要不断地提升他们的技能。所以你需要更多地关注如何去实践、学习，而非担心自己天赋是否足够优秀。

6 **努力工作总是令人印象深刻。**那些擅长他们所做的事情的人认为努力工作是令人钦佩的，而奉献的人则是有趣的。他们对活出自己的价值感到高兴，且愿意长期为此努力。

7 **失败没什么大不了。**如果在最初的几次尝试中事与愿违，成功的人们趋向于将其视为一种学习过程，并且继续努力。对于他们，往往需要更多的阻碍才能让他们开始考虑某事是否不可能达成。

8 **不要断自己的后路。**虽然你可能不喜欢某个人，但未来仍有可能与他共事。即使不可能，将其视为对手也不会对你有任何好处。至少维持合理的礼貌，让自己成为一个易于共事的人，这能减轻你的压力，使你更

加轻松。你不会知道谁会耳闻你的行为，所以需要时刻保持专业的态度。

9 **别墨守成规。**如果我们一遍又一遍地练习同样的事情，这种练习就不会改善我们的生活。真正有效的是"刻意练习"，在比我们的舒适区稍高一点的范畴内不断地练习。

10 **我的下一步是什么？**我们在前行的过程中会不断成长，所以我们的目标也应随之改变。高成就者会将定期反馈纳入其计划中，

在不断的信息更新中识别下一步计划，在不断学习的过程中评估并更新自己的目标。

战胜拖延症

利用好时间与资源

如果你曾想过："我知道我现在应该做什么，但我还有一件事要先做……"那么你可能患有拖延症。是时候告别拖延症，并开始着手你应该做的事了。

大多数人都能意识到把事情推到以后再做是个糟糕的想法。研究表明拖延症会导致学习成绩、自理能力、健康水平、工作记录下降，同时导致压力、焦虑和抑郁水平的提升，甚至增加了孤独感。对于这些负面影响，你可能认为人们会尽全力去避免拖延症。然而，自身的挫败感反而会让你的拖延症更严重。比较好的方法是找到导致拖延症的实际原因。

我们为什么这样做？

心理学将拖延症定义为自我管理的缺失，即发现自己无法管理自身的行为，哪怕在知道应该做什么的时候也是如此。拖延症（procrastination）的本质从其拉丁文词源 "pro" 和 "crastinus" 就显露无遗，意思分别是"提出"和"明天"。其起因非常复杂，仍在研究中，但达成共识的是，以下许多不同的因素均会导致拖延症。

- 其中一部分是内在因素。例如，2003年一项针对双胞胎的研究发

> 时间是我们**最想要的**，但事实是，我们却把它**使用得最差。**
>
> **威廉·佩恩**
> （**William Penn**）
> 英国贵格会教徒、
> 宾夕法尼亚殖民地建立者

怀疑拖累了你?

如果你是因为怀疑自己没有准备好而迟迟没有开始某件事，那么可以试试2010年在《实验社会心理学》杂志上发表的研究中所发现的技巧。研究人员发现不自信的人可以通过一边叙述自己的怀疑一边摇头，来否定他们自己的怀疑，以增加他们的自信。如果你的姿态"否定你的怀疑"，你的情绪也会随之效仿。

现，22%的拖延症是由基因方面的原因导致的。

■ 任务的吸引力也是较大的影响因素。这被称作"任务厌恶"：越厌恶一件事，那么就越可能拖延它。

■ 在"五大个性特征"测试（参见第18～19页）中，神经质得分越高或责任心得分越低的人更可能拖延。

■ 完美主义、害怕失败、对批判感到焦虑都会引起拖延症。这表明，我们中的一些人之所以拖延，是因为一项未完成的任务所造成的压力，比做这件事的压力和被发现不足的压力要小得多。

■ 冲动往往伴随着拖延症。如果维持之前的目标变得十分艰难，那么去做有趣的事情的念头会压倒完成手头任务的念头。

■ 我们会自我设障。对于那些不相信自己的行动足以改变事物的人，会更倾向于自我满足，而非尝试

拖延症循环

当我们告诉自己之后再做某件事时，我们期望到时会有更强的动机。问题是，将任务留着不去完成的压力会造成恶性循环。如果你觉得明天会更有动力做，那你想错了，所以应该现在就开始行动。

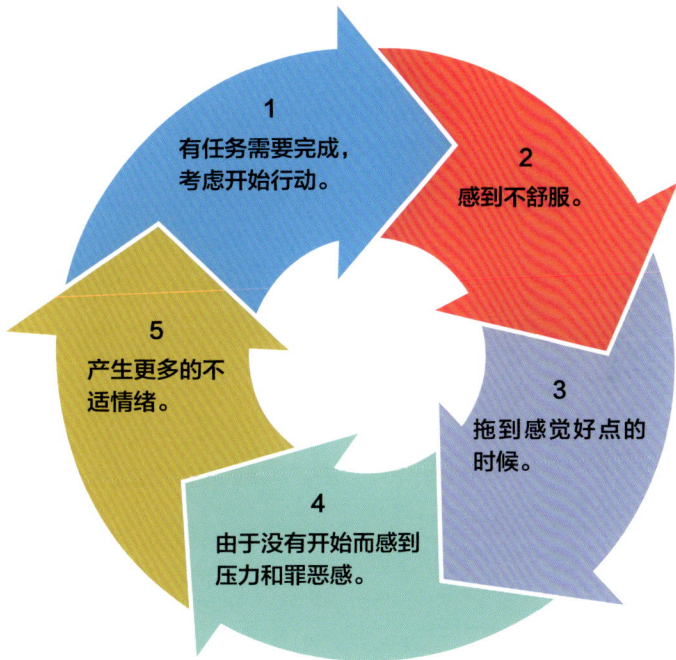

1 有任务需要完成，考虑开始行动。

2 感到不舒服。

3 拖到感觉好点的时候。

4 由于没有开始而感到压力和罪恶感。

5 产生更多的不适情绪。

改变。

■ 就像拖延症会导致抑郁一样，遭受抑郁症的人也更容易拖延，因为抑郁榨干了他们的精力。

我们能做什么?

如果你一直拖延，有什么解决办法么？首先要意识到错误的逻辑在拖延症中所扮演的角色。根据美国心理学家约瑟夫·法拉利（Joseph Ferrari）的理论，我们有两种错误的假设：

1 我们推迟行动是因为我们"情绪不佳"。

2 我们假定这种情绪（某种程度上讲）在不久的将来会得到改善。

事实上，我们越推迟做某件事，我们越不愿意做（见上图"拖延症循环"）。因为罪恶感让我们生产力更低。而更有效的方法包括：

■ **让别人为你设置截止时间。**美籍以色列心理学家丹·艾瑞利（Dan Ariely）的一项研究发现，给学生 »

们三份文本进行校对时，被告知时间截点的学生，一贯表现得比自己管控时间的学生更好，尤其是那些设置了最终截点的学生，因为这增加了更高阶的截止时间限制。设定截止时间并让他人知悉，可以让你对目标更负责。

■ **忽悠你自己。** 法拉利（参见第157页）的一项研究发现，只要告诉那些推迟完成"认知评估"测试的学生们这只是一场游戏，他们便能与其他学生一样欣然完成题目。如果使用"冲动配对"或是"融合"，你可能完成得更轻松。这意味着你可以将一项必须完成的任务和你可能会想要做的、有趣的任务混合在一起。例如，如果你不愿研究如何社交，那么可以建立一个学习小组，这样你就能同时完成这两项任务。

■ **限制你的分心。** 当你可以浏览网页时便无法集中精力填纳税申报表，所以你需要暂时远离电脑。如果你知道你总是在准备考试期间去做家务，那就去图书馆专心复习。

■ **发现所面临的挑战。** 1995年，一项美国的研究发现，困难并不如我们想象中的那样阻碍行动。事实上，那些过于简单的任务，会因为无聊而被拖延。我们更愿意完成一件会让自己感到有成就感的事。因此，当需要做一些简单但必要的事情时，尝试在其中增加一些挑战，让它变得更有意义。

Q 具象思维

一项2008年发表在《心理科学》上的研究发现，当人们从实践的角度考虑问题时，其行为更有效。参与者被分成两组进行实验：

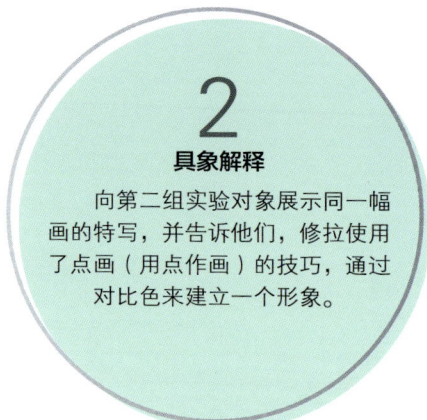

1
抽象解释
向第一组实验对象展示印象派画家乔治·修拉（Georges Seurat）的作品"马戏团杂耍"（LaParade），并告诉他们这是一幅典型的通过色彩唤起人们情感与和谐感的例子。

2
具象解释
向第二组实验对象展示同一幅画的特写，并告诉他们，修拉使用了点画（用点作画）的技巧，通过对比色来建立一个形象。

然后他们被要求完成一个调查，并在三周内提交结果。"抽象解释"组平均需要20.5天来完成调查，非常接近最后期限，而"具象解释"组平均仅需要12.5天。仅仅是被鼓励以特定的方式思考，就缩短了后者的反应时间。

■ **找到你的榜样。** 1997年，美国心理学家阿尔伯特·班杜拉发现，有两种特别有效的方法可以让目标更容易实现。一种方法是"学习榜样"，或者说学习他人的案例，观察别人如何完成任务；另一种方法是"表现成果"，利用自身行动过程中的成功纪录鼓励自己。即使再小的事情，也将它们记录下来，这样可以提醒自己成为一个"完成者"，而不是"拖延者"。

■ **记住你是一个学习者。** 心理学家口中提及的"习得的勤奋"，意味着你可以自己培养好习惯。方式就是给自己奖励，且并不一定非得是实质性的奖励。一项2000年发表在《应用行为分析》杂志（*Journal of Applied Behavior Analysis*）上的研究发现，物质奖赏和夸赞都可以达到目的。关于奖励的重要的一点是，它们必须满足两个条件：首先，它们必须是可靠的，所以不要忽略奖励自己；其次，它们必须在完成任务之后立即兑现——毕竟，你大脑的关注点还是放在短期

拖延行为是否会加剧？

　　谁最能拖延？根据2015年德国的一项研究表明14～29岁的人得分最高，但随着年龄的增加，这些数值并不会大幅下降。如果现在你还年轻，最好立即改善你的习惯，好的守时习惯可不会自行产生。

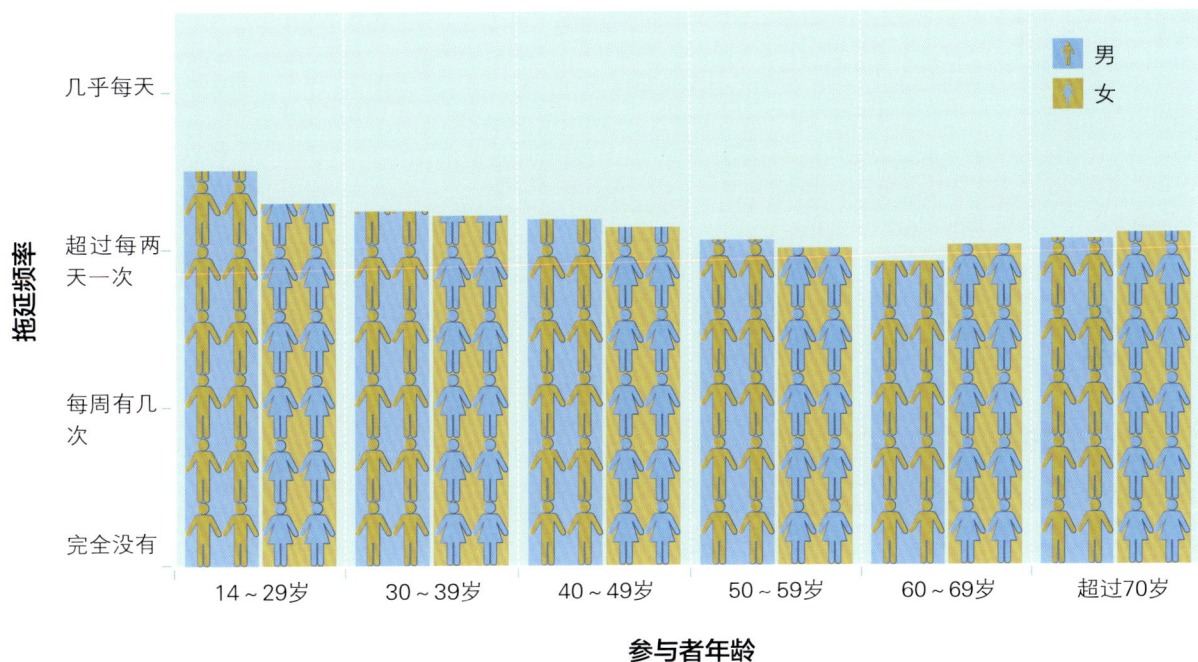

奖励上。

　　我们对于偶尔的拖延都是抱有罪恶感的，但是对一部分人来说这是一个严重的问题。最好的解决方式不是感到羞耻，因为这只会增加你的压力。研究表明，我们对任务所感受到的压力越大，就越不可能拖延。相反，尝试将每项任务视为挑战，会让你在完成时感觉相当棒。即使是适度有效的工作模式也能带来巨大的成功。

15% ~ 20%

永久性延迟

　　1996年美国的一项研究发现，15%～20%的成年人认为他们有**慢性拖延症**。

1/3

时间浪费

　　根据一项2007年的研究，美国学生因拖延症每天浪费了约1/3的时间。

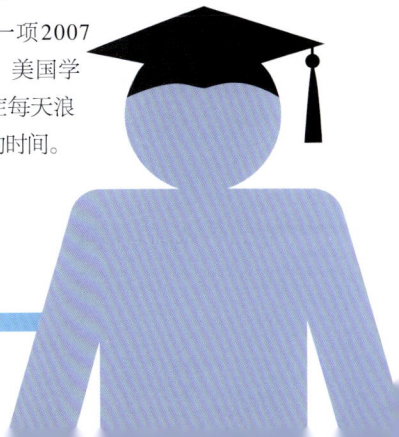

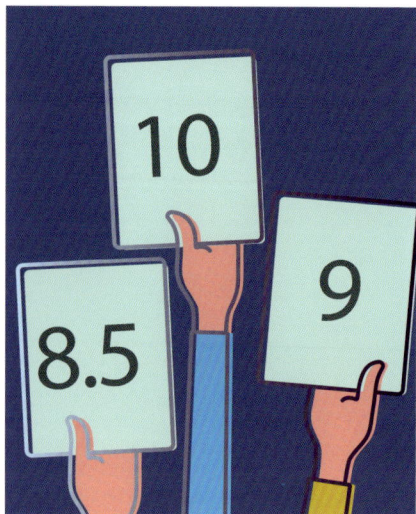

完美主义的危险

不完美才是完美

如果你的目标是成功，那么你可能会有很高的标准。这或许是一件好事，但如果有任何事不完美都让你感到担忧，那这些标准便会更多地成为你的阻碍，而不是帮助。

你只接受每一件事都完全正确吗？你很难原谅自己的小错误和缺陷吗？虽然成功可能会意味着做到最好，但将完美定位成目标反而会降低我们的表现。

完美主义的起源

为何有些人如此担心是否所有的事情都正确？21世纪早期的一系列研究发现，其原因之一是我们的教养。由权威型家长——他们制订并实施了合理的规则，但对孩子的情感却很开放——培养长大的人往往会对"足够好"感到满意；但是严格执行规则、强调并奖励服从行为的专制型父母，所培养的孩子在童年经历了更多的焦虑，成年后更可能害怕犯错。有两种类型的完美主义："自适应型"，能提升自己；"非适应型"，会毁坏自身。专制型父母的孩子会同时受到这两种类型的影响。

当然，我们的童年并不是全部的影响因素：有些人天生比别人更操心，而且生活经历也会影响我们。不管是什么原因，研究表明，完美主义并不能在取得成功的策略中提供帮助。

> **完美**是**优秀**的敌人。
>
> **伏尔泰**（Voltaire）
> 作家、历史学家、哲学家

毁坏自身

当面对问题时，我们需要解决方案。完美主义的问题在于，它会让我们更难找到解决方案。众多研究发现，完美主义者面对压力时往往不太积极。那些标准很高但现实的人，却倾向于"积极应对"——试图解决问题或者减少其影响。而完美主义者则被对错误的恐惧限制住了，倾向于诉诸"逃避应对"——试图忽视问题或者否认其影响。这导致了他们的问题更有可能会持续下去。

我能做些什么呢？

如果你感觉到来自"完美"的压力，试着找到问题的根源（参见第161页"压力来自哪里？"）。同时，请记住以下的建议。

- 避免非黑即白的想法："完美"和"糟糕"之间有很大一片中间

✅ 避免完美主义的陷阱

非适应型完美主义，意味着无法容忍哪怕轻微的缺陷，这可能会导致一系列的问题。建立一种更宽容的方法可以带来诸多好处。

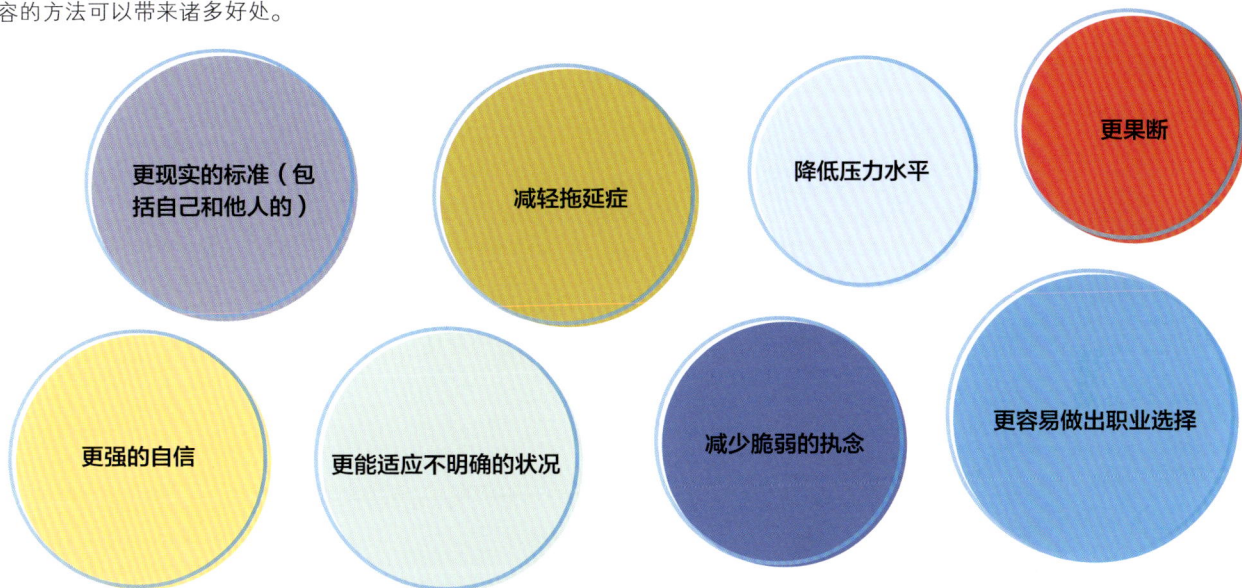

更现实的标准（包括自己和他人的）

减轻拖延症

降低压力水平

更果断

更强的自信

更能适应不明确的状况

减少脆弱的执念

更容易做出职业选择

地带。

- 决策并不是不可逆转的。你可以放弃不喜欢的工作，或是把一个行不通的项目或计划换掉。
- 改变你对比的视角。如果你把一个适当的解决方案和一个"完美"的想法进行对比，你会发现自己根本无法行动。因此，应该将没有解决的方案与适当的解决方案进行对比。

"人无完人"的古训是正确的。比起失败，"足够好"实际上是获得成功最有效的方式。

压力来自哪里？

根据2014年加拿大的一项研究表明，我们可以将完美主义定义为由两个基本因素组成——来自社会的压力，来自自己的压力。如果你常常对自己很苛刻，分析一下压力来自哪里会很有帮助，这样你就有了一个更清晰的概念：生活中有哪些方面可能会受益于一个更宽容的态度？

	低社会压力	高社会压力
低自我压力	"人们并不期望我是完美的，我不必努力达到完美。"	"人们对我施加压力要求我完美，但不是我自己决定追求完美。"
高自我压力	"我是自己决定要完美的人。"	"人们对我施加压力要求我完美，我自己也决定追求完美。"

看清前进的道路

清晰呈现目标的技巧

你可能对这样一个概念很熟悉：将你想要的呈现出来，那它就更有可能会实现。科学是怎么解释这个概念的呢？如何运用它实现你自己的目标？

我们会想出成功的途径，只是想想这件事就很振奋人心。研究表明，将目标可视化会有所帮助，但需要周密而严谨地思考我们该如何去实现它。对成功的想象最大的作用是激励我们去行动。然而，也有一些类型的可视化会降低我们的行动力。

一点就透

行动导向的可视化和幻想之间有很重要的区别。研究发现，那些对他们梦想的工作产生了太多幻想的人——你可能会把这称作是"可视化"——反而比不幻想的人更少提交实实在在的工作申请，也就更难获得工作机会，进而收入更低。究其原因，是因为这些梦想耗尽了我们的动力。2011年美国心理学家希瑟·卡佩斯和加布里尔·厄廷根的一项研究发现，那些经过引导后"精神上沉溺于渴望的未来"的人，远不如那些被告知要考虑"在途中可能会遇到的潜在任务和挑战"的人积极。

当我们想象自己已经拥有了想要的东西时，我们就会欺骗大脑，让自己感觉好像一切都是真实的。这可能令人愉快，但它并不能激励我们。

导一场正确的内心戏

如果想用自己的思想来推动自己走向更光明的未来，需要专注于过程，而不是结果。就像英国心理学家马丁·康威凯文·米尔斯和莎莉·斯丹达特所说的那样，心理表象是一种"目标语言"，我们需要给自己传递正确的信息。使用想象力作为行动的模拟器，但不是关注我们想去的地方，而是我们将如何到达那里。

2010年发表在新西兰《行为医学》杂志上的一项研究，定义了两种类型的心理表象。第一种类型是"结果模拟"，或者说对最终结果的想象，会增加期望，但不会转化为行动；第二种类型是"过程模拟"，对实现结果的努力所进行的想象，更有可能产生"目标导向行为"。

当在想象中谋划为了达成目标需要哪些努力时，我们在精神层面上预估了潜在的挑战，这意味着当这些挑战来临时，我们不会被轻易震慑到。保持关注在正确的事情上，这将帮助我们采取正确的行动。

Q 计划谬误

当计划一个项目时，我们经常会低估完成它所需要的时间和金钱等资源。去想象在过程中我们需要做的工作（称为"过程模拟"），而不是想象最终的结果，才能帮助我们变得更现实。1998年，一项在加州大学进行的研究发现，当学生们在备考期间运用过程模拟时，往往能在考试中表现更好。

幻想VS模拟

在想象成功时，我们要视自己为解决问题的人，而不是梦想家。例如，假设你想通过跑马拉松来为慈善事业筹集资金，如下所示的不同的思维过程会对你的行动力产生截然不同的影响：

幻想：对最终成果的生动描述

心理表象：
"我是个成功的运动员，也是一个慈善家。"

↓

你享受这种积极的感觉和自身形象。

↓

你觉得你已经完成了一件了不起的事。

↓

现实事件：
下雨了，我今天要训练吗？

↓

结果："大不了就把训练延后，毕竟这也不会让我变成坏人。"

模拟：对如何实现进行谋划

心理表象：
"我每天早上都要慢跑，风雨无阻。"

↓

你对可能面临的挑战进行演练。

↓

你时刻准备着，在需要推动自己的时候足够给力。

↓

现实事件：
下雨了，我今天要训练吗？

↓

结果："没问题，我为这种天气做过准备。我的防雨外套呢？"

捕获一种心情

情绪感染的力量

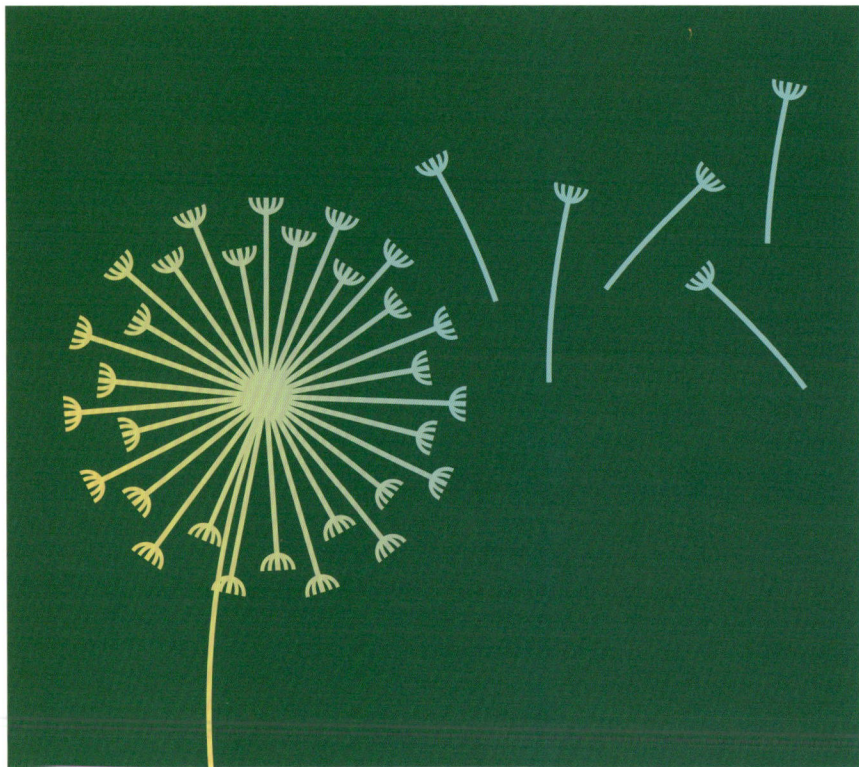

快乐不仅仅是令人愉快的，它还可以影响别人对你的回应。应该如何利用积极情绪的能量，来实现对你来说重要的事情？

人类是社会动物，因此，我们往往会注意到彼此的心情。不仅仅能够判断一个人的快乐或悲伤，我们还无意识但又切实地经历着同伴的情感共鸣。

工作中的情绪

这种共鸣被称为"情绪感染"，它会影响人们相互回应的方式。2011年在中国进行的一项研究中，演员们被雇来做餐厅服务员，并要按照"积极的"或"负面的"剧本进行表演。积极的剧本包含了"我刚收到奖金，所以我觉得很开心"之类的积极情绪，而负面剧本包含"我对经理很失望"之类的负面情绪。当消费者认为服务员的心情很好时，他们会对糟糕的服务更为宽容。快乐的人们感觉就像是更好的同伴，所以我们更容易原谅他们的错误。

光环效应

一个被称为"光环效应"的心理学概念，表述的是我们往往根据有限的信息推断别人的动作和行为。如果我们对别人有一个积极的印象，那么我们看待他们时会带有一种光环，一切都笼罩在更积极的光芒中。1994年美国的一项研究证实，在工作中拥有更快乐的心情，可以转化为更好的评估和更高的报酬。快乐和温暖的人被视为能干的、值得信赖的。当涉及成功时，被视为快乐的人往往会受益良多。

设定"激活"水平

情绪感染（见第164页"工作中的情绪"）仅仅是关于表现出快乐或悲伤吗？心理学家拉森（R. J. Larsen）和迪纳（E. E. Diener）开发了一张捕捉我们的情绪和"激活"水平之间的关系图（如下图）。我们会受到彼此的积极或消极情绪的影响，但也会受到彼此明显的激活水平的影响。简而言之，激活是你神经系统的动作，无论它是处于"战斗或逃跑"的状态，还是重在参与的快乐态度。研究发现，"激活的"情绪（无论是否愉快）比"未激活的"情绪更容易被捕捉到，可能是因为"被激活"的人们更会公开表露情感。如果你想成为有情感影响力的人，那就确保自己有充足的休息、保持健康，维持能量水平是一个不错的办法。使用下图来识别自己的情绪和激活水平，以及那些你想要影响的人。这将帮助你塑造希望被他人"捕捉到"的情绪。

情绪和激活水平

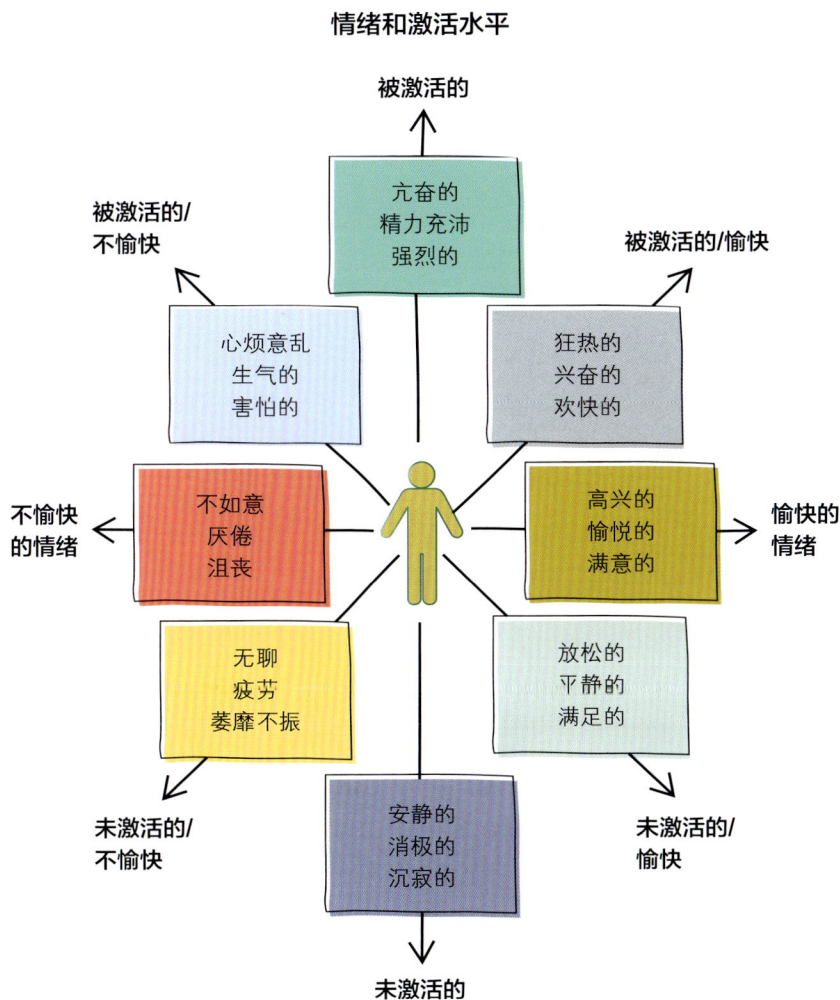

被激活的

亢奋的
精力充沛
强烈的

**被激活的/
不愉快**

心烦意乱
生气的
害怕的

被激活的/愉快

狂热的
兴奋的
欢快的

**不愉快
的情绪**

不如意
厌倦
沮丧

高兴的
愉悦的
满意的

**愉快的
情绪**

无聊
疲劳
萎靡不振

放松的
平静的
满足的

**未激活的/
不愉快**

安静的
消极的
沉寂的

**未激活的/
愉快**

未激活的

意识和潜意识

情绪感染（见第164页"工作中的情绪"）发生在两个层面——"意识"层面和"潜意识"层面。人们对有意识的反应有更强的控制力，但当试图影响他人或避免他们影响你时，你应尽量了解被发送的潜意识信号。如果你能设想出一种身体行为来反映你想要投射的情绪，它便能帮助你建立正确的感情基调。若要让情绪感染为你工作，请参照以下"有意识的情绪感染"中的步骤，同时也要意识到潜意识的情绪感染的不同阶段。

有意识的情绪感染

1 试图理解他人的感觉。

2 将此作为眼下合适的感情基调信息。

3 设想一种看起来最合适的情绪。

潜意识的情绪感染

1 看到他人的表情和肢体语言。

2 自动模仿他们。

3 开始感受到你所展示的情感。

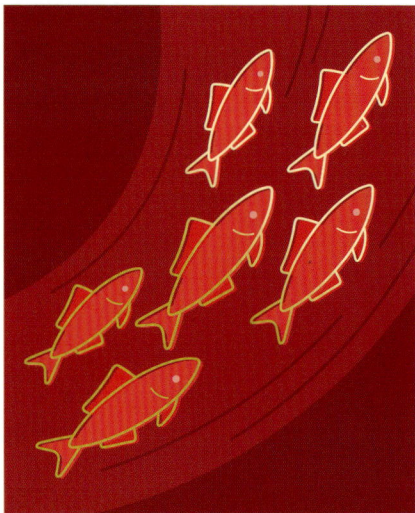

找到心流

集中精神

为了一项任务能完成得真正令人满意，我们需要去享受工作本身，而不仅仅是为了在最终的结果中获取乐趣。为了实现这一目标，我们需要完全投入于我们所做的事情当中。

"心流"是所有成功的一个重要组成部分。这个词经常用在积极心理学中（参见第48～51页），它描述了一个完整参与一项任务的状态。在这个状态中，你忘记了时间的存在，并且想要尽可能长时间地持续工作。如果你曾经因为专注于完成一篇文章而忘记吃午餐，或者你在跑道上只醉心于脚步的节奏，心无他物，那么你便经历了一个"心流"状态。

这些经验是内在的奖励：我们喜欢做这些事，无论它们是否给我们带来其他好处。一个能让我们处于心流状态的任务，便给了我们舒畅和成就感，且不论事件的大小。

如何寻找心流？

创建心流状态的关键是，我们在某些任务中发现了被蒙特利尔魁北克大学的心理学教授罗伯特·瓦勒朗称为"和谐性热情"的感受，即把任务当作自己的一部分。相反，当我们害怕因无法完成抵触的任务而遭受负担和处罚时，它就变成瓦勒朗口中的"强迫性热情"。

假设你在教数学，你不仅认为自己的工作有趣，还将其视为自身价值的核心所在。在这种情况下，你便不仅仅是在授业解惑。在你的自我概念（你想成为的人）中，"老师"成为你自我定义中非常重要的部分。在适当的情况下（参见第167页"和谐性热情"），教学中你所喜欢的、充满吸引力的任务，通常会导致一种心流状态。无论我们的职业是什么，都是如此：心流来自热衷的、符合价值观和身份的任务。

意识控制

当然，有时我们需要做一些无关我们核心身份的日常任务。在这些情况下，我们需要使用适当的"注意力"而非"全神贯注"（参见第167页"质量还是数量？"）。2011年《研究管理》（*Journal of Management Studies*）杂志中的一项国际研究发现，也许正如预见的那样，那些对自己的工作赋予和谐性热情的员工，更有可能被工作所吸引，同时也更容易投入注意力。然而，令人意外的是，没有感受到这种和谐性热情的人仍然能够专注和留心于工作——他们只需要通过弹性方式完成工作，就仍然可以为自己创建心流状态。这可能牵涉任务的归属或兴趣的培养。

提到管理你的注意力时——无论它是一个你热衷的项目，还只是一个平凡的任务——有自知之明都是非常有用的。你身份的核心是什么？你的价值和真正感兴趣的是什么？你越是通过这种方式去完成任务，越可能专注其中，最终获得更多有益的经验。

Q 质量还是数量？

心理学家罗斯巴德（N. P. Rothbard）定义了对"认知参与"至关重要的两个因素。

1 注意力：关注点的数量，是我们在某一项任务上所付出了多少努力。

■ 它受到我们有意识的控制。

■ 它是有限的，并会在我们疲惫时减弱。

2 全神贯注：关注点的质量，是我们沉浸在一项任务中的程度。

■ 它自发地产生于特定的情境组合中。

■ 它是一种自我奖励。我们可能已经很疲倦，但仍然可以集中精力，并没有注意到时间的流逝。

一项迷人的挑战

心流的概念是匈牙利心理学家米哈里·齐克森米哈里（Mihaly Csikszentmihalyi）首次提出的。根据米哈里的理论，当我们遇到某个任务时，如果该任务有一定困难，却没有超出我们的能力范围，而是需要自己全神贯注去完成这个任务，这时我们会达到这种令人有满足感的沉浸状态。在下图中，心流被看作是众多心理状态中的一种，可以通过尝试一项任务来得知自己会产生哪种心理状态，不过这取决于任务的挑战性和我们的熟练性。

心流和其他心理状态

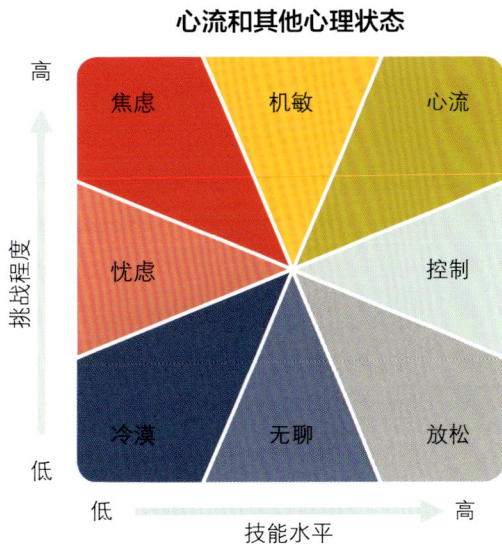

和谐性热情

心理学家罗伯特·瓦勒朗观察到，对一项任务感受到和谐性热情——也就是我们对任务的兴趣大到可以使它成为我们身份象征的一部分——可以极大地提高我们的表现。如果我们觉得所做的事情反映了自身的感情和价值观，那么它便增加了另一层次的参与度，进而将我们带入到了更深的层面上。

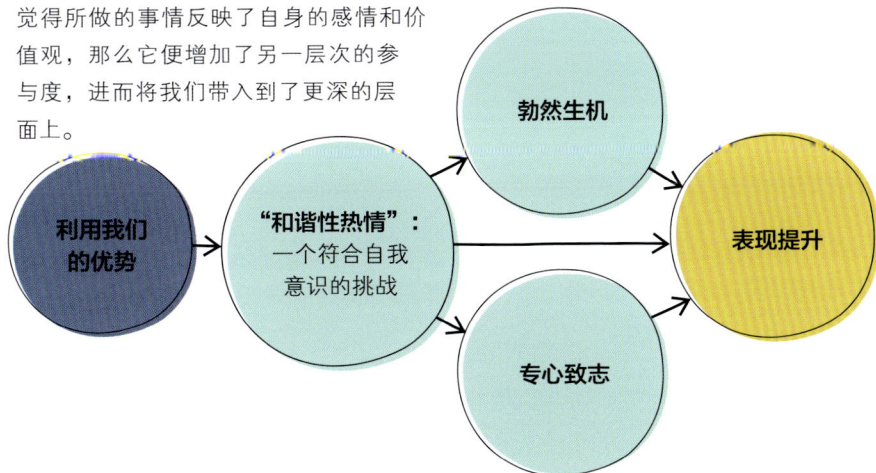

当挑战与人的行动能力刚好相匹配时，享受的状态便显现在无聊和焦虑的边界上了。

心理学家、"心流"概念的先驱米哈里·齐克森米哈里

个人成本控制

何时坚持，何时放手

要实现我们的目标，通常需要在相互抵触的事物之间做出选择。当决定要放弃某些东西时，我们该如何对待它引起的不适感呢？

你是否曾经舍不得丢弃一件不再合身的衣服，或已经跌价的债券？你知道自己想要更多的衣柜空间或更好的投资，然而当失去自己所拥有的东西时，即使它不再有用，那种痛苦似乎也超过了现实利益带来的快乐。这就是心理学家所说的损失规避。

赠予效应

1990年，经济学家理查德·塞勒与心理学家丹尼尔·卡尼曼以及行为经济学家杰克·奈驰进行了一场实验。给一半的参与者一些咖啡杯，另一半则只是给他们看一眼这些杯子。随后，两组成员被问及愿意定多少价钱出售这些杯子。"咖啡杯所有者"给出的价格是"看一眼者"的两倍。这就是赠予效应：简单地拥有一些东西，即使是短暂地拥有，也让我们赋予了它更高的价值。似乎我们不喜欢放弃一些东西，仅仅因为把这当成了一种牺牲，即使我们不可能对即将放弃的东西给予高度重视。

所有权和自我形象

为什么我们有时候以一种非理性的方式行动？2013年，美国心理学家莎拉·劳夫兰和瓦尼萨·斯瓦米纳坦在一项研究中，要求一组志愿者分别描述一种"社交自我威胁"的情况，比如表白被拒绝；而另一组人被要求描述普通的一天。然后给两组成

损失规避

当你试图影响他人时，损失规避的知识就很有用。在推销时，市场心理学家提出以下方法：

- 暗示你的受众已经拥有他们想要的东西，而你的产品会避免他们失去它。（例如这样说："如果不……你就可能失去数以百计的客户。"）

- 鼓励他们想象拥有或使用你的产品。（"想象自己坐在方向盘后面……"）

- 让他们暂时"拥有"你的产品，比如一个免费样品或者试用期。这样，在试用期结束之后不买则意味着放弃它。

员一个相对不值钱的物品——一支圆珠笔——再要求他们舍弃它。研究发现，经历过社会自我威胁情境的人较不愿意放弃笔。当拥有某件东西时，我们会把它融入自我意识中，而我们越是感受到威胁，就越不愿失去它，哪怕它只是不重要的东西。

如果你需要放弃某样东西，先试着提高你对自己的认同感。提醒自己自我价值不依赖于特定的财产或关系——它是内在的，对自己越有信心，就越容易对其他事物放手。

权衡选择

当你不得不决定放弃什么时，需要根据不同类型的目标来考虑。1997年，一项发表在《人格与社会心理学》杂志上的研究表明，当人们试图做出决定时，需要权衡四个不同类型的目标。假设你正试图决定是否取消与你伴侣晚上的约会，以便完成一些额外的工作。使用以下类型的目标来评估这一状况，可以帮助你做出决定，在这个例子中，要判断的是你的伴侣或工作哪个优先级更高。

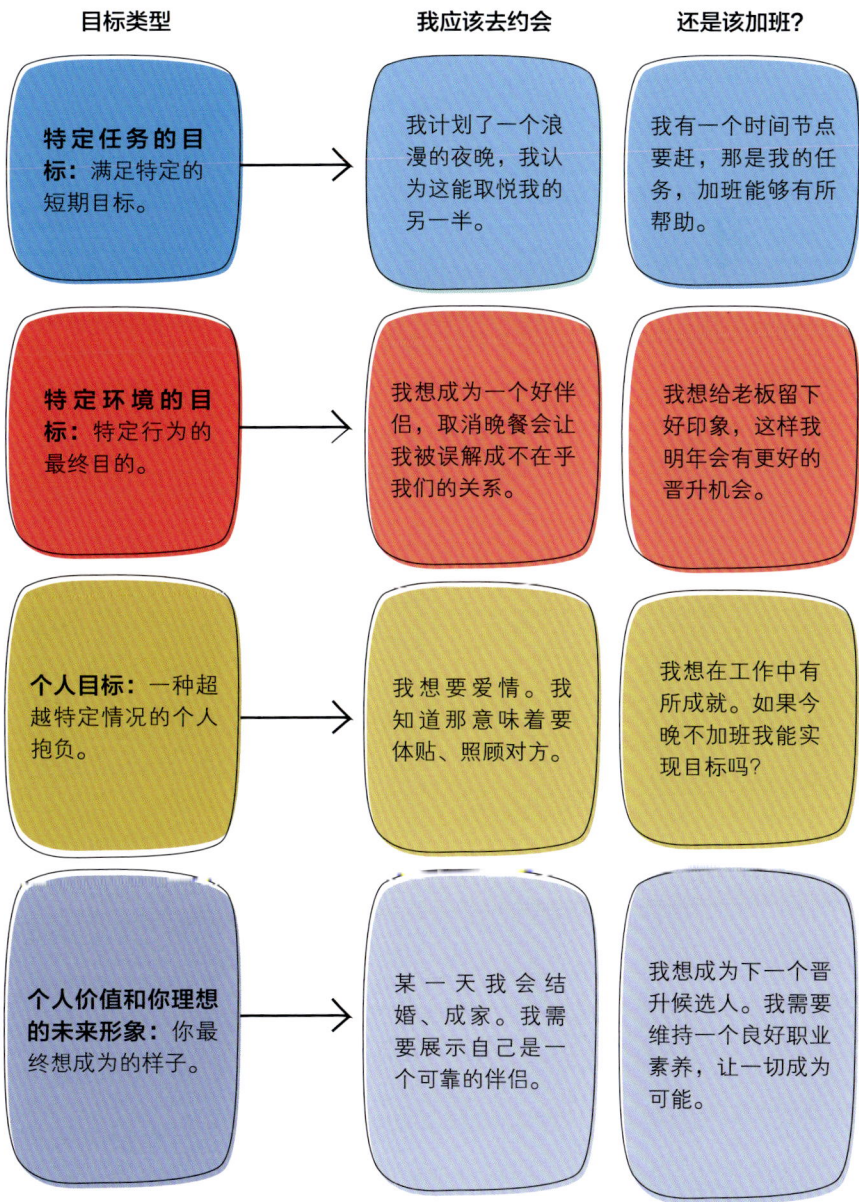

目标类型	我应该去约会	还是该加班？
特定任务的目标：满足特定的短期目标。	我计划了一个浪漫的夜晚，我认为这能取悦我的另一半。	我有一个时间节点要赶，那是我的任务，加班能够有所帮助。
特定环境的目标：特定行为的最终目的。	我想成为一个好伴侣，取消晚餐会让我被误解成不在乎我们的关系。	我想给老板留下好印象，这样我明年会有更好的晋升机会。
个人目标：一种超越特定情况的个人抱负。	我想要爱情。我知道那意味着要体贴、照顾对方。	我想在工作中有所成就。如果今晚不加班我能实现目标吗？
个人价值和你理想的未来形象：你最终想成为的样子。	某一天我会结婚、成家。我需要展示自己是一个可靠的伴侣。	我想成为下一个晋升候选人。我需要维持一个良好职业素养，让一切成为可能。

不断发展的人际关系

维护各种关系

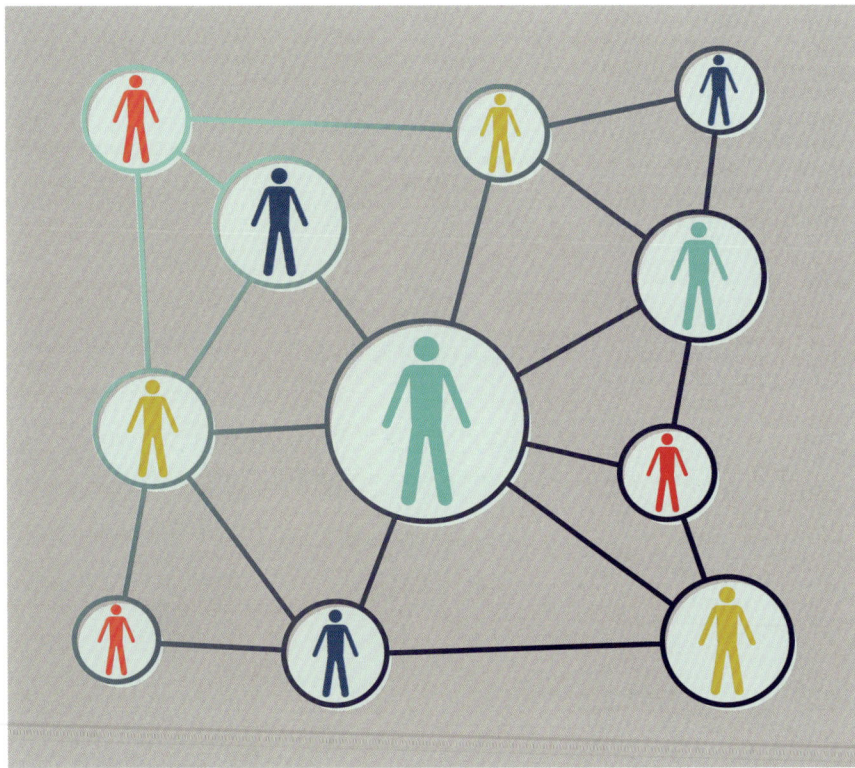

你对人际关系投入的努力最终会带来回报。将它视为建立一个社区，你可以与这群人相互依赖、学习、分享想法。关键是要培养与各种各样的人的关系。

群体的联系能提供强有力的支持。但当涉及人际关系时，你是否倾向于根据自己对他人的感觉，或评估他们能为你所做的事，来与人结盟？2008年，美国的一项研究发现，一类人是"情感型"的，也就是说，他们跟着感觉走，并通过共鸣、默契、自我表露与他人联系在一起。另一类人是"认知型"思考者，受理性考量的指导，更喜欢那些能为他们提供实实在在利益的人，例如提供职业指导和特定任务的建议。研究人员得出结论，有些人相比实际的帮助，更看重友谊，而另一些人则相反。当与你的同事和朋友相处时，知道谁是哪类人非常有用。

"弱连带"优势理论

"弱连带"指的是与不经常见面但关系较好的人的关系，如朋友的朋友，在会议上遇到的人，以及旧同事。这种联系仍然值得培养：通过研究随机选择的专业人士，社会学家马克·格兰诺维特（Mark Granovetter）发现，绝大多数人通过他们较少见面的人找到了工作。格兰诺维特推断，这种关系与我们的社交圈子不怎么重叠，所以他们可以把我们介绍给新朋友和新机会：那些现在似乎不大可能影响你前景的人，可能在未来起到重要的作用。

紧密还是疏远

2004年，意大利和美国的一项研究分析了意大利电视行业——同时需要创意和技术专家的领域——的团体动态，来测试什么样的团队是最有效率的。他们发现，当需要完成任务时，中度亲密的团体是生产力最低的，他们相互联系、足够亲密，导致对外封闭，但又不够亲密到对每个成员相互都有深刻的了解。

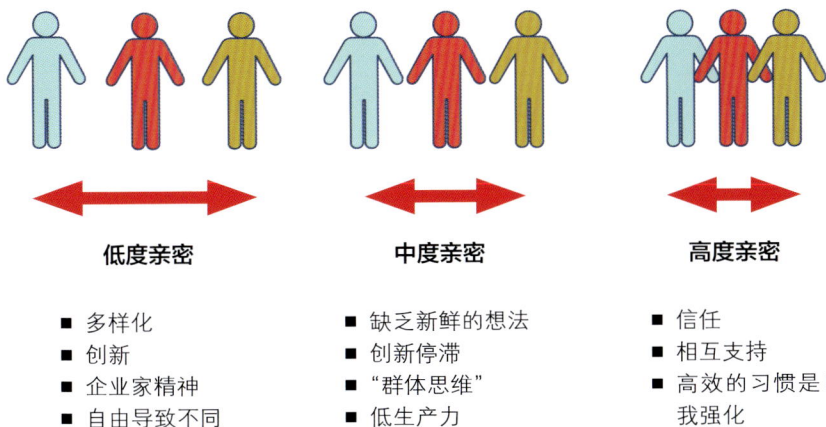

低度亲密	中度亲密	高度亲密
■ 多样化 ■ 创新 ■ 企业家精神 ■ 自由导致不同	■ 缺乏新鲜的想法 ■ 创新停滞 ■ "群体思维" ■ 低生产力	■ 信任 ■ 相互支持 ■ 高效的习惯是自我强化

连接他人

硅谷企业家亚当·里夫金（Adam Rifkin）提出，大多数人认为我们的人际关系是一系列的辐条，像一个车轮，自己在中心位置。事实上，我们应该把自己想象成一个群体中的一分子：人们彼此连接，仍然能将自己置于群体的中心，即便我们并没有刻意将每个人相连。这扩大了我们人际关系的深度和规模，通过连接他人，我们也会因此长期受益。

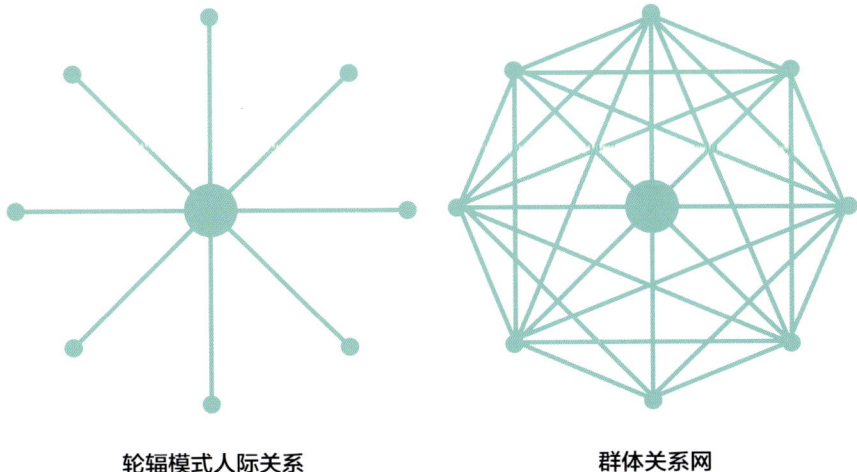

轮辐模式人际关系　　群体关系网

如何处理人际关系

美国管理顾问兼企业家肯·莫尔斯（Ken Morse）为人们在某一场合中成功处理人际关系提供了这8条秘籍：

1 做功课。如果获得了谁将出席的信息，看完它，看看是否有熟人能帮助你与人们建立联系。

2 完善一个简短的发言。这是你的"电梯演讲"：用一两个句子告诉人们你可以提供什么。

3 尽早出席。这是一个会见主办方的机会。

4 有信心。主动向他人介绍自己。

5 在食品区边徘徊。挡着吧台会激怒人们，但食物能让人们心情愉悦，让他们更友好。

6 在人们开始谈话前靠近人群。人们会聚在一起聊天，你未加入就很难再引起他们的注意。

7 主动要求介绍。如果你知道某人享有威信（参见第200～201页），由他们来介绍你，会让你看起来可信。

8 关注别人，提问题。人们喜欢分享他们的意见和观点，所以请仔细聆听，留出空间让对话可以进行下去。

建立社会资本

给自己增加优势

积极的人际关系有利于我们的情感健康，但它远不止这一个作用。动态的人际关系也是富有成效的群体的核心力量之一。这是一种社会资本，而你可以帮助创建这种资本。

"社会资本"的概念最早是在1916年由莉达·贾德森·汉尼芬（Lyda Judson Hanifan）提出的。这个术语指的是，更广泛的群体内的相互联系，可以使个人和整个团体的生活更加丰富。当美国学者罗伯特·帕特南（Robert D. Putnam）在2000年出版《独自打保龄：美国社区的衰落与复兴》一书后，这个观点得到了人们的普遍关注。从那以后，影响了如比尔·克林顿、乔治·布什等人物，世界银行的倡导者们也开始采取相应的行动。

协同工作

世界银行社会科学家边克尔·乌考克（Michael Woolcock）描述了三种社会资本：

1 整合。 意思是处于相似情况下的人与人之间的关系，如家庭、亲密的朋友和邻居。

2 桥接。 这是类似于"弱连带"的概念（参见第172～173页）：大体相似但不是特别亲密的人之间的关系，如普通朋友和前同事。

3 链合。 这是身处不同情境、互相不认识的人之间的链接：触及其他群体，并共享资源。

最富成效的情境是三种资本的有益组合。整合的社会资本可以为他人提供帮助、互惠互利，研究发现，它通常是最可靠支持的来源。然而，就其本身而言，它可能会导致故步自封，甚至产生"我们是我们，他们是他们"的想法。桥接的社会资本让我们能填补自身资源的空白，只要我们

有益的接触

1998年美国的一项研究发现，最成功的管理者比同行多花更多时间在别的方面。

10%

多花10%的时间在**沟通和联络上**

70%

多花70%的时间在**社交活动中**

好好利用它们——也就是说，寻求和交换信息与资源而不是简单地为了闲谈而"闲谈"。将社会资本联系到一起，可以让我们保持活力，鼓励我们更慷慨，看到更广阔的蓝图。把这三者结合起来，会让我们获得坚定的支持，以及身为人类大家庭一部分的意识。建立成功，意味着建立一个坚实而多元的社会资本的基础。

交际圈之外

在你的社交圈子里保持活跃是一个很好的开发社会资本的方式，但维持它的最好方法是建立一个值得信赖的（参见第200～201页）声誉。群体走向取决于其中每一位成员的善意，所以你越将自己展示为一个可靠的参与者，对每个人的回报就越多，也包括你自己。

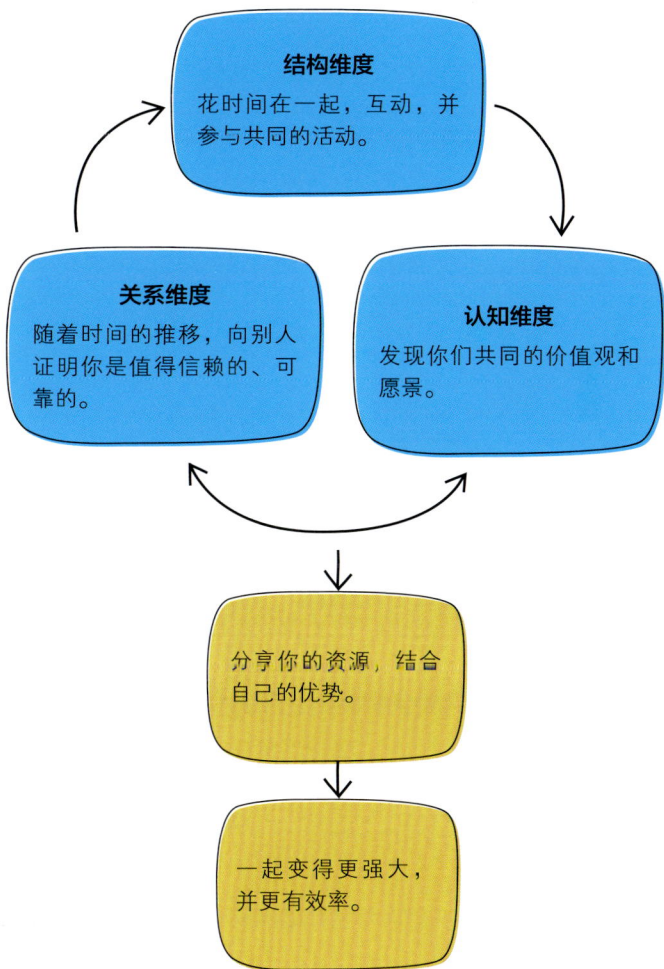

社会资本不仅是**支撑社会**的机构的总和，也是把它们**连接在一起**的**黏合剂**。

世界银行，1998年

Q 一起创造价值

1988年，一项发表在《管理学会杂志》（*Academy of Management Journal*）上的研究表明，我们将创造社会资本视为几个因素的结果。为了与人建立良好的关系，你需要建立一种支持这种关系的安排，如定期的会议、活动或沟通（"结构维度"）。有时，你还需要通过寻找共同的价值观，来让你分享的东西更有吸引力：即使你们之间非常不同，也会有一些大家共同持有的基本原则（"认知维度"）。花一些时间在一起，共同为了相同的理想而工作，每个人都有机会将自己塑造成为一个的可信赖的人（"关系维度"）。由此，你便已经构建了社会资本，可以创造出1+1＞2的结果。下图可以帮助你培育社会资本。

结构维度
花时间在一起，互动，并参与共同的活动。

关系维度
随着时间的推移，向别人证明你是值得信赖的、可靠的。

认知维度
发现你们共同的价值观和愿景。

分亨你的资源，结合自己的优势。

一起变得更强大，并更有效率。

有创造性的回应

发现别出心裁的可选方案

创造力可以被定义为用一种新方式重新定义现有元素的能力。如果你有创意，你就可以用一种独特的方式解决问题，找到新的渠道来实现你的目标。

你是一名艺术家，一名科学家，还是两者的结合体？根据研究，无论在哪个领域，创造力就是创造力，并没有多大的区别。2001年美国的一项研究甚至发现，爱因斯坦和毕加索的作品是基于类似的元素，如强烈的美学感，以及对不同观察者如何体验空间的兴趣。

你可能不会认为自己是一个天生的创造者，但是有证据表明，你如何看待这一问题会对你的创造力产生重大影响。使用这个框架，把创造力想象成每个人都可以自我访问的精神状态。使用下面的七种方法来激发你的想象力和好奇心。

1 | 确定问题

当你面对新的挑战或问题时，首先花时间留意观察、识别、定义和重新定义问题。让自己的思路尽可能开放：适应现状很容易，特别是现代生活如此快节奏，充满令人分心的事物。但是，要试着对事物的发展状况以及它们的改进方式保持警惕——准备好看到大局，并考虑为什么事情会这样发展。抵制过于简单或熟悉的解释，尽可能深入地探讨，发展出你自己的理解。

2 填充自己

基础和投入是至关重要的。 不要总是想着突然间顿悟这回事。在准备阶段没什么是不具备创意的：许多最好的"灵感"实际上是长期认真投入工作的结果。你知道的越多，你的想法就会越好，所以尽管做深入的研究，熟悉自己的专业领域。

3 实践出真知

你的神经网络生来就被设计为沿着熟悉的路径运行——你的大脑以这种方式节省能量。我们倾向于在头脑中建立类别和规则，但这可能成为创新的障碍。还有一个尴尬的趋势，我们承受的压力越大，就越倾向于小心行事。研究表明，当要求参与的志愿者们进行创新并给出一个例子时，十次中有九次，所谓的"创新"是在复制某个相似的案例。防止这一现象的最好措施就是实践：在低压情况下，经常思考新的想法，即使这些想法毫无用处也无所谓。这样，你就可以在一个舒适的环境中增强你的创造力，并对这样一个事实建立自信：你可以创造新的选择和替代方案。我们是容易形成习惯的生物，所以要养成跳出框架思考的习惯。

4 让不同想法取长补短

想法和观点的结合对于我们是自然而然的事情，你可能听到过有人像这样说到某种情况或概念："这个什么什么和那个什么什么能结合一下就好了。"当寻求新的解决方案时，把不同的概念和解决方案放在一起，看看它们是否产生了化学反应。如果是，沿这条道路，看看它会引领你走向哪里。

5 让它慢慢酝酿

当你有一个想法时，不必马上采取行动或立刻付诸实践。当然，你可能希望抓住这个时机，但是创造性的过程也会在休息期间进行（参见第178页），所以让一个想法先发酵一会儿往往可以改善它。给你的潜意识一些时间来丰富你的想法。

6 评估和选择

创造力包含了审查你的想法。 哪些想法具有良好的收益风险比？哪些值得投入精力去执行？哪一个最能体现你的价值和愿望？在安全的环境中拥有良好的支持并获得与人讨论这些计划的机会，这尤其有用。

7 测试和实施

检查一篇还未成文的小说情节，或测试一种新引擎的粗略草图是没有意义的，因为你的想法在接受大家提出的意见前，必须至少应在初稿或原型阶段。但是，一旦你有了一些成形的东西来展示你的工作成效，就尽快测试一下。每一项创造性的事物都会涉及不确定性和失败的可能性，早期发现并纠正错误更有益于你的信心，比在这条错误的路上走了很久后才发现错误在要好得多。在做最后的打磨之前先挥刀试一试——这是一个很好的方法来避免表现焦虑，因为在这个时候，没有人期待它是完美的。

> 在科学中听到的最**令人兴奋、预示着新发现的词汇**，不是"找到了！"而是"这真有趣（真令人好奇）……"

艾萨克·阿西莫夫
（Isaac Asimov）
作家、生物化学家

▶▶ 平衡你的心理空间

大脑神经扫描显示，有两个主要的神经状态与创造力有关：

1 一个是**放松的、静止的状态，**类似于做梦。此时你能感觉到自己被启发，想法开始形成。

2 一个是**充满活力的、活跃的状态，**在这个状态中，你详述了"梦想中"的想法并付诸实践。

研究表明，有高度创造力的人善于在这两个状态之间切换。强迫自己创造可能会使你无法进入到可以孵化灵感的平静时刻。不要让自己太紧张：休息时间也是创作过程的一部分。

把"孤独的天才"扔到一边

可能有些时候你需要一段平静和安宁的时间去思考自己的想法，但是获取别人的想法和观点能够让你以从未想象过的方式来加速创作的过程。成为一名孤独的知者先锋的想法就像一个神话。大量研究证实，创造力受到我们社会和文化背景的影响，甚至包括阿尔伯特·爱因斯坦和查尔斯·达尔文在内的一些历史上最伟大的人物，也在他们的工作取得突破时，与团队一起合作。历史可能会将成就归功于首席科学家或艺术家，但这并不是说他们独立于专业团队。与其他思想的碰撞让我们的想法得到检验和支撑，这有利于创作过程。

✏ 思维之帽

20世纪90年代，心理学家爱德华·德·博诺（Edward de Bono）开发了一款游戏鼓励创造性解决问题的游戏。如果你和你的团队陷入困境，在讨论所面临的挑战或机遇时，你们可以尝试戴上他所描述的不同颜色的"思维之帽"，每个人都扮演一个规定的角色。不要只是假装这么做：研究表明，如果你们真的戴上派对用的多色帽子，得到的效果最好！

白帽子：你在情感和道德上是中立的，只对客观事实感兴趣。

红帽子：你遵循你的情绪、预感和直觉。所有的感觉都可以接受。

黄帽子：你是积极思考的国王或女王——乐观地对抗黑帽子。

绿帽子：你体现出创造性、新想法和观点，即使它们看起来有点奇特。

充满好奇心

幸福研究员托德·卡什丹把好奇心定义为愿意寻求新的经验，并且在含混不清和不可预测的情况面前感到轻松自在。保持开放的心态意味着我们总是能够从新的经历中学习，容忍不确定性意味着我们在不清楚事情会如何变化的时候更加坚定。浪漫主义诗人约翰·济慈把"一个成功人士具备的品质"形容成是"客体感受力，即一个人有能力在处于不确定的、神秘的、疑惑的时候，以没有任何急躁的情绪来达到事实和理智。"不要害怕不确定性：它可能会是一项伟大工作的根源。

相信自己并坚持不懈

创造性的代价有时候会失败。根据霍华德·休斯医学研究所的研究，被给予充分创造自由的科学家们在顶级期刊中发表文章的次数是其他人的2倍，而在不太有名的期刊中发表文

黑帽子： 你是谨慎、审判和批评的声音。

蓝帽子： 你是主席，负责监督和总结每个人的观点。

超级英雄

1985年，顾问史蒂夫·格罗斯曼（Steve Grossman）和凯瑟琳·卡特林（Katherine Catlin）开发了一个游戏来刺激创造力，名为"超级英雄"。每个人都装作"超人""神奇女侠"等超级英雄，然后描述他们的特殊权力和特征，并在这些身份下解决问题。赋权和愚蠢的感觉有时会带来意想不到的解决方案。

在每个领域中……

根据《心理学年度评论》（*Annual Review of Psychology*）杂志1981年发表的一项研究表明，每个领域的创意人都有以下的人格特质是你可能希望自己培养出来的：

对美学的强烈欣赏

广泛的兴趣

被错综复杂的事物吸引

处理冲突信息的能力

章的次数也是2倍。换句话说，他们不那么成功的点子与成功的一样多。创造性的本质是我们摆脱可靠的确定性，并承受走进死胡同的风险。你对自我效能的信念越高、越愿意接受并非所有事情都要完美，你就越有可能解放自己的思想，完成一个伟大的思想飞跃。

> **天才**指的是用一种**非习惯性的方式**去感知的人。
>
> **威廉·詹姆斯**
> （**William James**）
> 心理学家、哲学家

从失败中学习

如何保持开放的心态

从错误中学习是我们成功的关键。例如，2015年美国的一项研究发现，不断变换行业的企业家们不但在一次创业失败后更容易改变行业，也更有可能在新的行业中失败，这不仅因为他们是新手，缺乏专业知识，还由于他们认为，在旧领域中的工作方式也应该在新领域中起作用。我们很容易陷入一种自动做事情的模式中，但真正帮助我们发展的是能够退后一步，根据过去犯过的错误，确定我们将来能做哪些不同的事情。

直面真相

人类倾向于犯一个特别尴尬的认知错误：我们看到的往往是我们期望看到的，而不是实际存在的。"图式理论"认为，这样的状况无处不在，小到我们在想着橱柜的时候却把麦片盒放进冰箱里，大到致命的错误，比如护士由于紧张或工作压力而给病人挂上了错误的点滴。我们的反思越少，失败就越多——我们需要从失败中吸取正确的教训。

防御性思维

如果我们很聪明，似乎理所当然应该善于从错误中学习。事实上，据商业专家克里斯·阿吉里斯（Chris Argyris）说，聪明的人往往缺乏这种技能。这个问题是一种心理习惯。高成就者通常在他们所尝试的事情上取得了成功，因此，他们不会经常经历

没有人喜欢失败，但是为了继续前进，我们需要从错误中吸取教训。这意味着能够接受失败，而不是逃避它造成的不适感。

学习回路

　　商业理论家克里斯·阿吉里斯指出了从错误中学习的两种不同的方法，即单回路和双回路。如果你在追求一个具体的目标时，单回路会更有效；但如果你想扩大你的精神视野，最好在思维中添加另一个回路，着眼于大局——不只是你是否"照本宣科"完成了一个特定的任务，也要检查任务本身的性质。阿吉里斯用了这样一个例子：把自己看成一个设置为20摄氏度（68华氏度）的恒温器，想象一下，它可以通过程序控制添加进另一个层面的计算。

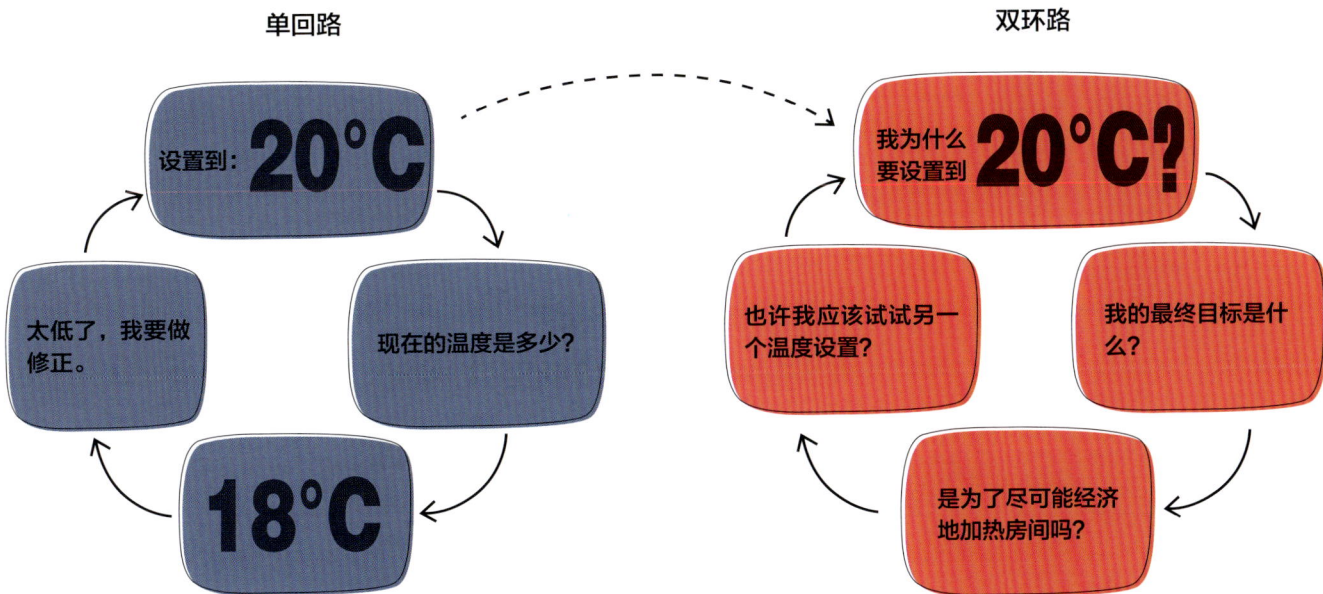

单回路	双环路

设置到：**20°C**

太低了，我要做修正。

现在的温度是多少？

18°C

我为什么要设置到**20°C?**

也许我应该试试另一个温度设置？

我的最终目标是什么？

是为了尽可能经济地加热房间吗？

失败，所以在从中学习这一点上没有太多的实践性。我们中的许多人都是问题导向的：如果某件事是错误的，我们的本能是尽快解决它，然后继续前进。这可能会让我们觉得很有效率，但是它并不能帮助我们检查原因，而其中可能包括需要修正我们做事方法的（参见页面上方"学习回路"）。

　　当没有得到想要的结果时，我们倾向于进入防御推理。我们尝试过，但没有用，我们不希望把它归咎于我们的错，所以我们把精力转向证明它不是我们的错。这样一来无疑关闭了我们解决问题的能力。

改变习惯

　　虽然我们自认是始终如一的，但阿吉里斯认为，我们的原则往往被一种思维模式所破坏：

- 让我们处于控制地位。
- 最大化"赢"和最小化"失败"。
- 压制负面情绪。
- 做到"理性"，在实践中，这意味着用我们自己的方式来评估我们的行为。

　　而它们的核心，所有这些元素都是关于避免焦虑和羞耻的，它们并没有帮助我们改进。为了从挫折中学习，我们需要拥抱脆弱（参见第109页），并反复核对我们的行动和假设，以确保我们没有让自己错失一个重要的学习机会。我们都会犯错误：成功的关键是在错误发生的时候接受它们，了解是什么导致了错误，如果有必要的话，改变我们的方法。如果我们能做到这一点，那么这些错误本身可能就不那么重要了。

避免过度疲劳

循序渐进地保持进步

精力耗尽并不是一夜之间发生的，但如果一直将自己绷紧太久，你可能就意识不到在给自己找麻烦，直到一切都为时已晚。我们应学会认识到这些迹象，并采取措施照顾好自己。

我们都有感到疲惫的时候，但精力耗尽可不是小事。当长期的压力（参见第96～97页）淹没了你，你的生活就会开始受到影响。从长远发展来看，你所付出的努力必须是可持续的，同时以有效的方式保护自己，别等到你需要花额外的时间采取行动补救。

疲劳的迹象

要知道什么时候给自己一个改变，或让自己休息，并注意这些问题：

- **许多轻微的健康问题。**当你筋疲力尽时，你的免疫系统就会减弱，这意味着你更容易受到细菌和疾病的影响。你也可能会出现与压力相关的症状，如头痛、心悸、头晕、胸痛和胃部不适，在这种情况下，你需要去看医生。

- **慢性疲劳。**如果你在经过一次巨大的努力之后感到累了，这另当别论；但如果你一直都感到很累，特别是累到连简单的事情都不想做，那么你可能正在经受精力耗尽的折磨。

- **睡眠问题。**如果长期承受着压力，你就会处于一种持续的兴奋状态，这意味着在一天结束的时候，你很难完全放松。

- **受损的记忆和注意力。**太多的压力会把你的身体推向"战斗或逃跑"的状态。在短期内，这可以帮助我们将所有的认知资源转移到一个单一的问题上，但我们的身体并没有被设计成可以将这样的状态延长很久。如果你发现自己的视野变得狭窄，时常感到困惑，你可能需要适当的休息。

- **工作表现降低。**将你目前的表现与一两年前的表现进行比较。经历耗尽倾向于缓慢却稳定的表现下降。

- **人际关系问题。**你比平时更多地与人发生分歧或产生争吵吗？还是你觉得自己与他人格格不入？

- **自理能力差。**你忘记吃饭了吗，还是依靠垃圾食品过活？你不运动，也不睡觉么？

- **黑暗的情绪。**愤怒、沮丧、焦虑、冷嘲热讽和麻木……这表明你可能达到了极限。

先发制人的措施

如果你注意到了上述任何警告的信号，请按照以下步骤让自己恢复稳定状态：

- **在可以的时候说"不"。** 有些事情可能是没有商量余地的，但是在不得不说"不"的时候，就不要勉强自己承受更多分外的事。

- **忘记完美主义。** 你的目标是"足够好"，而不是完美。

- **不要反复思考。** 反复思考会让我们陷入徘徊不前的旋涡中：提醒自己保持积极的心态或分散自己的注意力，以打破这种反复的僵局。

- **知道什么时候离开。** 职业倦怠的潜在原因是不公平、不充分的奖励，身处不相互支持的群体，以及缺乏有效的控制。有时候解决的办法就是改变你的环境。

- **照顾好自己。** 你必须要吃好、喝好、睡好，并做运动，忽视你的身体健康是一桩不划算的买卖。

- **要有一个能让自己脆弱的地方，** 最好与和你有同样问题的人在一起。

- **实现你的理念。** 职业倦怠的一个重要原因是你所信仰的和你所追求的东西之间的脱节。找到方法去做符合你自身原则的事情。

把你自己的幸福放在第一位．如果你把自己累垮，对任何人都没有帮助。在一个你可以长期保持的水平上履行职责才更高效——这是实现和保持持久成功的关键因素。

反复思考的循环

反思和规划可能是有益的，但要小心"反复思考的循环"，如下所示，沉溺于消极的想法会变得自我强化。如果你发现自己陷入了焦虑、怨恨或糟糕的记忆中，记住解决的方法涉及打破习惯。一旦你的问题是过度思考不好的感觉，你就不能用自己的方法去解决问题，最好是去做一些完全不同的事情。听音乐，读一本书，做一顿饭——无论什么事情都能让你的思维沿着愉快的路线运转。一开始可能需要一些努力，但是坚持下去，你会发现你的情绪高涨起来了。

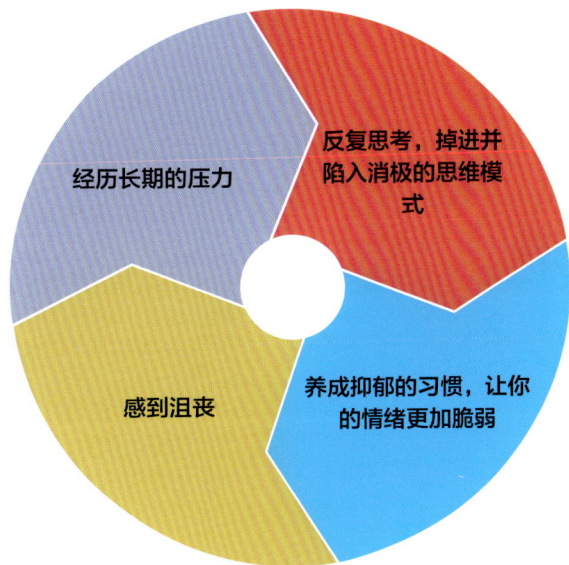

经历长期的压力

反复思考，掉进并陷入消极的思维模式

感到沮丧

养成抑郁的习惯，让你的情绪更加脆弱

最佳工作负载

我们对工作的控制方式会对我们的健康产生影响。2010年澳大利亚和加拿大的一项联合研究发现，自我激励和高控制力的人随着工作量的增加，会变得更容易生病。试着确定你自己最优的工作量：这似乎是违反直觉的，但是有时增加的工作量可能反而会改善你的健康。

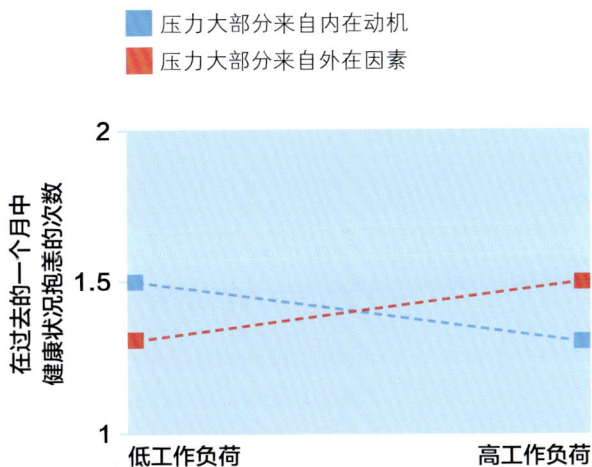

■ 压力大部分来自内在动机
■ 压力大部分来自外在因素

纵轴：在过去的一个月中健康状况抱怨的次数（1、1.5、2）
横轴：低工作负荷　高工作负荷

工作量和健康之间的关系

空闲时间

优化闲暇时间，孕育成功

当你的生活专注于成功的计划时，很容易把休闲时间当作一个低优先级。事实上，如果你同样规划好你的空闲时间，你会发现实现目标更容易。

我们的时间是有价值的。然而，当我们享受休闲时光的时候，我们却发现时间在悄悄溜走。很容易理解，一般我们可能不愿意计划我们的休息时间——在生活的所有压力之下，我们不想把乐趣也变成更多的工作——但是一点点的预先思考可能会让你感受到任时间流逝和随时间享乐的不同。

全世界的目标

享受闲暇时光的愿望跨越民族和世代。世界卫生组织在2008年进行的一项研究发现，享受闲暇时光，特别是当产生"心流"体验的时候（参见第166～167页），可以提高世界范围内各国人民的生活质量。与此同时，2006年巴西的一项研究发现，一项有组织的户外探险计划显著提高了60～80岁公民的生活质量。无论我们年龄多大、出生地在哪儿，我们都需要自由时间——但只有当它在适度的计划内时，我们才会获得更多的"解放"。

物有所值

当疲惫不堪的时候，我们通常会花更多的时间来放松。有时候，质量比数量好。

2010年发表在《幸福学期刊》（*Journal of Happiness Studies*）杂志上的一项研究记录了403名学生一个月的生活。研究发现，仅仅拥有更多的空闲时间并不一定会提高学生的幸福感。重要的是他们怎样"利用"了他们的空闲时间。那些从空闲时间中受

填满你时间的是什么?

心理治疗师兼创业教练林恩·格罗兹基（Lynn Grodzki）指出，我们的时间可以分为三个基本类别：

- **工作时间。** 给我们带来快乐或是金钱的活动。

- **精神时间。** 有意义的活动能让我们的心灵恢复活力。

- **缓冲时间。** 花在物质和心理"非必需品"上的时间，它会消耗掉前两个更重要类别的时间。

益的人有一种积极主动的方法，他们倾向于：

- 从事体育活动。

- 与朋友和家人一起参加社交活动。

- 参加一些特定的休闲活动，比如远足和业余爱好。

- 设定明确的目标，比如"我想改善

休闲活动的类型

我们能从闲暇中得到什么？从马斯洛（Maslow）的"需求层次理论"中（见右侧"我们最基本的需求"），心理学家穆尼尔·拉吉卜（Mounir Ragheb）和雅各布·彼尔德（Jacob Beard）定义了六种让我们满意的活动：

1 心理。寻找在情感或认知水平上犒赏自己的活动。

2 教育。寻找能增进你的知识和理解的活动。

3 社交。让你的朋友和家人参与你的休闲活动。

4 放松。寻求平和而不具挑战性的活动。

5 生理。享受愉快的体育活动。

6 审美。参加一些活动，你可以在其中享受到美丽的地方和美好的事物。

我的健康"。

■ 提前安排日常活动。

如果我们任由闲暇时间随意流逝，我们更有可能会感到无聊和不满足。这或许会提高我们的压力水平，因为时间流逝的感觉更有可能让我们感到焦虑，而不是得到休息。研究表明，当我们把"休息"看作花一段时间去做那些对我们有意义的事情，而不仅仅是不工作的时候，我们就会更加茁壮地成长。

我们最基本的需求

1943年，美国心理学家亚伯拉罕·马斯洛首次提出了"需求层次理论"，即我们首先满足最基本的需求，然后寻求满足"更高的"需求，这有助于我们实现自己的全部潜能。马斯洛的理论基于他对杰出个人的研究，如物理学家阿尔伯特·爱因斯坦（Albert Einstein）和废奴主义英雄弗雷德里克·道格拉斯（Frederick Douglass），他认为这些人代表了人类心理学中最健康的人。休闲活动往往代表着需求层次中的上层阶级。以下哪项需求需要用你的休闲活动来满足？

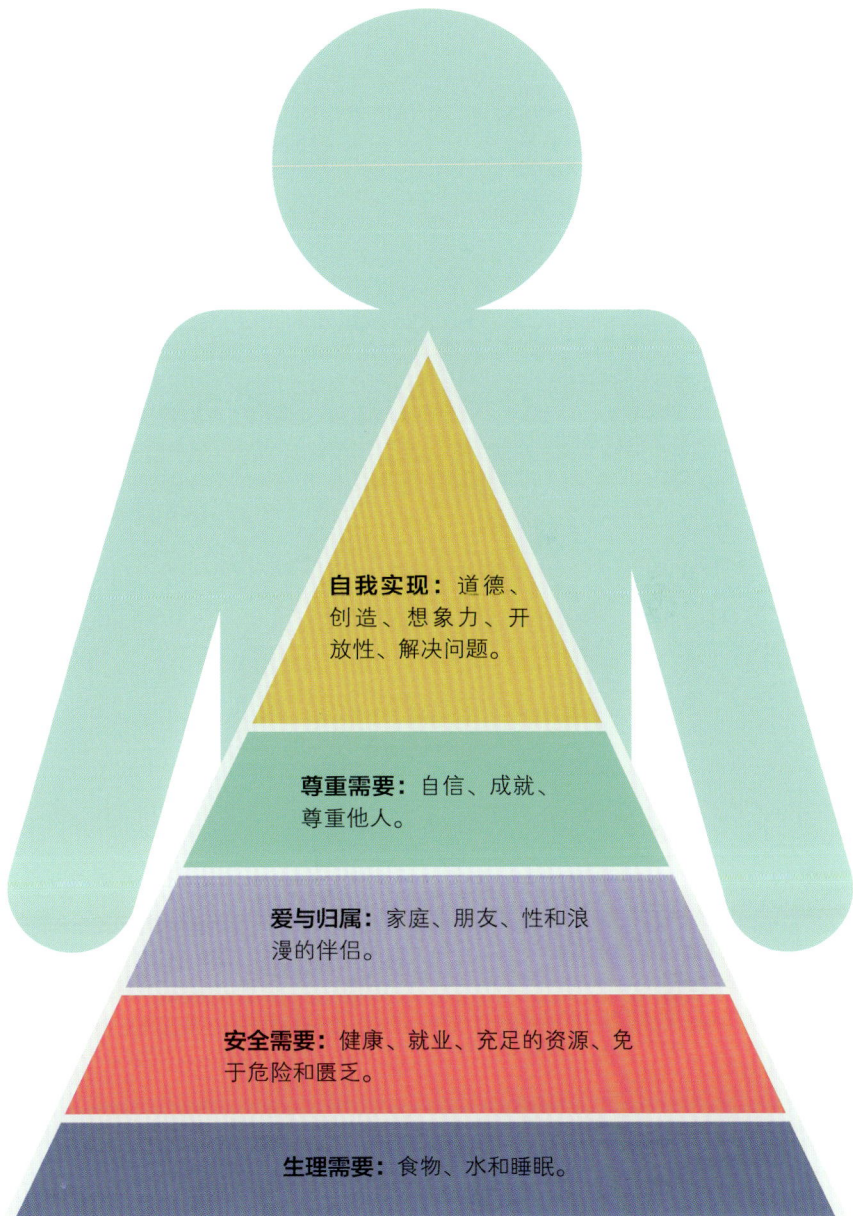

自我实现： 道德、创造、想象力、开放性、解决问题。

尊重需要： 自信、成就、尊重他人。

爱与归属： 家庭、朋友、性和浪漫的伴侣。

安全需要： 健康、就业、充足的资源、免于危险和匮乏。

生理需要： 食物、水和睡眠。

CHAPTER 6
SUCCESS
A WHOLE–LIFE PROCESS

第六章

成功

持续一生的过程

提高承受能力

增强内心储备

　　成功包括应对挑战和危机，但当你发现美好事物的时候，也应该享受其中。这样的话，当生活变得困难的时候，你就可以从积极乐观的态度中获益。

积极的心态是一种长期的投资，它能帮助你应对生活中的挑战。研究发现，当我们处于较好的心情状态时，它往往会拓宽我们的视野，让我们对各种情况做出回应——包括坏的情况——而且比平常表现得更灵活。如果我们能培养这种积极的心态，它很可能会帮助我们塑造成熟的性格。如果你想以一种坚定的态度度过人生，不要强迫自己变得"更坚强"，而是要敞开心扉接受生活的各种体验（不管是好的、坏的，还是有挑战性的）。下面是一些你在前行途中可能会用到的方法。

😊 享受美好时光

　　在《幸福研究》（*Journal of Happiness Studies*）杂志中，心理学家米歇尔·图加德（Michele Tugade）和芭芭拉·弗雷德里克松（Barbara Fredrickson）指出，如果有好的消息，我们通常会打电话给朋友和家人，想要告诉尽可能多的人。这在一定程度上是为了维持社会关系，但同时也延长了快乐的心情：分享好消息会使我们心中的快乐保持新鲜。我们可以在任何时候延长情绪，期待积极的体验，在它持续的同时享受它，然后再回味它的记忆。所有这些都是"利用"令人愉快的东西的方式，也就是说，尽可能多地从中获取价值。

✅ 享受你能享受的一切

心理学区分了两种幸福：

- **享乐的（Hedonic）幸福。**来自希腊语"hēdonē"，意思是"愉悦"。这描述了我们所享受的主观的、即时的体验。

- **终极的（Eudaimonic）幸福。**来自希腊语"eu"和"daimōn"，前者意思是"好"，后者代表"精神"。它描述了让我们成长、与他人建立积极关系、自我感觉良好的长期活动。

生活的挑战不仅培养了我们的韧性，它也是我们生活的最佳体验，所以，要为享受生活留出足够的空间。

😊 保持平衡的视角

虽然积极的态度无疑对成功有好处，但在某些情况下，这需要限定条件。正如心理学家罗伯特·康明斯（Robert Cummins）和马克·伍登（Mark Wooden）在《幸福研究》中所言："乐观的极端是……不适应"——这意味着过头的东西会像太少一样没有帮助。太少的乐观会让我们气馁和恐惧，但过度的乐观会让我们在需要谨慎的情况下更容易冲动。平衡是成功的关键：乐观，但也要现实。

找到一线希望

我们无法阻止不好时刻的到来，但我们可以学会至少在其中体验一些积极的情绪。根据美国2000年的一项研究，将消极转化为积极的有用方法是：

重新评估形势，努力寻找一个积极的方面。

解决问题能提升自尊心：寻找解决方案是令人满意的。

在日常活动中**发现积极的意义**，例如欣赏一种来自他人的恭维。

发现有趣的一面，即使是在困难中——这就好比通过别人的眼睛看待事物。

不要等到一个大问题出现时，才把这些应对方法付诸实践。相反，把它们看成你可以在任何时候锻炼的能力，这样你就会变得强大，为生活所带来的一切做好准备。

✅ 对自己做出明智的肯定

如果你想提高自尊心，给自己积极的信息或"肯定"是很有成效的。然而，2009年在《心理科学》杂志上发表的一项加拿大研究，却给这一观点提出了警示。如果你的自尊心一开始就很强，那么重复一些积极的话语，比如"我是一个可爱的人"可以帮助你；但是如果你的自尊心很低，这可能会适得其反。研究人员发现，那些最需要强化信心的人在重复了普遍的、非特定的正面肯定后，往往会感觉更糟。他们似乎不觉得这些陈述是真实的，而且不得不把它们表述出来只是在提醒他们这些是痛苦的话题。如果你决定用肯定来提高你的情绪，那么你可以选择一些你认为对你的才能有积极影响的陈述，以及什么对你来说是重要的，比如，"我非常擅长处理细节和做计划。"

活到老，学到老

成长的道路

随着我们在生活中的成长进步，我们可以从工作、家庭和社区的经验中学习。发展是持续的，我们应该保持动力，专注于"下一步是什么？"

通往成功最可靠的途径是，不要把学习当作你可完成的过程，而是一种你遇到的每一种情况的解决方法。我们总是有机会去寻找新的学习和发展环境。在"成长型思维"的帮助下（参见第26页），你可以一直保持活力并收获回报。

寻找知识

我们是否达到了"足够高知"的地步？当然，我们可以获得足够的技能来应对特殊的挑战，但学习对我们来说仍有很多好处。

- **学习使我们更自信，更有韧性。** 应对挑战和利用我们的智慧来克服这些挑战的经历，增强了我们应对困境的能力。

- **学习者能够更好地应对变化。** 掌握新概念让我们接触到陌生的、具有挑战性的信念。我们越是接受未知的思考方式，未知的事物就越不可怕。

- **学习丰富了我们的经验。** 随着我们的学习和发展，生活变得更加有趣。作为学生，越了解这个世界，我们就越有可能在其中茁壮成长。

- **学习使我们更全面。** 2015年发表在《成人教育季刊》（*Adult Education Quarterly*）上的一项研究发现，终生学习的最佳衡量标准是"人力资本"——我们通过自我教育可以获得的理解能力。它对"社会资本"，或者说我们与他人建立联系来帮助我们发展的程度，也很有帮助，对于那些没有受过正规教育的人来说更是如此。研究对象的"人力资本"越大，他们就越能在各种情况下有效地利用他们的技能。

- **随着年龄的增长，学习能保持我们的幸福感。** 研究证实，从事教育工作的老年人享有较高的健康和幸福水平，他们所培养的人脉和洞察力使整个社区都更加充实。

学会学习

这可能听起来是个狭隘的话题，但学习本身就是一种技能。2006年，欧洲议会和理事会将它列为我们在生活中可以改善的几个"关键能力"之一。以下是完整的列表：

- 用母语交流；
- 用外语交流；
- 数学、科学和技术能力；
- 数字化和计算机能力；

社会中的学习者

我们应该如何在最广泛的语境中理解我们的学习？丹麦终身学习理论教授克努兹·伊列雷斯（Knud Illeris）认为，我们可以从三个维度来学习：通过我们的思想（认知）、我们的感受（情感），以及我们在这个世界中的地位（环境）。这就产生了平衡：

√ **认知：** 我们的个人能力和理解；

√ **情感：** 我们如何达到心理平衡；

√ **环境：** 我们如何积极融入周围的世界和文化当中。

■ 学会学习；

■ 社会和公民能力；

■ 一种主动性和企业家精神；

■ 文化意识和表达。

如果你需要一个简单的成功秘诀，你能做的最好的事情之一就是遵循上述"课程设置"。

达成最终意义

根据葡萄牙心理学家和教育专家罗伯托·卡内罗（Roberto Carneiro）的说法，学习是一个越来越复杂、越来越充实的过程。我们从基本的信息开始，从中获得知识，这让我们掌握了事实；然后，我们接触到真正的"学习"，并在这个过程中，完善对所获得知识的理解；最后，我们达成了一种意义，即我们所学的应用、价值和重要性开始变得清晰起来。

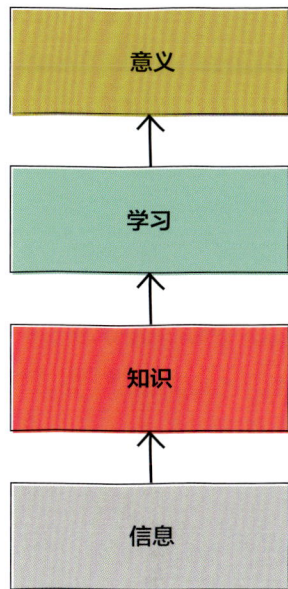

去适应还是去生成？

把学习看作一种获取信息的方式很有用，但也是有限的。罗伯托·卡内罗教授提出了"适应型"学习和"生成型"学习的区别。适应型学习帮助我们在环境中进行自我管理；生成型学习帮助我们改变我们的环境。要想成功，我们需要同时培养这两种类型的学习方式。

适应型学习帮助我们……	生成型学习帮助我们……
■ "适合"我们的环境	■ "拓展"我们的环境
■ 适应变化	■ 扩大我们的能力
■ 应对威胁	■ 发展创造力
■ 反映出症状	■ 确定原因
■ 识别信号	■ 预测未来
■ 获得传统知识	■ 以一种新的方式看待事物

欲望是动机的关键，但它也是对一个目标不懈追求的决心和承诺，对卓越的追求，将使你获得成功。

赛车手马里奥·安德雷蒂（MARIO ANDRETTI）

反馈

分享想法，听取意见

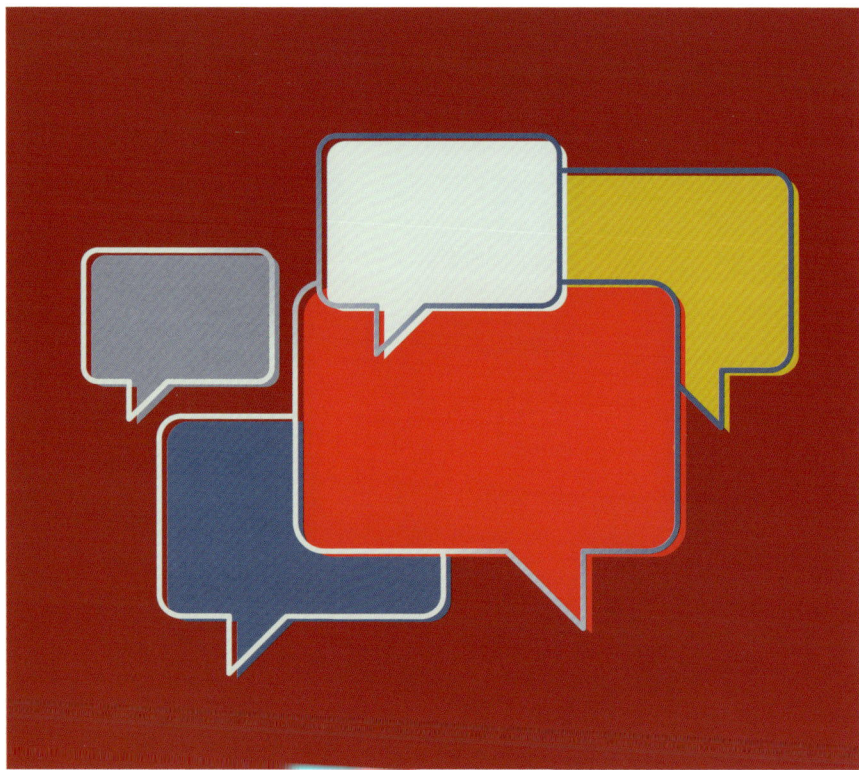

不管对自己的观点有多少信心，我们都能从别人的建议中获益。在职场中，知道如何收集反馈往往是获得成功的重要因素。然而，你必须做好让自己的想法受到批判的准备——有时甚至会被彻底驳倒。

看好的一面

神经学的证据表明，我们天生就害怕批评。有一些研究表明，负面评论是由人类不同的、更敏感的神经回路处理的，而不是那些处理积极信息的神经回路。从根本上说，对批评的恐惧就是对拒绝的恐惧。不管负面评论有多巧妙，我们大脑的某一部分都能听到"你被解雇了"或者"没有人会爱你"的威胁。面对令人焦虑的反馈，例如，面对来自你经理的负面评价时，你试试下面的方法：

- **留心听事实**。把事实与意见区分开是有帮助的。即使你不同意这些结论，你也可以从中收集好的信息，并将它们储存起来供以后使用。
- **考虑动机**。提出反馈的人是不是想帮助你，即使忠言逆耳？还是他们仅仅在试图强化自己的权威，或想更胜一筹？面对这些不同的动机需要有不同的反应。
- **不带感情色彩**。如果你确实犯了错误，与批评你的人站在统一战线上："是的，我注意到我有时会这样做。您能给些建议吗？"

与他人的良好合作意味着对反馈很满意——无论是给予反馈还是接受反馈。相互之间打开沟通回应的渠道，往往是成功的关键。

85%

同辈看同辈

1994年澳大利亚的一项研究表明，85%的学生认为他们从同辈人的评价中学到了更多，而不是来自权威人士的评论。

■ **争取一些时间。**如果你认为自己不能立刻做出建设性的回应，那就对提出意见的人表示感谢，然后说你需要时间来认真思考一下。

给予，也要索取

许多研究证明，给那些与你目标相同的人提供反馈，和接受反馈一样有帮助。为了评估别人的努力，迫使我们的大脑客观地思考：

■ 每个人都想达到的目的。
■ 这可以通过什么标准来判断。
■ 这会是一个很好的例子。
■ 当事情不像预想中的那样发展时，可能的补救措施。

这样的方法将会培养你的批判性思维能力，从而使你生活的方方面面都受益。

BET和BEAR

美国心理学家帕特里夏·哈姆斯（Patricia L. Harms）和德博拉·布里特·罗巴克（Deborah Britt Roebuck）描述了给予正面和负面反馈的两种不同的模式——分别是"BET"和"BEAR"。如果你必须告诉别人你对他们的看法，请遵循以下方法：

步骤	行动	举例
B 行为（Behaviour）	描述某人正在做的事情对每个人都有好处	"你真的让每个人都觉得自己有收获。"
E 影响（Effect）	简述这种积极行为的结果	"这带来了一种更大的幸福感，对所有人来说都是更好的结果。"
T 谢谢（Thank you）	表达感谢	"参与其中的人真的很乐意和你一起工作。谢谢！"
B 行为（Behaviour）	描述引起问题的行为	"你说你可以处理合同，但直到上周你才开始行动。"
E 影响（Effect）	这有什么影响呢？	"有很多事情要做，我不得不停下来帮助你，这给我的其他项目带来了问题。"
A 替代（Alternative）	建议某人将来如何以不同的方式做事	"如果你预料到会有问题，请尽早告诉我。"
R 结果（Result）	描述改变会产生什么样的积极影响	"那样的话，找到合适的人来帮助你会容易得多。"

倾听的技巧

在倾听时应做何反应

我们都知道从别人那里学习的重要性，但要真正"听到"别人在说什么，可能会非常困难。我们怎样才能成为更好的倾听者，吸收我们所听中的精华？

好的倾听者能够吸收更多信息。如果你想提高自己的倾听水平，最好的策略是什么呢？

镜子，镜子

如果你看到两个人在交谈中"镜像"对方的肢体语言，你可能会认为这显示了社会整合的压力。但事实上，这也可能是相互理解的一部分。一种科学理论将这种现象称为"具身模仿"（参见第197页"刻画倾听过程"）。我们无法看到人们的想法，但我们相信，内心隐藏的想法和感觉将会反映在面部表情和身体姿势等公开的机动行为中——如果我们模仿这些行为，大脑中的反馈就可以帮助我们去完全理解。我们往往会下意识地这样做，

但如果你很难理解某人的动机，那就试着有意识地努力去模仿他们的肢体语言，从而增强你的直觉理解。

积极倾听

心理学家越来越多地推荐有效学习的"积极倾听"过程。而"被动倾听"只是简单地保持沉默，听别人说什么。积极倾听是一种参与其中的实践，它让交谈真正地连接起来。试试以下技巧：

- **用你的身体倾听**。镜像，微笑，眼神交流，身体略微倾斜。不要坐立不安，因为这会分散说话人的注意力，让你的整个姿势都在集中注意力。

- **分享观点**。从你对对方的回答中显示出，你正在试图从他们的角度看事情。

- **沉着而愉快的**。说话的人会注意到你的态度，正如你会注意到他们的态度一样，所以要保持冷静和平易近人的风度。

- **走"中间路线"（关注其他人）**。问开放式问题；不要打断；回顾或复述他们所说的一些内容；如果你不确定他们想说什么，要求他们再说一次。

- **暂缓判断**。不要企盼他们会说些什么，也不要急于反驳。在你发表意见之前先让他们说完。

- **认同**。如果某人很苦恼，那就表现出你支持他，他们会感受到这种情绪。这或许会使他们更加振作。

- **做出回应**。说类似的话："所以如果我没理解错，你的意思是……"这给了他们空间去纠正任何错误的

刻画倾听过程

　　美国心理学家格雷厄姆·博迪（Graham Bodie）、黛博拉·沃辛顿（Debra Worthington）、林恩·库珀（Lynn Cooper），以及德国心理学家玛格丽特·伊姆霍夫（Margarete Imhof），提出了一个关于我们如何管理对话的"统一场理论"。下面这张图表显示了一场对话是如何进行的。在过程阶段，我们越是部署更多的关心和技能，当我们该做贡献的时候，才会产生越有价值的讨论结果。

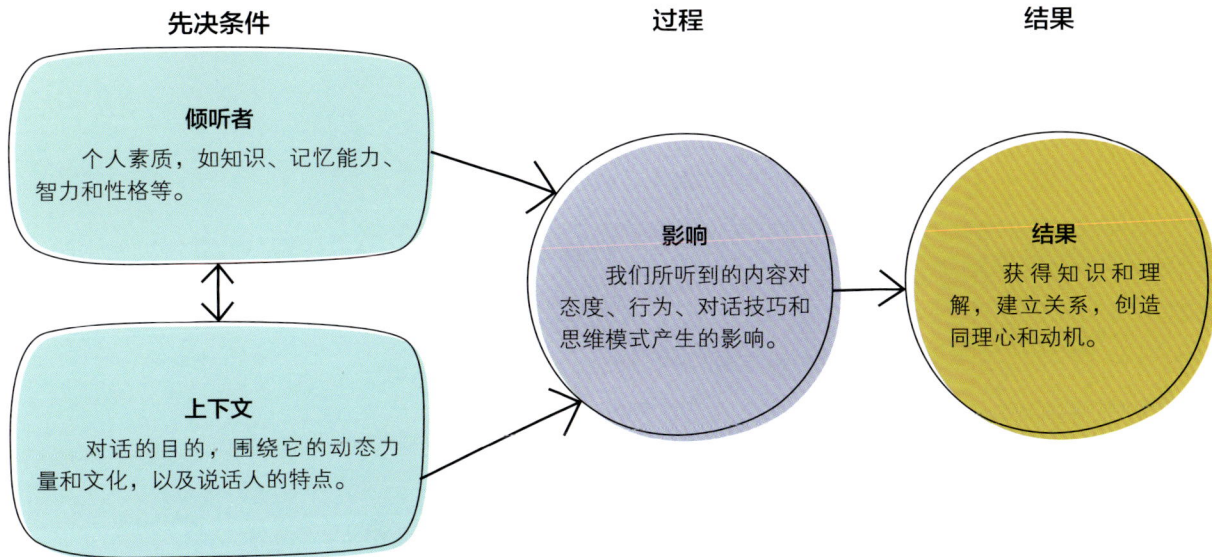

先决条件　　　　**过程**　　　　**结果**

倾听者
个人素质，如知识、记忆能力、智力和性格等。

上下文
对话的目的，围绕它的动态力量和文化，以及说话人的特点。

影响
我们所听到的内容对态度、行为、对话技巧和思维模式产生的影响。

结果
获得知识和理解，建立关系，创造同理心和动机。

观感，并显示出你正努力思考和理解。

■ **总结。**回顾一下他们反复强调的话。这证明了你对他们所言感兴趣，并给他们机会来强调你错过的任何内容。

　　任何社交场合都有机会让你练习倾听，所以尽快开始，看看你的新技能会带给你什么。测试你自己的记忆，并下决心更好地倾听。记住，一个好的倾听者是一个推动者，他能带动他人进行交流。

✏ 积极倾听的注意事项

　　积极的倾听意味着创造一个开放的语言空间。下面是一些建议和禁忌。

　　避免：问那些听起来像是指责的问题，比如："你为什么这样做？"

　　应该说："关于发生的事情你能再告诉我一些吗？"

　　避免：对敏感信息太过上心。

　　应该说："如果你愿意谈这个，我很乐意听你说。"

　　避免：假设，比如"我了解你的感受。"

　　应该说："你感觉怎么样？"

　　避免：不受欢迎的建议，比如："你应该辞职。"

　　应该说："你想要集思广益一些策略吗？"

　　避免：同情怜悯地表达，比如"你这可怜的家伙！"这与同理心并不同。

　　应该说："这听起来很难。你是如何应对的？"

　　避免：过于直率，缺乏礼貌。

　　应该说："我可以提这样的建议吗？""请原谅我这样说。"

良师益友和指路明灯

相互支持的价值

当一个有更多知识或经验的人把你放在他的羽翼之下时，你在不同领域的生活将产生积极的改变。指导是传递技能的关键途径，无论是在专业领域内还是专业领域外均是如此。当你开展一项新的活动，为生活挑战寻求帮助，或者尝试在创造力、智力或专业上提高自己的时候，一位导师会给你带来很多帮助。

找到一位导师

好的导师不会随叫随到，所以最好的找寻方式是什么呢？当你找别人做你的指引者时，请记住以下几点：

■ **从一开始就决定为什么你需要一个导师。** 例如：你需要在某个领域的引路人，对你的表现提出可靠的批判，还是需要有人在你行动时加以监督？对你的期望有一个清晰的想法，这样可以避免失望。

良师益友是一笔宝贵的财富。建立一个良好的师承关系，创造性地工作，来优化你的学习和成长，并且清楚双方如何从这个过程中获益。

90%

重视反馈

2009年美国的一项研究发现，超过**90%的导师**认为鼓励他们的门徒**坦率地反馈**是很重要的。

- **识别并利用社交机会。**许多行业都提供指导计划：你可能希望发现你的同事们都是在哪里找到他们的导师的，可以看看他们喜欢花时间去的地方，以及愿意参加的社交活动。记住，没有一位导师会"拥有一切"——为了优化你的成功，你需要多位导师。
- **与人见面时，要对他们的反应敏感。**如果有人似乎不愿意帮助你，那就没有意义了——这只会使他们疏远你。但别指望他们能读懂你的心思。明确说出你会重视他们给你的任何建议。如果他们有礼貌，但含糊其词，那答案很可能是"不"。
- **对意想不到的联系持开放态度。**你的良师益友可能在你没有想到过的领域里工作，或者与你有完全不同的性格。他们不必是你渴望成为的那个人，但所有这些都是良好的关系。

保持这种关系

一旦你和某人建立了良好的联系，仔细考虑一下你如何能继续从导师那里持续得到最好的指导。试试这些方法：

- **互惠关系。**给他们介绍你能牵线的任何人际关系。支持他们的工作，并准备好帮助他们。一个拥有持久耐力的人知道要有所回报。
- **显示主动性。**指导一个看起来依赖

指导星图

来自经验丰富的人的支持显然是有价值的，但不要忽视"平行的"甚至是"自下而上"的指导。2013年，美国创意领导力中心（Center for Creative Leadership）的一篇论文说明了一种描述关系的"星图"，在这种关系中，来自平等同伴的相互支持和指导，以及下级的支持，与自上而下的模式一样富有成效。

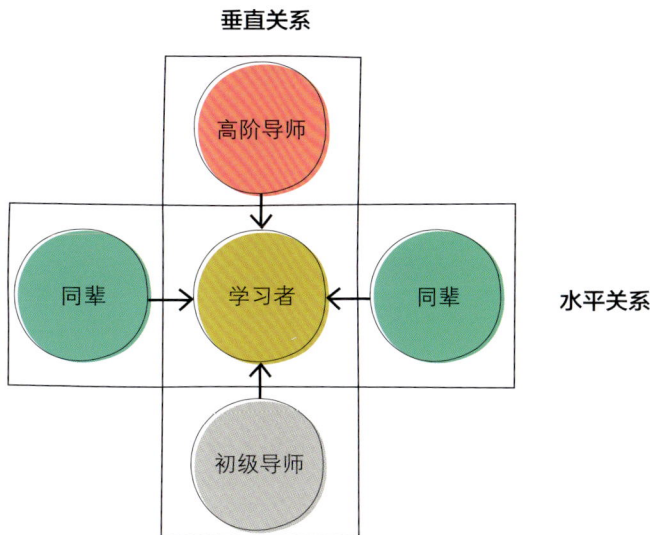

性太强的人不太有意义。一位导师重视的是一个充满活力和热情的门徒，他才是值得帮助的，因为他会充分利用你所给予的东西。

- **不强求。**例如，一些导师可能不希望提供情感支持，但仍然可以提供良好的实际帮助。如果你需要一些你的导师不想给予的东西，那就找其他方式来满足你的需求。
- **在合适的时机，结束这段导师-学徒关系。**如果你觉得你的导师对你不再有帮助，也许是时候向前看了。

与导师的所有关系的核心是要欣

25% ~ 33%

家中自有良人助

2013年的一项研究调查了**哪些关系**最能帮助管理者们更加**专业地发展**。结果显示，家庭成员的数量占据了所有关系的**25% ~ 33%**。

赏他所给予的价值，并表现出礼貌、体谅和支持。无论这是一段一生的友谊，还是一段短暂但有益的互动，都要寻求其中的益处，并享受它们。

公信力

言行一致与脚踏实地

值得信赖的声誉是一项重要的资产。一个信誉低的人会错过机会，而良好的业绩记录会赢得用户的忠诚。我们做出的每一个行动和决定都会对我们的信誉产生影响。

可靠的人是别人信任的人。如果没有可信度，你就会发现，你的判断或是你呈现的"事实"都是不可信的，你也就因此丧失了信心。最重要的是，要确保你所说的和所做的都是一致的。失去信誉比恢复信任容易得多，所以要注意你的真实程度，以及你在别人面前的表现如何。如果事情做错了，就要做好准备，认真处理问题，直接解决问题。

言行一致

许多研究证实，可信度可以归结于一个非常简单的事实：如果某人的陈述与他们的行为不一致，如果他们宣扬他们并不支持的理想，或者他们给出了未能遵守的承诺，那么我们就不信任他们。

1994年，美国国家精神健康研究所（National Institute of Mental Health）和斯特恩商学院（Stern School of Business）资助的研究发现，参与研究的志愿者们提供的模棱两可的信息，更容易被视为可靠的来源——在做风险较低的决策时，信誉是人们考虑的唯一因素，无论他们听到的论证是强还是弱。在日常生活中，信誉或许是唯一重要的货币。

修正错误

希望你的目标是诚实地生活，但每个人都会犯错。有时我们不可能遵守诺言，或者在自我控制力减弱时，我们

信任的时间轴

我们如何决定是否可以信任某人？美国心理学家托尼·西蒙斯（Tony Simons）认为，这个问题首先要根据过去的行为来判断一个人的"行为诚信"。从那里，我们得知了他们"信誉等级"，并预测他们未来的行为——正如下面的例子所示。为了增强你自己的可信度，激发你的自信，试着确保你的行为与你的言行一致：按照你说的去做。这样，你就会被认为是一个诚实可信的人。

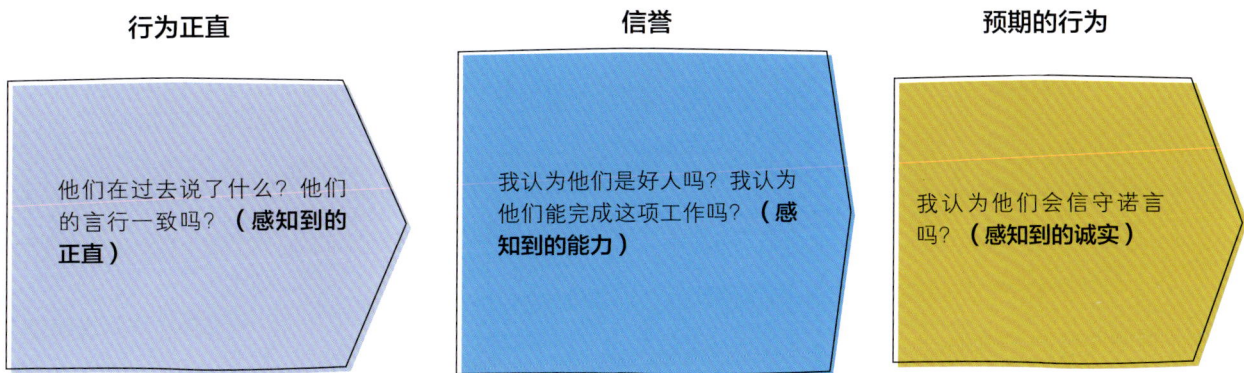

行为正直	信誉	预期的行为
他们在过去说了什么？他们的言行一致吗？**（感知到的正直）**	我认为他们是好人吗？我认为他们能完成这项工作吗？**（感知到的能力）**	我认为他们会信守诺言吗？**（感知到的诚实）**

也会改变自己的原则。可一旦其他人看到你做这样的事，你就有麻烦了。

如果做错了，你该怎么办呢？研究表明，如果你被认为是不诚实的，那么你的行为就成了"借口"，此时道歉和承诺的方式就需要仔细推敲了。2002年发表在《组织科学》杂志上的一项研究发现，此时提出"怎么做你才能再次合作？"的效果往往比"我能做些什么来让你再次合作？"更差，后者把行为该有的承担转移到做错事的人身上。同样的研究发现，做出补偿的意愿往往会得到宽恕，但并不需要表现得太夸张：小的善意也同样奏效，只要人们真真正正尝试去弥补。

棘轮效应

我们从经验中得知，多项研究证实，失去信任比获得信任要容易得多。心理学家托尼·西蒙斯将其称为"棘轮效应"。就像棘轮的尖牙只允许它向一个方向转动一样，所以每次我们被认为是不可靠的，我们的信誉就会以一种难以逆转的方式受到损害，即使我们的大多数行为都是完全诚实的。

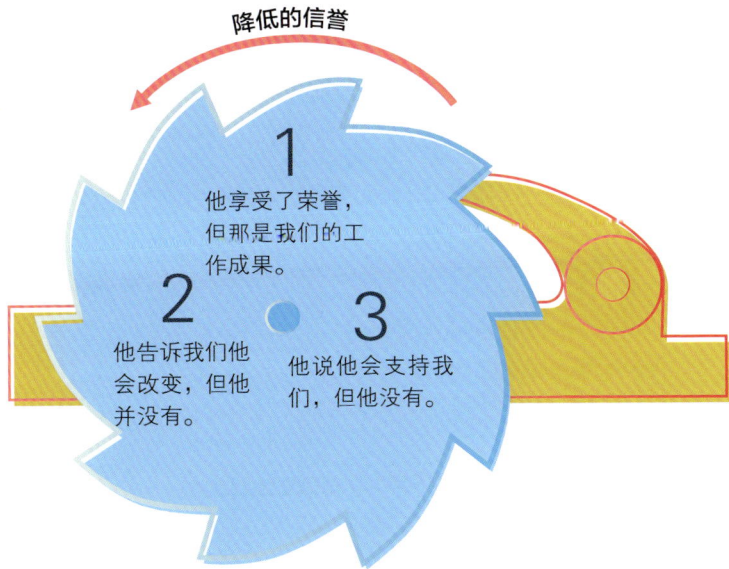

降低的信誉

1 他享受了荣誉，但那是我们的工作成果。

2 他告诉我们他会改变，但他并没有。

3 他说他会支持我们，但他没有。

尊重

如何让别人认识你的价值

我们常常希望别人会赞同我们的性格、行动和观点。然而，这让我们陷入了一个两难的境地：我们应该在多大程度上依照他人的愿望做事来赢得尊重呢？

在我们的社会环境中，感觉受人尊敬给我们带来了内心的平静：这是最能提升我们自己的信心和与他人关系的方式之一。但是，如何表现出最令人钦佩的自我，同时忠实于真实的自己呢？

呈现一个受人尊敬的自我

不被社会接受是一种强大的威慑力量，在某种程度上，我们所有人都希望保持为人接受的公众形象。心理学家把这个过程称为"印象管理"（IM）。这听起来操纵性极强，但事实上，研究证明，拥有高印象管理分数的人，当他们的名声受到威胁时，更倾向于隐瞒事实。同时，最近的研究表明，这样的人并不是真正自信

的——相反，他们是具防御性的，而且对丢脸感到十分焦虑。以色列心理学家利亚德·尤吉尔在2010年指出，一个更准确的术语或许是"以个人为导向的自我控制"，这是一个有用的短语，标志了消极掩盖和积极自我表现的区别。表现出自己值得尊敬可能是一种很需要技巧的表演，但不必愤

> 对自我的尊重是道德的指南；对他人的尊重是行为的指南。
>
> **劳伦斯·斯特恩（Laurence Sterne）**
> 爱尔兰小说家兼牧师

世嫉俗，有时这甚至会增强你的创造力。

尊重和给予

虽然慷慨大方是件好事，但人们通常不尊重老好人，这也很普遍。当和别人共事的过程中考虑到这一点时，不妨问自己几个问题：

- 我拒绝不合理的要求有困难吗？
- 我是否常觉得理所当然？
- 我经常把自己的需求放在最后吗？
- 我为别人做的事比他们为我做的多吗？
- 我是否得到了别人不想做的低级工作？
- 我是否担心如果我说不，人们会排斥我？

人类学家大卫·格雷伯在《罪过：最初的五千年》一书中指出，非互惠性捐赠是等级制度的标志，绝非平等——想一想，给孩子送糖果，或

走出罪恶感

如果你感到有压力，不得不承担所有的责任，说明你可能是一个正直的人。但如果你能划出一些合理的界限，你可能会得到更多的尊重。这可能意味着摒弃罪恶感。下面这个例子，展示了一组对某些情况可能产生的消极想法，同样可选的，是一组更积极的回应。

情况

当你忙得不可开交的时候，朋友来请求你帮忙，"我知道他们需要帮助，但我有很多事情要做。"

负面的回应

- "如果我说不，那就会使事情变得更糟。"
- "自私的我。"
- "人不喜欢自私的人。"
- "也许我会失去友谊。"

你会感到内疚和焦虑。

- "好吧，我想我会腾出些时间"

你做了，而你的工作则受到了影响。

- "我为什么没能做好？也许人们不尊重我是对的。"

积极的回应

- "这个忙我现在没办法帮。"
- "我不需要为了成为一个好人妨碍了我自己的事。"
- "如果我照顾好自己，我可以在别的时间给他们更多的帮助。"
- "如果他们是我的朋友，他们就会明白这一点。"

你感到遗憾和自信两者交错。

- "我以后会补偿他们。"

你说了不，你自己的生活就会得到控制。

- "如果我想要得到尊重，我就能得到尊重。"

向国王进贡。在这种不平衡的关系中，给予一次就让对方产生了你会再次给予的期望。

如果你付出的太多，实际上可能是你在下意识认为自己地位较低。这时，找到说"不"的方法可能会提高你的地位。

学会尊重，应从尊重自己开始，所以要努力显示你的价值，遵循你的原则。

保持尊重

尊重，一旦迷失在瞬间，便需要付出巨大的努力去恢复——不过有时一次巨大的努力确实可以赢得其他人的尊重，恢复你在他们心里的位置。

没那么肤浅

有一种倾向，认为那些对自己的"印象管理"很在意的人比那些不注意的人更肤浅。然而，以色列心理学家利亚德·尤吉尔在2010年的一项研究发现，对尊重的渴望或许会使人在观众面前增加创造力。当被要求在测试环境中编写一个故事时，低印象管理的人在一个人的时候表现得更好；然而，在观众面前，则是那些高印象管理的人占优势。

"印象管理"对创造力的影响

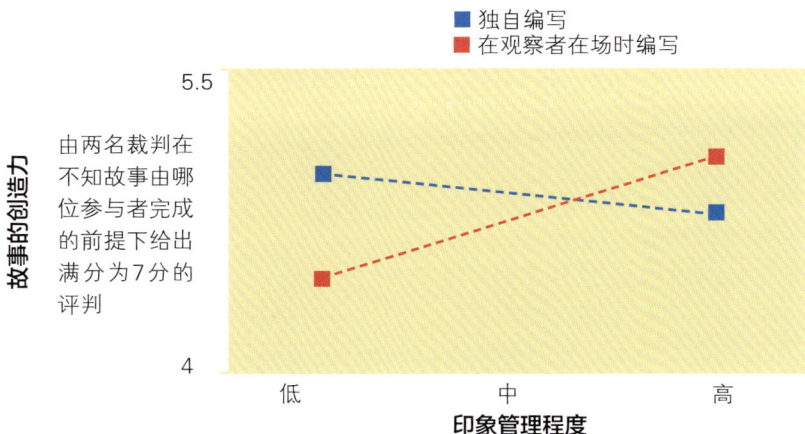

- 独自编写
- 在观察者在场时编写

由两名裁判在不知故事由哪位参与者完成的前提下给出满分为7分的评判

故事的创造力

5.5

4

低　　　中　　　高

印象管理程度

财富心理学

如何与金钱建立联系

成功并不一定意味着获得巨大的财富，但缺乏资金可能会让你觉得自己像个失败者。金钱可以是一个情绪化的话题，那么该如何对它培养一个健康的态度呢？

自从心理学家西格蒙德·弗洛伊德将囤积财富的需求定义为一种具有"便秘型性格"的人格迹象以来，心理学家们一直在研究我们与金钱的关系。你是如何看待这个两难的话题的？

它意味着什么？

金钱是压力的源泉，是道德的陷阱，还是人生赢家的象征？在20世纪90年代，心理学家汤玛士·汤立平发明了一种被他称为"金钱心理量表"的方法，这是判断我们有多重视钱的好方法。汤玛士发现，那些把钱看得很重的人，往往对生活的满意度很低，此外，致力于适度预算的人往往更容易满足。因此，有证据表明，把钱当作一种具有实际用途的物质，而不是衡量你的价值，可能会让你更快乐。他还发现，那些看重金钱的人并不一定比那些不看重金钱的人更富有，因此，把钱放在次要地位反而很可能不会让你变得贫穷！

它能给你买什么？

你认为钱的主要用途是什么？美国心理学家肯特·山奥奇和唐纳德·坦普勒设计了一个有用的三分量表，以及一份你可以用来进行自我测试的问卷（参见第205页"测测你对钱的关注点"）。两位作者认为，我们与金钱的关系可以用以下三个因素来衡量：

1 **权力和威望。**用金钱来影响别人或给别人留下深刻印象。

2 **安全。**用金钱来保护我们自己免受各种各样的恐惧和需求的困扰。

3 **保留。**为了存钱而存钱，有时甚至是吝啬，或者痴迷。

他们注意到"安全"和"保留"两项是可以重叠的。例如，两者都可以很明显地表现为对"时间滞留"的渴望，这是我们在未雨绸缪时的动

> 一个人是富人还是穷人，要根据他是什么，而不是根据他有什么。
>
> 亨利·沃德·比奇
> （Henry Ward Beecher）
> 美国社会改革家

机。这两者都可能是不信任感的表现，比如当我们担心有人欺骗我们，或对我们收费过高时。

把金钱视为机会

当我们意识到有足够的钱去追求一个自主选择的计划时，那种准备着手某个新的项目或新体验的感觉非常令人满意。

然而，当我们还没有准备好投身一个特定的行动过程并投入财力时，问题就会出现。也许我们还没有在不同的选择之间做出决定。已经投入金钱会让选择更明确。或者，即使已经做出决定，但要放弃一种已经投入同样金钱的选择，也会很难。在这种情况下，需要重新评估你与金钱的关系。如果你认为它应该是一个工具，那你不使用这个工具又有什么意义？

金钱放大了什么？

所有这些都说明了金钱是如何放大我们的心理问题的。这可能会使关系问题更难处理。而且没有闲钱能进一步降低本已很低的自尊心。

从所有这一切中得到的信息是：不要让金钱具有象征意义，除非是你刻意赋予它这种意义。此外，不要把富裕的生活方式误认为是幸福，真正的富足并不在于此。

测测你对钱的关注点

美国心理学家肯特·山奥奇和唐纳德·坦普勒对金钱态度的研究基于让参与者回答一份暴露内心的调查问卷。你可以用同样的问题进行自我评估。在每一组A、B、C的选项中，哪一种说法最能引起你的共鸣？完成后总结最多的选项进行自我评估，并遵照给出的行为纲要做改进。

A 当我想让人们为我做事时，我会用金钱来影响他们。
B 我喜欢为我的未来制订理财计划。
C 我会因为东西的价格而抱怨或讨价还价。

A 老实说，我买东西是为了给别人看的。
B 我通常很节约。
C 我倾向于说我"负担不起"，即使我可以。

A 很容易吹嘘我挣了多少钱。
B 我正小心地为我的晚年做经济准备。
C 我不喜欢花钱，即使是在必需品上。

A 我知道钱不是万能的，但我确实觉得富人很了不起。
B 如果我买了什么东西之后发现在别处买更便宜的话，我就很烦。
C 我喜欢实时追踪我的钱都花在了哪里。

A 我经常想知道别人是不是赚得比我多。
B 我存了一笔钱，以防经济不景气。
C 我把自己描述为一个节俭的人。

A 我会花更多的钱买最好的产品或品牌。
B 我担心我在经济上周转不灵。
C 我做预算通常非常谨慎。

选A最多： 权力和威望是你的激励因子。

行为纲要：避免执迷不悟的野心，一定不要忽视爱情和友谊。

选B最多： 安全感是你的动机。

行为纲要：检查回顾你是否忽视了一些机会，试着挑战自己。

选C最多： 你有"保留"或"囤积"的倾向。

行为纲要：确保你的行为不会变成吝啬，要慷慨捐赠。

好朋友

相互支持的价值

在努力工作的同时，也要有意识地去建立和培养人际关系和友谊。人际关系是幸福的核心，良好的人际关系可以让我们更有效率。

研究证实，友谊的存在不仅仅是为了相互支持和共度休闲时光。一个有良好社交圈子的人往往会心理和身体都更健康，生活满意度更高，甚至更为长寿。如果友谊是幸福、生产力和成功的关键，那么通向友谊之路有秘诀吗？

我们都一样吗？

人们普遍认为女性间的友谊比男性间的友谊更亲密，或者男性之间的亲密关系更倾向于通过共同的活动建立，而不是分享信息。这种看待事物的方式区分了"肩并肩"和"面对面"两种亲密的区别。然而，这种区别并不能站住脚，男人重视友谊过程中也需要同样的活动。研究证实，男性也会将"自我表露"视为友谊的重要组成部分，当朋友们不愿倾诉时，他们会感到不那么满意。研究表明，在柏拉图式的恋爱关系中，男人和女人需求的共同点比我们想象中的要多。

> **良好的人际关系使我们更快乐、更健康。**
>
> **罗伯特·瓦尔丁**
> （**Robert Waldinger**）
> 精神科医生、精神分析学家

更显而易见的是，随着我们长大成人，我们的友谊关系也会缩水。然而，这并不一定意味着老年人更孤独。相反，通过长寿心理学家劳拉·卡斯滕森（Laura Carstensen）所说的"修剪效应"可知：在我们三四十岁的时候，由于家庭和工作职责限制了自由时间，我们渐渐疏远了那些不能与我们的"新常态"同步的人，变得更亲近那些与我们步调相同的人。年纪大了，社交圈子往往更小，但也更稳固：在成熟年代，我们用质量取代数量。

友谊的本质

友谊的本质是什么？加拿大心理学家贝弗利·菲尔（Beverley Fehr）在2004年对男性和女性进行的一系列调查中发现，朋友应该提供的一些东西被认为更加"典型化"，也就是说，比其他人更接近朋友的核心概念（参见右侧"友谊的维度"）。相比过多的外围规则，人们更容易被违反典型化友谊规则的行为所困扰——但同时，更有可能原谅那些依赖典型化行为相互支持的朋友们的越轨行为。友谊似乎是一种支持、接受、忠诚和可信度的混合体：如果有人能给予我们这些，其他的东西就不那么重要了。

自我评估

 **75%**
女人

 **72%**
男人

2015年美国的一项研究表明，75%的女人和72%的男人对他们的友谊感到满意，这表明两性对友谊的态度比我们想象中要更加一致。

以数字划分的朋友

2015年发表在《社会与人际关系》（*Journal of Social and Personal Relationships*）杂志上的一项研究发现，男性朋友和女性朋友的数量非常相似。他们有：

4 个可以谈论**彼此性生活**的朋友，

5～6 个当**遇到麻烦**时，可以打电话给他们的朋友，以及

5～6 个和他们一起庆祝**生日**的朋友。

✅ 友谊的维度

什么是最基本的朋友会做的行为？心理学家贝弗利·菲尔（Beverley Fehr）发现，下面这些陈述是最典型的，或者本质上是"最是朋友"的行为。可以用它们来评估你自己的友谊。

√ **如果我需要说话**，我的朋友会倾听（女性对这一项的评价高于男性，但男性一样把它排在首位）。

√ **如果我遇到麻烦了**，我的朋友会帮助我。

√ **如果我需要我的朋友**，他就会守在我身边。

√ **如果我遇到了问题**，我的朋友会听我诉说。

√ **如果有人侮辱我**或在我背后说我不好，我的朋友会站出来支持我。

√ **如果我需要食物、衣服或住的地方**，我的朋友会伸出援手。

√ **如果我有麻烦或需要支持**，我的朋友会提供帮助。

√ **不管我是谁或者我做什么**，我的朋友都会接受我。

√ **如果我们打架或者争吵**，我们最终会解决它。

√ **即使感觉好像没人关心**，我知道我的朋友会。

√ **如果我的朋友让我心烦意乱**，我觉得可以直接对他讲出来。

√ **如果我有一个秘密**，我可以确信我的朋友不会告诉任何人。

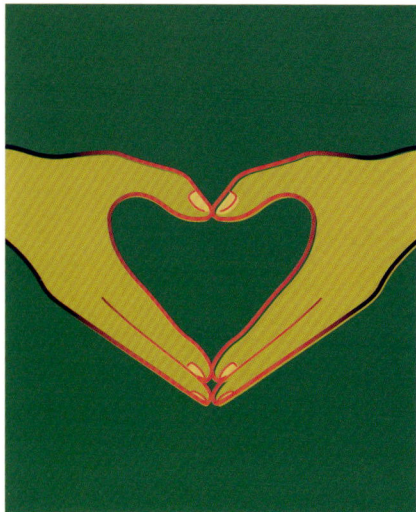

成功的爱情关系

让浪漫助你一臂之力

一段爱的关系不只是偶然发生的：它是在双方的关注和努力下成长起来的。沟通技巧在其中起着重要的作用，同时，耐心和容忍的接受度也因人而异。

在20世纪中期，心理学家约翰·鲍尔比（John Bowlby）提出了浪漫心理学中的主要概念。根据他的"依附理论"，我们的童年关系和随后的经历结合起来，形成了不同的依附类型，或者是与伴侣关系的模式（见第209页"依附类型和你的关系"）。不同类型的人可能想要截然不同的东西，如果我们想要在我们的恋爱关系中取得成功，了解这些差异很重要。

情感安全

安全型的人倾向于拥有最安全的情感关系，并且，要维持这种安全的关系，也需要一个安全型伴侣。如果你的安全型伴侣乐于给你安慰，且不会因被需要的想法而感到不自在，焦虑型人则可以放松，并且往往忠诚地给予爱。回避型的人常常想要独处，这时相处的成功秘诀在于对方不把时间花在自己身上。

沟通

经常沟通可以给任何关系都提供内在保护，这为必要的妥协提供了健康的基础。默默忍受的牺牲往往会令人痛苦，而交流的意愿则会创造解决方案，即便是面对最初看起来难以解决的问题。情感安全也需要你接受伴侣的个性、需要和感受，并愿意在你的生活中为其提供舒适的港湾。

陪伴

双方应共同参加一些活动，并避免外界压力限制这些活动的时间。不断培养感情，共享喜悦，让未来充满爱。

3% ~ 6%

3% ~ 6%的幸福

还没有找到你的完美先生或完美小姐，对吗？不要太沮丧。根据《幸福研究》（*Journal of Happiness Studies*）杂志2007年的一份报告，浪漫关系的质量只占据了人们总幸福的3% ~ 6%。

依附类型和你的关系

　　心理学家约翰·鲍尔比指出了三种依附类型，或者你在一段关系中涉及的感受和行为方式：安全、焦虑和回避。这些依附类型的不同两两组合，在任何浪漫的感情关系中都会发挥作用，某些组合特别般配，而且只有在避免某些陷阱的情况下，其他的组合方式才会成功，此外，双方都需要耐心地应对对方的不同依附倾向。下面的图表以典型的思维模式描述了每种类型。在页面的底部给出了全部六种搭配组合，以及如何让每种搭配方式获得最佳状态。

类型	生活教会他们……	对亲密的感受	对伴侣的感受	对冲突的反应
安全型	别人是可以信赖的，我也值得被爱。	亲密是自然、舒适和正确的事情。	我的伴侣的感受好坏是我的责任，我们要互相照顾。	我们会讨论问题，找到共同满足双方需要的解决方案。
焦虑型	我真的想要爱，但我可能不值得。我必须小心翼翼不要把我的伴侣赶走。	我想要亲密的关系，但如果我的伴侣发现我的需求太强烈，他们就不需要我了。	我对任何被拒绝的迹象都神经过敏。不过，如果我的伴侣能很快让我放心，我就会冷静下来。	如果说了什么直接的话，我便会担心自己可能会失去我的伴侣，所以我总是默默焦虑着，尽管有时我可能会勃然大怒。
回避型	除了我自己，我不能依赖任何人。我没有时间多愁善感和胡言乱语。	我需要独立。一旦被推开太远，我便渴望离开。	我的伴侣的感受不是我的责任，我不能为他们负责。	我只想要和平的生活。我不觉得有必要针对每一个小问题来做详细讨论。

你们的"依附风格"如何能很好地结合在一起？

焦虑型 + 焦虑型	焦虑型 + 回避型	焦虑型 + 安全型	回避型 + 回避型	回避型 + 安全型	安全型 + 安全型
双方都不得不努力寻找沟通技巧，并且相互理解，彼此敞开心扉。	一个害怕被拒绝，需要培养力量和勇气；另一个害怕亲密关系，需要学习付出更多。	安全型伴侣会认为缓解焦虑是正常的。双方都想要亲密关系——这是解决任何问题的良好基础。	双方都需要沟通技巧。短期的分离可以帮助每个人重新进行评估。	安全型的人不会因为回避者对"自由空间"的渴望而感觉不自在。回避型的人会觉得压力更小。	双方都把亲密关系看作一种理所当然，并能清楚地表达亲密。主要的威胁可能是容易爱上别人。

创建平衡

工作、家庭和完整的自我

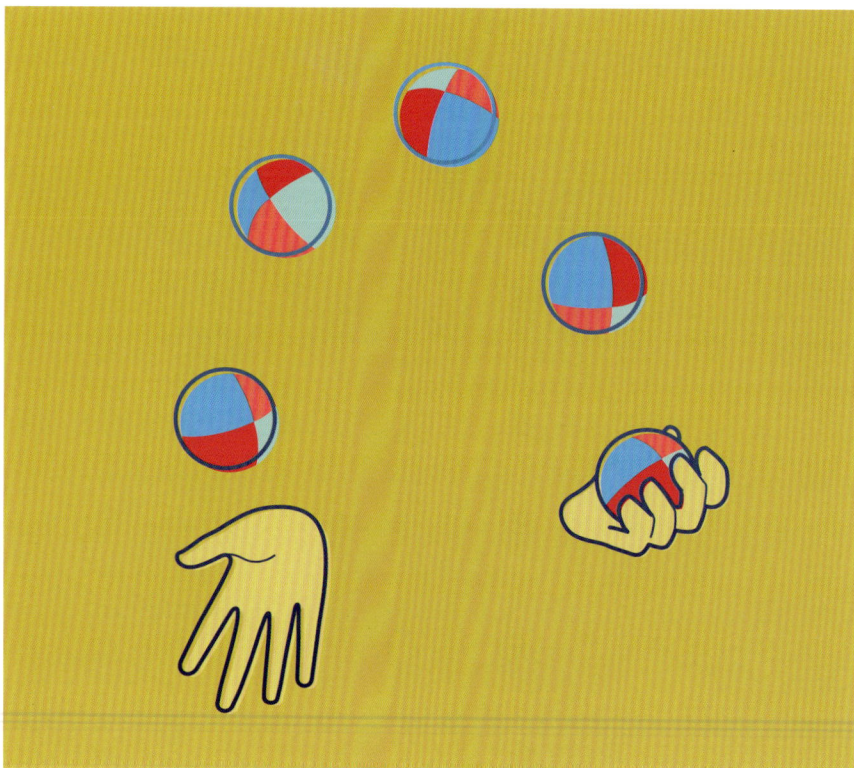

我们能达到完美的"工作与生活平衡"吗？也许能，但往往带着妥协。无论如何，随着时间的推移，你的优先事项会发生变化，所以当你的环境发生变化时，你需要不断地审视自己的需求。

许多人发现自己在努力平衡自己的生活，在成为家庭一员的同时，追求自己的梦想。理想的情况是这些东西能互相支持，但这很难实现。

工作和生活

心理学家近年来研究的一个概念是"角色积累"。也就是说，在不同的情况下，我们如何在家庭和工作中管理不同的自我。根据我们处理事情的方式，这种角色的混合可以是一种恩赐，也可能是一种负担。

从积极的一面看，家庭可以支持工作，工作也能支持家庭。研究证实，如果我们在某一领域感到快乐，我们就能把好心情带到另一个领域；同样，技能也可以被转移——为人父母可以让我们更自然地承担责任，工作可以教会我们时间管理技能，以便帮助家庭建立日程表等。与此同时，这些因素也会相互缓冲——如果工作进展不顺，良好的社会生活可以给我们支持，而一旦家庭生活不那么顺利的时候，我们的工作自豪感可以保持我们的自尊心。

怎样才能达到良好的平衡呢？2007年《职业行为》杂志的一项研究认为，我们需要一个高的核心自我评价（CSE）。这意味着：

- 高自尊。
- 低神经质，不把自己看得太脆弱。
- 一个较高的内部控制点。
- 高自我效能感。

如果我们的核心自我评价是积极的，我们就能更好地利用我们的工作来帮助我们的家庭生活，反之亦然。另一方面，负面的核心自我评价会让我们觉得彼此都在干扰对方。值得注意的是，高核心自我评价的人可能会寻求更大的挑战，让自己承受更大的压力，所以理想的心态是对自己进行评价，但要注意避免过度。

是痛苦还是收获？

佛罗里达商学院2012年的一项研究指出，虽然角色积累可能是有益的，但它也有消极的一面。如果我们对工作和家庭都很投入，就很难避免疲惫感。我们应该问自己：什么对我来说是最重要的？如果你致力于实现你的梦想，这些角色的竭力转换才似乎更有价值。

划分出对你最重要的是什么

为了确定生活中哪些领域对你最重要，美国心理学家法里德·穆纳（Farid Muna）和内德·曼苏尔（Ned Mansour）建议你把自己的生活描绘成一系列环环相扣的圆，就像下面的例子一样。根据每个领域对你的重要性不同，画出不同大小的圆，并显示出在你生活中有重叠的区域。

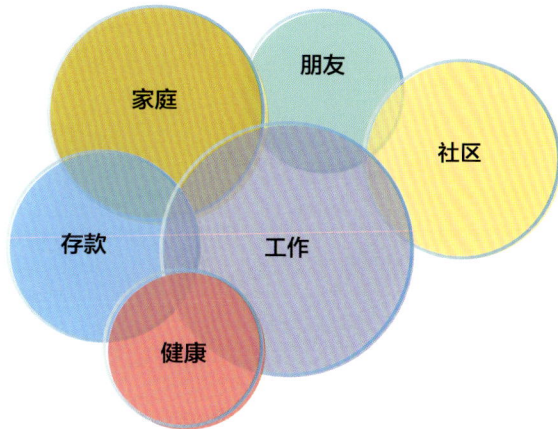

当你已经描绘出了你的生活和愿景时，与你的伴侣、值得信赖的朋友、导师和家人讨论以下问题。如果你愿意，可以把"我"替换成"我们"。

- 我有一个长期的愿望清单吗？
- 从现在开始的10年、20年或40年后，什么会让我快乐？

- 我的未来目标是什么？
- 我面临的威胁、机会、优势和劣势是什么？
- 这些会怎样影响我的成功？
- 在我的余生里，我想要实现什么目标？

绘制回忆地图

心理学家法里德·穆纳和内德·曼苏尔提出了一种通过反思过去的经历，来分析对你来说重要的东西。在图表上，对照幸福轴绘制出使你快乐或悲伤的事件。不要沉溺于过去，但要试着去理解是什么让这些事件变得快乐或悲伤，因此你才可以从中吸取教训，并把它们运用到你现在的处境中。

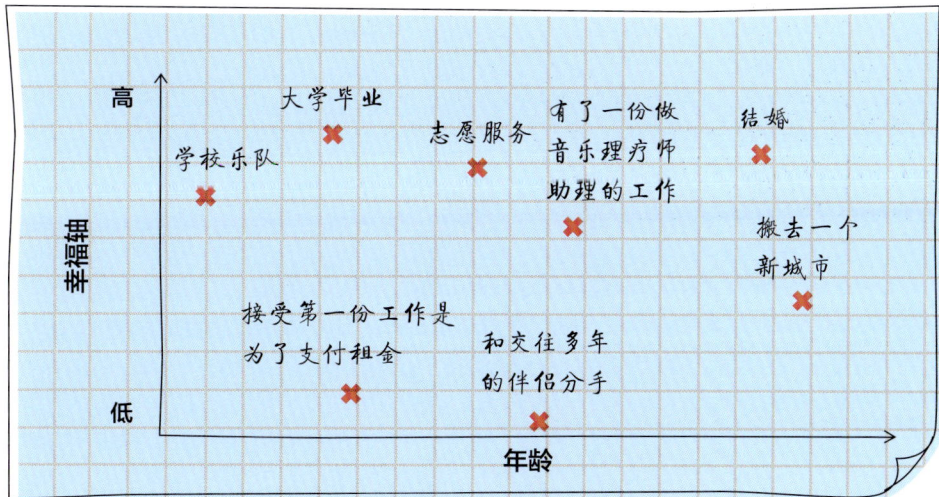

成功的生活

幸福的价值

从一个令人信服的角度来看，成功并不是我们跨越的终点线，而是一种生活方式。我们不能将成功与我们的生活分开，因为它以复杂的方式与我们的幸福、自我形象和我们关心的人联系在一起。事实上，把成功视为一个过程是健康的，所以我们并不需要急于像走一条路那样到达顶峰。当努力实现我们的抱负时，最好把我们的生活想象成一个整体。在关注我们幸福的同时，关注个人目标，这可以把我们升华成独立个体的组合，让成功对我们而言更有意义，也更容易实现。

谁先谁后？

我们也许会以为，是成功让我们快乐，但研究表明，事实上，幸福往往先于成功。在一项研究中，美国心理学家茱莉亚·波姆和索尼娅·吕波密斯基发现，经常经历积极情绪（积

幸福不只是运气的问题：它在某种程度上也可以是一种态度。如果能找到方法变得开放、友好、给予、乐观和平静，我们就可以利用一种情绪让成功更容易实现。

🔍 通向幸福的脚步

根据美国心理学家丽莎·美尼尔（Lisa Mainiero）和雪莉·沙利文（Sherry Sullivan）的研究，随着我们的发展，我们会经历几个特定的阶段（见下文）。如何处理每个阶段会影响我们的幸福和在我们看来重要的事情。

- **挑战**——我们职业生涯开始的关键因素。

- **平衡**　　我们在中年的首要任务。

- **原真性**——我们职业生涯后期的驱动力。

极心理学PERMA模型中的"P")的人，在生活中更有可能表现良好。这些情绪并不一定是激动人心的：事实上，对幸福的最好预测是低水平、但有积极感觉的规律性的经历。对这些人来说，幸福，不管是天生的还是后天养成的，都是一种习惯。结果呢？他们取得了更大的成功。被评估为快乐的人在评估后的几年里更有可能获得更高的薪水。他们的职业生涯被证明是非常成功的，就像如下指标显示的那样：

- 在面试之后，他们更有可能得到回音。
- 他们不太可能失业或待业。
- 一旦发现自己失去工作了，他们更有可能找到另一份工作。
- 他们的同事更愿意支持他们。

他们成功的原因基本上是，幸福使这些人投身于吸引成功的行为。他们更有活力、更友好。他们与他人合作得更好，也不那么具有对抗性。他们解决问题更有创造性，设定更高的目标，并能坚持更长时间，且更乐观。幸福自然会使我们以一种人们更愿与之共事的行为方式做事，从而提高我们的表现。事实上，照顾好自己的幸福是你极可能做得到的最合理的未来投资之一。

为什么幸福的人更高效

美国心理学家茱莉亚·波姆和索尼娅·吕波密斯基在一篇题为《可持续幸福的承诺》的文章中总结了为什么幸福的人在追求自己的目标时更高效的原因。以下是基于这些发现的四种因果关系链，揭示了幸福感是如何提高效率的。相反，不幸福的人会跟随负面的链条，导致效率降低。

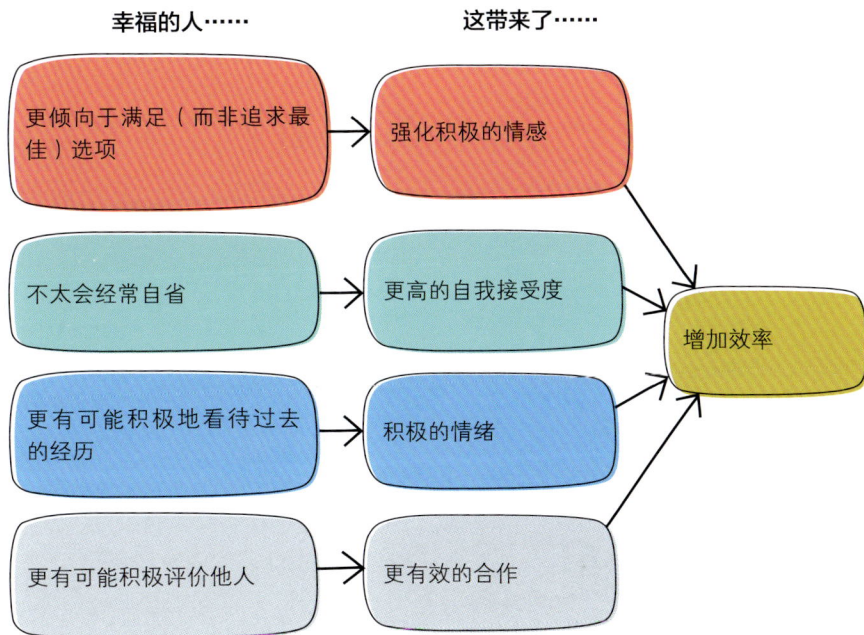

幸福的人……　　这带来了……

- 更倾向于满足（而非追求最佳）选项 → 强化积极的情感
- 不太会经常自省 → 更高的自我接受度
- 更有可能积极地看待过去的经历 → 积极的情绪
- 更有可能积极评价他人 → 更有效的合作

→ 增加效率

一生的幸福

长期幸福的基础是什么？这在一定程度上是美国心理学家索尼娅·吕波密斯基和肯农·谢尔顿（Kennon M. Sheldon）所称的"慢性幸福"的能力。它是由多种因素创造的：

- 我们的基因决定的定位点，可能是相对快乐或相对悲伤。
- 我们的生活环境。
- 我们从事的活动。

虽然我们可能无法对我们的基因做更多的事情，但对成功的追求更多的是为了更好地改变我们的环境和活动。当我们这样做时，明智的做法是：记住，幸福是一个终生的课题。在规划成功时，我们可以通过建立自身期待的、满足未来需求的资源来帮助自己。当然，你不能预见一切，但如果你把成功当作一生的过程，你便可以超越对狭隘的成功的追求，真正体验成功和充实的生活。

参考资料

Weblinks accessed 12–31 Aug 2016.
HBR = Harvard Business Review

CHAPTER 1

12–13 H. Kimsey-House, K. Kimsey-House, P. Sandahl, and L. Whitworth, *Co-Active Coaching*, 3rd ed., Boston, Nicholas Brealey Publishing, 2011, http://www.coactive.com. **16–17** E. Diener and M. Seligman, "Beyond Money", *Psychological Science in the Public Interest* 5, no. 1 (2004), 1–31; P. Chen, P. C. Ellsworth, and N. Schwarz, "Finding a Fit or Developing It", *Personality and Social Psychology Bulletin* 41, no. 10 (2015), 1411–1424; D. De Clercq, B. Honig, and B. Martin, "The roles of learning orientation and passion for work in the formation of entrepreneurial intention", *International Small Business Journal* 31, no. 6 (Sep 2013), 652–676. **18–19** B. George, P. Sims, A. N. McLean, and D. Mayer, "Discovering Your Authentic Leadership", *HBR* (Feb 2007), 129–138; K. Cherry, "The Big Five Personality Traits", Verywell.com, updated 10 Jan 2016; D. McClelland, *Human Motivation*, Cambridge, Cambridge University Press, 1987. **20–21** R. St John, "8 Secrets of Success", TED Talk, Feb 2005; E. Andersen, "Learning to Learn", *HBR* (Mar 2016), 98–101; K. P. Cross, "Not can, but *will* college teaching be improved?", *New Directions for Higher Education* 17 (Mar 1977), 1–15. **22–23** F. Cury, A. J. Elliot, D. Da Fonseca, and A. C. Moller, "The Social–Cognitive Model of Achievement Motivation and the 2 × 2 Achievement Goal Framework", *Journal of Personality and Social Psychology* 90, no. 4 (2006), 666–679; S. DeRue and K. M. Workman, "Driving Leadership

Development with Positivity", Center for Positive Organizations; B. Johnson, "The Goal-Setting Process Warren Buffett Uses To Say 'No' And Achieve More", GoalsOnTrack.com, 10 Feb 2016. **24–25** M. Strode, "Wind-Wafted Wild Flowers". **26–27** F. Nickols, "The Goals Grid", 2003, http://www.nickols.us; C. Dweck, "The power of believing that you can improve", TED Talk, Nov 2014. **28–29** B. Tracy, *Eat that frog!* London, Hodder & Stoughton, 2016; "How many people have mental health problems?", Mind, http://www.mind.org.uk; "Work-life balance", Mental Health Foundation, https://www.mentalhealth.org.uk; S. Friedman, *Total Leadership*, Boston, Harvard Business Review Press, 2014; "Kenexa Research Institute Finds That When It Comes To Work/Life Balance, Men and Women Are Not Created Equal", 25 Jul 2007. **30–31** A. Brown, J. Bimrose, S-A. Barnes, S. Kirpal, T. Grønning, and M. Dæhlen, "Changing patterns of working, learning and career development across Europe", Brussels: Education, Audiovisual & Culture Executive Agency, 2010; W. Johnson, "Disrupt Yourself", *HBR* (Jul–Aug 2012), 147–150; A. Brown, J. Bimrose, S-A. Barnes, and D. Hughes, "The role of career adaptabilities for mid-career changers", *Journal of Vocational Behavior* 80 (2012), 754–761; E. L. Goldberg, "The Changing Tides of Careers", *People & Strategy* 35, no. 4 (2012), 52–58; C. Copeland, "Employee Tenure Trends, 1983–2014", Employee Benefit Research Institute's *Notes* 36, no. 2 (Feb 2015). **32–33** P. Reuell, "Positive Peer Pressure More Effective Than Cash Incentives, Study Finds", UC San Diego News Center, 11 Jun 2013; A. Mueller, "Goal keepers: The power of positive peer

pressure", *St. Louis Business Journal*, 12 Sep 2014; T. L. Webb and P. Sheeran, "Integrating concepts from goal theories to understand the achievement of personal goals", *European Journal of Social Psychology* 35 (2005), 69–96; "Why Peer Pressure Doesn't Add Up To Retirement Savings", NPR, 31 Jul 2015; S. Bharatam, "Three ways to overcome peer pressure and excel in business world", Business Daily Africa, 11 May 2015. **34–35** L. Nash and H. Stevenson, "Success That Lasts", *HBR* (Feb 2004), 102–109; W. Wood and D. T. Neal, "A New Look at Habits and the Habit-Goal Interface", *Psychological Review* 114, no. 4 (Oct 2007), 843–863; B. Verplanken and S. Faes, "Good intentions, bad habits, and effects of forming implementation intentions on healthy eating", *European Journal of Social Psychology* 29, no. 5–6 (Aug–Sep 1999), 591–604. **36–37** M. McMahon, M. Watson, and J. Bimrose, "Career adaptability", *Journal of Vocational Behavior* 80 (2012), 762–768; "Language Myth #6: Women Talk Too Much", PBS, http://www.pbs.org/speak/speech/prejudice/women/; W. D. A. Fernando and L. Cohen, "Exploring the interplay between gender, organizational context and career", *Career Development International* 16, no. 6 (2011), 553–571. **38–39** T. Amabile and S. Kramer, "The Power of Small Wins", *HBR* 89, no. 5 (May 2011), 70–80; T. Amabile and S. Kramer, "Do Happier People Work Harder?", *The New York Times*, 3 Sep 2011; "Research & Articles", Teresa Amabile, http://progressprinciple.com/research. **40–41** C. Johnson, "Four Tips for How to Become More Consistent", http://www.chalenejohnson.com; A. Wrzesniewski and B. Schwartz, "The Secret of Effective Motivation",

The New York Times, 4 Jul 2014.
42–43 R. F. Baumeister, E. Bratslavsky, M. Muraven, and D. M. Tice, "Ego Depletion: Is the Active Self a Limited Resource?", *Journal of Personality and Social Psychology* 74, no. 5 (1998), 1252–1265; M. Inzlicht and B. J. Schmeichel, "What Is Ego Depletion? Toward a Mechanistic Revision of the Resource Model of Self-Control", *Perspectives on Psychological Science* 7, no. 5 (Sep 2012), 450–463; D. McGinn, "Being More Productive", *HBR* (May 2011), 83–87; A. Salis, "The science of 'hangry'", *The Conversation*, 20 Jul 2015; "How Much Sleep Do We Really Need?", National Sleep Foundation. **44–45** K. Schulz, "On being wrong", TED Talk, Mar 2011; S. Lewis, "Embrace the near win", TED Talk, Mar 2014; C. Chabris and D. Simons, *The Invisible Gorilla*, London, HarperCollins, 2010.

CHAPTER 2

48–51 M. Seligman, *Building the State of Wellbeing*, South Australia, Government of South Australia, 2013; "The A in PERMA", The Positive Psychology Foundation, 8 Aug 2011, http://www.positivepsyc.com; R. Waldinger, "What makes a good life?", TED Talk, Jan 2016; A. Adler, M. L. Kern, L. E. Waters, and M. A. White, "A multidimensional approach to measuring well-being in students", *The Journal of Positive Psychology* 10, no. 3 (2015), 262–271; P. O'Grady, "Achievement vs Accomplishment", *Psychology Today*, 11 Nov 2012. **52–53** T. Bradberry, "Why You Should Spend Your Money on Experiences, Not Things", http://www.talentsmart.com; M. E. P. Seligman, T. A. Steen, N. Park, and C. Peterson "Positive Psychology Progress", *American Psychologist* 60, no. 5 (2005), 410–421; S. Achor, "Positive Intelligence", *HBR* (Jan–Feb 2012), 100–102. **54–57** R. Biswas-Diener, T. B. Kashdan, and G. Minhas, "A dynamic approach to psychological strength development and intervention", *The Journal of Positive Psychology* 6, no. 2

(2011), 106–118; D. R. Vago and D. A. Silbersweig, "Self-awareness, self-regulation, and self-transcendence (S-ART)", *Frontiers in Human Neuroscience*, 25 Oct 2012, http://journal.frontiersin.org. **58–59** R. Habib, "Emotional Intelligence", TEDx Talk, Feb 2015; D. Goleman, *Emotional Intelligence*, 10th anniversary ed., New York, Bantam, 2006. **60–61** H. Armson, K. Eva, E. Holmboe, J. Lockyer, E. Loney, K. Mann, and J. Sargeant, "Factors influencing responsiveness to feedback", *Advances in Health Sciences Education* 17, no. 1 (2012), 15–26; T. Bradberry, "9 Habits of Profoundly Influential People". **62–63** D. Dunning and J. Kruger, "Unskilled and Unaware of It", *Journal of Personality and Social Psychology* 77, no. 6 (1999), 1121–1134; B. Barker, J. Dutton, E. Heaphy, L. M. Roberts, G. Spreitzer, and R. Quinn, "How To Play To Your Strengths", *HBR* (Jan 2005), 74–80. **64–65** C. S. Dweck and D. S. Yeager, "Mindsets That Promote Resilience", *Educational Psychologist* 47, no. 4 (2012), 301–314; D. Perkins-Gough, "The Significance of Grit", *Educational Leadership* 71, no. 1 (2013), 14–20; T. Bradberry, "8 Ways Smart People Use Failure to Their Advantage". **66–67** A. Bandura, "Self-efficacy: Toward a unifying theory of behavioral change", *Psychological Review* 84, no. 2 (1977), 191–215. **68–71** T. Lomas, D. Ridge, T. Cartwright, and T. Edginton, "Engagement with meditation as a positive health trajectory", *Psychology & Health* 29, no. 2 (2014), 218–236; P. J. Davis, A. O'Donovan, and C. A. Pepping, "The positive effects of mindfulness on self-esteem", *The Journal of Positive Psychology* 8, no. 5 (2013), 376–386; J. Hunter and D. W. McCormick, "Mindfulness in the Workplace", paper presented at the Academy of Management Annual Meeting, Anaheim, 2008; L. Wasmer Andrews, "Four Good Times of Day to Meditate (And One to Avoid)", *Psychology Today*, 6 Mar 2012; T. Bradberry, "5 Ways Mindfulness Will Turbocharge Your Career"; J. Dixon, R. McCorkle, P. H.

Van Ness, and A. Williams, "Determinants of Meditation Practice Inventory", *Alternative Therapies* 17, no. 5 (Sep–Oct 2011), 16–23. **72–73** D. Pink, "The puzzle of motivation", TED Talk, Aug 2009; S. Dinsmore, "How to find work you love", TED Talk, Sep 2015; J. M. Berg, J. E. Dutton, and A. Wrzesniewski, "Managing Yourself", *HBR* (Jun 2010), 114–117. **74–75** M. Heffernan, "Dare to disagree", TED Talk, Aug 2012. **76–77** "What is character?", Via Institute on Character, www.viacharacter.org; N. Mayerson, "'Characterizing the Workplace'", Via Institute on Character, 2015, www.viacharacter.org; C. Peterson and M. Seligman, *Character Strengths and Virtues*, Oxford, New York, Oxford University Press, 2004; "The Via Survey", Via Institute on Character, www.viacharacter.org; *The Science of Character (8min "Cloud Film")* [online video], 2014, https://www.youtube.com; "The VIA classification of character strengths", © Copyright 2004–2016, VIA Institute on Character. All rights reserved. Used with permission. www.viacharacter.org. **78–79** D. Bradley, "Why Gladwell's 10,000-hour rule is wrong", BBC, 14 Nov 2012, http://www.bbc.com; K. Anders Ericsson, "Training history, deliberate practise and elite sports performance", *British Journal of Sports Medicine*, 29 Oct 2014, http://bjsm.bmj.com; R. Nuwer, "The 10,000 Hour Rule Is Not Real", Smithsonian Magazine, 20 Aug 2014, http://www.smithsonianmag.com; J. R. Lim, "Is Musical Talent Rooted in Genes?", Live Science, 5 Aug 2014, http://www.livescience.com; K. R. Von Culin, E. Tsukayama, and A. L. Duckworth, "Unpacking grit", *The Journal of Positive Psychology* 9, no. 4 (2014), 306–312; M. Seligman, *Authentic Happiness*, New York, Free Press, 2002.

CHAPTER 3

82–83 D. D. Burns, *Feeling Good*, New York, Avon Books, HarperCollins, 1980. **84–85** I. Joseph, "4 Ways to Build Self-

Confidence and Boost Your Performance", Huffington Post, 7 Dec 2015, http://www.huffingtonpost.ca; A. Cuddy, "Your body language shapes who you are", TED Talk, Jun 2012. **86−87** A. D. Joudrey and J. E. Wallace, "Leisure as a coping resource", *Human Relations* 62, no. 2 (2009), 195−217; M. Wang and M. C. Sunny Wong, "Happiness and Leisure Across Countries", *Journal of Happiness Studies* 15, no. 1 (2014), 85−118; R. Hunicke, M. LeBlanc, and R. Zubek, "MDA: A Formal Approach to Game Design and Game Research", paper presented at the Challenges in Games AI Workshop, Nineteenth National Conference of Artificial Intelligence, 2004. *Aesthetics of Play − Redefining Genres in Gaming − Extra Credits* [online video], 2012, https://www.youtube.com. **88−89** H. Adam and A. D. Galinsky, "Enclothed cognition", *Journal of Experimental Social Psychology* 48, no. 4 (2012), 918−925; T. Shafir, "How Your Body Affects Your Happiness", TEDx Talk, Nov 2013; K. Hefferon, "The Body 2.0", paper presented at Canadian Positive Psychology Conference, 2014. **90−91** L. Deschene, "How to Deal with Uncomfortable Feelings & Create Positive Ones", Tiny Buddha, http://tinybuddha.com; J. T. Cacioppo, J. M. Ernst, M. H. Burleson, M. K. McClintock, W. B. Malarkey, L. C. Hawkley, R. B. Kowalewski, A. Paulsen, J. A. Hobson, K. Hugdahl, D. Spiegel, and G. G. Berntson, "Lonely traits and concomitant physiological processes", *International Journal of Psychophysiology* 35, no. 2−3 (2000), 143−154; M. Tartakovsky, "How to Manage Emotions More Effectively", Psych Central, 3 Jul 2012, http://psychcentral.com; K. Dahlgren, "Don't Go Wasting Your Emotion", Emotion on the Brain, 10 Oct 2014, https://sites.tufts.edu; A. Bechara, "The role of emotion in decision-making", *Brain and Cognition* 55 (2004), 30−40. **92−93** A. Maslow, *The Psychology of Science*, London, Harper & Row, 1966. **94−95** A. Duckworth and J. J. Gross, "Self-Control and Grit", *Current Directions in Psychological Science* 23, no. 5 (2014), 319−325;

J. Urist, "What the Marshmallow Test Really Teaches About Self-Control", The Atlantic, 24 Sep 2014, http://www.theatlantic.com; M. Severns, "Reconsidering the Marshmallow Test", Slate, 16 Oct 2012, http://www.slate.com; "The Marshmallow Study Revisited", University of Rochester, 11 Oct 2012, http://www.rochester.edu; "Emotional Intelligence", Mind Tools, https://www.mindtools.com. **96−97** Team of experts at American Psychological Association, "Stress in America: Paying With Our Health", American Psychological Association, 4 Feb 2015, https://www.apa.org; "Stressed Out By Work? You're Not Alone", Wharton, University of Pennsylvania, 30 Oct 2014, http://knowledge.wharton.upenn.edu. **98−99** V. I. Lohr, C. H. Pearson-Mims, and G. K. Goodwin, "Interior plants may improve worker productivity and reduce stress in a windowless environment", *Journal of Environmental Horticulture* 14, no. 2 (1996), 97−100; "Stress and wellbeing", Australian Psychological Society, 2015, https://www.psychology.org.au; Team of experts at American Psychological Association, "Stress in America: Paying With Our Health", American Psychological Association, 4 Feb 2015, https://www.apa.org. **100−101** K. McGonigal, "How to make stress your friend", TED Talk, Sep 2013; A. W. Brooks, "Get Excited", *Journal of Experimental Psychology* 143, no. 3 (2014), 1144−1158; L. Bambrick, "The Yerkes-whatzy law of who now?", Secret Geek, 17 May 2007, http://www.secretgeek.net; D. Levitin, "How to stay calm when you know you'll be stressed", TEDGlobal, Sep 2015; D. G. Dutton and A. P. Aron, "Some evidence for heightened sexual attraction under conditions of high anxiety", *Journal of Personality and Social Psychology* 30, no. 4 (Oct 1974), 510−517. **102−103** L. Babauta, "A Roadmap to Overcoming Insecurities", Zen Habits, 14 Mar 2016, http://zenhabits.net. **104−105** K. Bahn, "Women, Academe, and Imposter Syndrome", *Chronicle of Higher*

Education 60, no. 30 (2014), A51−A51; J. Nelson, "What's behind the imposter syndrome", *Canadian Business* 84, no. 18 (2011), p.129; M. Price, "'Imposters' Downshift Career Goals", *Science Magazine*, 4 Sep 2013, http://www.sciencemag.org. **106−107** J. Morgan and D. Sisak, "Aspiring to succeed", *Journal of Business Venturing* 31 (2016), 1−21; T. A. Pychyl, "Fear of Failure", *Psychology Today*, 13 Feb 2009; G. Cacciotti, J. C. Hayton, J. R. Mitchell, and A. Giazitzoglu, "A reconceptualization of fear of failure in entrepreneurship", *Journal of Business Venturing* 31 (2016), 302−325. **108−109** A. Ledgerwood, "Getting stuck in the negatives (and how to get unstuck)", TEDx Talk, Jun 2013; B. Brown, "The power of vulnerability", TED Talk, Dec 2010; B. Brown, "Listening to shame", TED Talk, Mar 2012; C. Cadwalladr, "Brené Brown: 'People will find a million reasons to tear your work down'", *The Guardian*, 22 Nov 2015. **110−111** J. Wooden, "The difference between winning and succeeding", TED Talk, Mar 2009; D. R. Deeter-Schmelz and R. P. Ramsey, "Fear of Success in Salespeople", paper presented at American Marketing Association, 2001, 248−255; S. Babbel, "Fear of Success", *Psychology Today*, 3 Jan 2011.

CHAPTER 4

114−115 "Adaptability and Flexibility", University of Bradford, http://www.bradford.ac.uk; C. Bergland, "New Paradigm of Thought Demystifies Cognitive Flexibility", *Psychology Today*, 7 Sep 2015; S. Beilock, "Want to Successfully Manage Your Emotions? Be Flexible", *Psychology Today*, 2 Nov 2011. **116−119** "Be Happy: How to Make Your Own Luck", *Women's Health*, 28 Mar 2014; R. Wiseman, "The Luck Factor", *Skeptical Inquirer* 27, no. 3 (2003); C. N. Lazarus, "Four Simple Ways to Increase Your Psychological Flexibility", *Psychology Today*, 20 Mar 2014; H. Sohn and E. Lee, *Integrated Korean: Advanced Intermediate 2*, University of

Hawai'i Press, Honolulu, 2003, p.22; R. Smith, "It Takes Patience to Know Bad Luck From Good Luck", *Psychology Today*, 19 Mar 2015; D. Collinson, "Go Luck Yourself!" *Psychology Today*, 27 Apr 2016. **120–121** L. Babauta, "Why We Struggle With Change", *Zen Habits*, 19 Feb 2016, http://zenhabits.net; C. McHugh, "The art of being yourself", TEDx Talk, Feb 2013; K. Hall, "Got a Problem? The Good News Is You Only Have Four Options", *Psychology Today*, 7 Feb 2012; K. Hall, "Three Blocks to Radical Acceptance", *Psychology Today*, 15 Dec 2013; S. A. Diamond, "Essential Secrets of Psychotherapy", *Psychology Today*, 26 Jun 2008. **122–123** D. A. Olson, J. Liu, and K. S. Shultz, "The Influence of Facebook Usage on Perceptions of Social Support, Personal Efficacy, and Life Satisfaction", *Journal of Organizational Psychology* 12, no. 3/4 (2012), 133–144; S. Duică, R. Balázsi, R. Ciulei, and A. Bivolaru, "The mediating role of coping strategies between achievement goals and competitive anxiety in elite sport", *Cognition, Brain, Behavior* 18, no. 2 (2014), 109–124; "The Cost of Coping", *Psychology Today*, 1 Nov 1998; J. C. Weitlauf, R. E. Smith, and D. Cervone, "Generalization Effects of Coping-Skills Training", *Journal of Applied Psychology* 85, no. 4 (2000), 625–633; G. A. Bonanno, A. Papa, K. Lalande, M. Westphal, and K. Coifman, "The Importance of Being Flexible", *Psychological Science* 15, no. 7 (2004), 482–487. **124–125** B. J. C. Claessens, W. van Eerde, C. G. Rutte, and R. A. Roe, "A review of the time management literature", *Personnel Review* 36, no. 2 (2007), 255–276; L. Evans, "The Exact Amount Of Time You Should Work Every Day", Fast Company, 15 Sep 2014, http://www.fastcompany.com; H. E. Elsabahy, W. F. Sleem, and H. G. El Atroush, "Effect of Time Management Program on Job Satisfaction for Head Nurses", *Journal of Education and Practice* 6, no. 32 (2015), 36–44; "Easy time-management tips", NHS, reviewed 6 Jan 2016, http://www.nhs.uk. **126–127** P. F. Drucker, *The Effective Executive*, New York, HarperCollins, 2006. **128–129** R. Rugulies, M. H. T. Martin, A. H. Garde, R. Persson, and K. Albertsen, "Deadlines at Work and Sleep Quality", *American Journal of Industrial Medicine* 55, (2012) 260–269; Y. Tu and D. Soman, "The Categorization of Time and Its Impact on Task Initiation", *Journal of Consumer Research* 41, no. 3 (2014), 810–822; M. Blake Hargrove, D. L. Nelson, and C. L. Cooper, "Generating eustress by challenging employees", *Organizational Dynamics* 42, no. 1 (2013), 61–69. **130–131** K. Ching Hei, "Moves in Refusal", *China Media Research* 5, no. 3 (2009), 31–44; C. Freshman, "Don't *Just* Say No", *Negotiation Journal* 24, no. 1 (2008), 89–100; V. M. Patrick and H. Hagtvedt, "How to say 'no'", *International Journal of Research in Marketing* 29, no. 4 (2012), 390–394. **132–133** B. Kane. "The Science of Analysis Paralysis", Todoist, 8 Jul 2015, https://blog.todoist.com; E. Jones, "Analysis paralysis? 4 tips for making better decisions", *The HR Specialist,* Nov 2015; R. Hertwig, and I. Erev, "The description–experience gap in risky choice", *Trends in Cognitive Sciences* 13, no. 12 (2009), 517–523; "New Survey Reveals Extent, Impact of Information Overload on Workers", Lexis Nexis, 20 Oct 2010, http://www.lexisnexis.com; C. K. Hsee, Y. Yang, X. Zheng, and H. Wang, "Lay Rationalism", *Journal of Marketing Research* 52, no. 1 (2015), 134–146. **134–135** W. D. Gray, C. R. Sims, W. T. Fu, and M. J. Schoelles, "The Soft Constraints Hypothesis", *Psychological Review* 113, no. 3 (2006), 461–482; L. R. Weingart, "Impact of group goals, task component complexity, effort, and planning on group performance", *Journal of Applied Psychology* 77, no. 5 (1992), 682–693; A. C. Montoya, D. R. Carter, J. Martin, and L. A. DeChurch, "The Five Perils of Team Planning" in M. D. Mumford, and M. Frese (eds.), *The Psychology of Planning in Organizations*, New York, London, Routledge, 2015. **136–137** P. Ni, "5 Tips to Reduce the Fear of Public Speaking", *Psychology Today*, 6 Nov 2013; B. Richmond, "The Brain Takes Rejection Like Physical Pain", Motherboard, 14 Oct 2013, http://motherboard.vice.com; B. D. Flaxington, "Overcoming Fear of Public Speaking", *Psychology Today*, 16 Mar 2015; J. Treasure, "How to speak so that people want to listen", TED Talk, Jun 2014. **138–139** P. Fripp, "Selling Yourself and Your Ideas to Senior Management", *Contract Management* 50, no. 4 (2010), 12–15; M. Owen, "Three statistics that can make or break your sales pitch", *TheBusiness*, DueDil, 20 Oct 2015; K. D. Elsbach, "How to Pitch a Brilliant Idea", *HBR* 81, no. 9 (Sep 2003), 117–123. **140–141** O. Zwikael, R. Dutt Pathak, G. Singh, and S. Ahmed, "The moderating effect of risk on the relationship between planning and success", *International Journal of Project Management* 32, no. 3 (2014), 435–441; K. A. Brown, N. Lea Hyer, and R. Ettenson, "The Question Every Project Team Should Answer", *MIT Sloan Management Review* 55, no. 1 (2013), 49–57; D. Dvir and A. J. Shenhar, "What Great Projects Have in Common", *MIT Sloan Management Review* 52, no. 3 (2011), 19–21. **142–143** "The Tannenbaum-Schmidt Leadership Continuum", Mind Tools, https://www.mindtools.com; A. Lebedeva, "Five Essential Project Management Skills", *Information Management* 49, no. 5 (2015), 28–33; P. Ellis and J. Abbott, "Leadership and management skills in health care", *British Journal of Cardiac Nursing* 8, no. 2 (2013), 96–99. **144–145** J. S. Nairne, M. Vasconcelos, and J. N. S. Pandeirada, "Adaptive Memory and Learning", in N. M. Seel (ed.) *Encyclopedia of the Sciences of Learning*, New York, Springer, 2012, 118–121; J. S. Nairne and J. N. S. Pandeirada, "Adaptive Memory: Remembering With a Stone-Age Brain", *Current Directions in Psychological Science* 17, no. 4 (2008), 239–243; D. Kahneman and J. Riis, "Living, and Thinking about it" in N. Baylis, F. A. Huppert, and B. Keverne (eds.), *The Science of Well-being*, Oxford, Oxford University Press, 2005, 285–301.

146–147 J. E. Van Loon, and H. L. Lai, "Information Literacy Skills as a Critical Thinking Framework in the Undergraduate Engineering Curriculum", *Library Scholarly Publications,* Paper 80, 1–8; D. McRaney, "Survivorship Bias", You Are Not So Smart, 23 May 2013, https://youarenotsosmart.com. **148–149** M. Stange, M. Grau, S. Osazuwa, C. Graydon, and M. J. Dixon, "Reinforcing Small Wins and Frustrating Near-Misses", *Journal of Gambling Studies* (2016), 1–17, http://link.springer.com; V. Denes-Raj and S. Epstein, "Conflict Between Intuitive and Rational Processing", *Journal of Personality and Social Psychology* 66, no. 5 (1994), 819–829.

CHAPTER 5

152–153 "Locus of Control", Changing Minds, http://changingminds.org; T. W. H. Ng, K. L. Sorenson, and L. T. Eby, "Locus of control at work", *Journal of Organizational Behavior* 27, no. 8 (2006), 1057–1087; D. D. Burns MD, *Feeling Good*, New York, HarperCollins, 1992 and 1999, p.125; A. Van den Broeck, W. Lens, H. De Witte, and H. Van Coillie, "Unraveling the importance of the quantity and the quality of workers' motivation for well-being", *Journal of Vocational Behavior* 82, no. 1 (2013), 69–78; T. Willner, I. Gati, and Y. Guan, "Career decision-making profiles and career decision-making difficulties", *Journal of Vocational Behavior* 88 (2015), 143–153. **154–155** Brandon Gaille, "17 Employee Motivation Statistics and Trends", 10 Nov 2013, http://brandongaille.com; A. Adkins, "Majority of U.S. Employees Not Engaged Despite Gains in 2014", Gallup, 28 Jan 2015, http://www.gallup.com. **156–159** P. Steel, "The Nature of Procrastination", *Psychological Bulletin* 133, no. 1 (2007), 65–94; D. Thompson, "The Procrastination Doom Loop—and How to Break It", *The Atlantic*, 26 Aug 2014, http://www.theatlantic.com; E. Jaffe, "Why Wait? The Science Behind Procrastination", *Observer* 26, no. 4

(2013); A. L. Wichman, P. Briñol, R. E. Petty, D. D. Rucker, Z. L. Tormala, and G. Weary, "Doubting one's doubt", *Journal of Experimental Social Psychology* 46, no. 2 (2010), 350–355; "10 Foolproof Tips for Overcoming Procrastination", PsyBlog, 31 Mar 2014, http://www.spring.org.uk; "How to Avoid Procrastination", PsyBlog, 29 Jan 2009, http://www.spring.org.uk; M. E. Beutel, E. M. Klein, S. Aufenanger, E. Brähler, M. Dreier, K. W. Müller, O. Ouiring, L. Reinecke, G. Schmutzer, B. Stark, and K. Wölfling, "Procrastination, Distress and Life Satisfaction across the Age Range", *PLoS ONE* 11, no. 2 (2016). **160–161** X. Gong, K. L. Fletcher, and J. H. Bolin, "Dimensions of Perfectionism Mediate the Relationship Between Parenting Styles and Coping", *Journal of Counseling & Development* 93, no. 3 (2015), 259–268; P. Gaudreau, "Self-assessment of the four subtypes of perfectionism in the 2×2 model of perfectionism", *Personality and Individual Differences* 84 (2015), 52–62. **162–163** D. DiSalvo, "Visualize Success if You Want to Fail", Forbes, 8 Jun 2011, http://www.forbes.com; M. A. Conway, K. Meares, and S. Standart, "Images and goals", *Memory* 12, no. 4 (2004), 525–531; C. K. Y. Chan and L. D. Cameron, "Promoting physical activity with goal-oriented mental imagery", *Journal of Behavioral Medicine* 35, no. 3 (2011), 347–363; S. E. Taylor, L. B. Pham, I. D. Rivkin, and D. A. Armor, "Harnessing the Imagination", *American Psychologist* 53, no. 4 (1998), 429–439. **164–165** J. Du, X. Fan, and T. Feng, "Multiple emotional contagions in service encounters", *Journal of the Academy of Marketing Sciences* 39, no. 3 (2011), 449–466; B. M. Staw, R. I. Sutton, and L. H. Pelled, "Employee Positive Emotion and Favorable Outcomes at the Workplace", *Organization Science* 5, no. 1 (1994), 51–71; C. A. Bartel and R. Saavedra, "The Collective Construction of Work Group Moods", *Administrative Science Quarterly* 45, no. 2 (2000), 197–231. **166–167** S. Moss, "The dualistic model of passion", http://www.sicotests.com;

V. T. Ho, S. Wong, and C. Hoon Lee, "A Tale of Passion", *Journal of Management Studies* 48, no. 1 (2011), 26–47; W. Davies, "Some Thoughts And Questions On Csikszentmihalyi's Flow", Science 2.0, 26 Sep 2010, http://www.science20.com; P. Dubreuil, J. Forest, and F. Courcy, "From strengths use to work performance", *The Journal of Positive Psychology* 9, no. 4 (2014), 335–349. **168–169** M. Csikszentmihalyi, *Flow*, Harper Perennial, New York, 1990. **170–171** S. McNerney, "Rethinking the Endowment Effect", Big Think, http://bigthink.com; A. J. Elliot and K. M. Sheldon, "Avoidance Achievement Motivation", *Journal of Personality and Social Psychology* 73, no. 1 (1997), 171–185. **172–173** R. Yong Joo Chua, P. Ingram, and M. W. Morris, "From the head and the heart", *Academy of Management Journal* 51, no. 3 (2008), 436–452; R. Hoffman and B. Casnocha, "The science of networking", *The Guardian*, 13 Apr 2012; G. Soda, A. Usai, and A. Zaheer, "Network Memory", *Academy of Management Journal* 47, no. 6 (2004), 893–906; M. Simmons, "The Surprising Science Behind How Super Connectors Scale Their Networks", Forbes, 4 Sep 2013, http://www.forbes.com; S. Vozza, "The Science Behind Successful Networking", Fast Company, 3 Oct 2015, http://www.fastcompany.com. **174–175** M. K. Smith, "Social capital", *The encyclopaedia of informal education*, 2000–2009, http://infed.org/mobi/social-capital; M. K. Smith "Robert Putnam", *The encyclopaedia of informal education*, 2001, 2007, www.infed.org/thinkers/putnam.htm; The World Bank, "The Initiative on Defining, Monitoring and Measuring Social Capital", Social Capital Initiative Working Paper No. 2, 1998, p.5; M. K. Smith, "Social capital", *The encyclopaedia of informal education*, 2000–2009, http://infed.org/mobi/social-capital; S. E. Seibert and M. L. Kraimer, "A social capital theory of career success", *Academy of Management Journal* 44, no. 4 (2001), 291–237. **176–179** C. J. Neumann,

"Fostering creativity", *EMBO Reports* 8, no. 3 (2007), 202–206; E. Hulme, B. Thomas, and H. DeLaRosby, "Developing Creativity Ecosystems", *About Campus* 19, no. 1 (2014), 14–23; S. Hebron, "John Keats and 'negative capability'", British Library, http://www.bl.uk; E. Grossman, "Why Science Needs People Who Cry", TEDx Talk, Jan 2016; A. Massey, "Developing creativity for the world of work", *Art, Design & Communication in Higher Education* 4, no. 1 (2005), 17–30; A. VanGundy, *101 Activities for Teaching Creativity and Problem Solving*, San Francisco, Pfeiffer, 2005, p.325. **180–181** J. P. Eggers and L. Song, "Dealing with failure", *Academy of Management Journal* 58, no. 6 (2015), 1785–1803; C. Argyris, "Teaching Smart People How to Learn", *HBR* (May–June 1991), 99–109. **182–183** S. L. Parker, N. L. Jimmieson, and C. E. Amiot, "Self-determination as a moderator of demands and control", *Journal of Vocational Behavior* 76, no. 1 (2010), 52–67. **184–185** A. Spiers and G. J. Walker, "The Effects of Ethnicity and Leisure Satisfaction on Happiness, Peacefulness, and Quality of Life", *Leisure Sciences* 31, no. 1 (2008), 84–89; G. M. Schwartz and J. Campagna, "New meaning for the emotional state of the elderly, from a leisure standpoint", *Leisure Studies* 27, no. 2 (2008), 207–211; W. Wang, C. Kao, T. Huan, and C. Wu, "Free Time Management Contributes to Better Quality of Life", *Journal of Happiness Studies* 12, no. 4 (2011), 561–573; M. G. Ragheb and J. G. Beard, "Measuring Leisure Attitude", *Journal of Leisure Research* 14, no. 2 (1982), 155–167; L. Grodzki, *Building Your Ideal Private Practice*, New York, W. W. Norton & Company, 2000.

CHAPTER 6

188–189 M. M. Tugade, and B. L. Fredrickson, "Regulation of positive emotions", *Journal of Happiness Studies* 8, no. 3 (2007), 311–333; R. A. Cummins and M. Wooden, "Personal Resilience in Times of Crisis", *Journal of Happiness Studies* 15, no. 1 (2014), 223–235; *Debunking the 4 most dangerous self help myths* [online video], 2015, https://www.youtube.com; J. V. Wood, W. Q. E. Perunovic, and J. W. Lee, "Positive Self-Statements", *Psychological Science* 20, no. 7 (2009), 860–866. **190–191** H. Knipprath and K. De Rick, "How Social and Human Capital Predict Participation in Lifelong Learning", *Adult Education Quarterly* 65, no. 1 (2015), 50–66; K. Steffens, "Competences, Learning Theories and MOOCs", *European Journal of Education* 50, no. 1 (2015), 41–59; "Contemporary theories of learning", National College for Teaching & Leadership, https://www.nationalcollege.org.uk. **192–193** With thanks to Mario Andretti, and his publicist Patty Reid, for permission to use this quote. **194–195** L. Li, X. Liu, and A. L. Steckelberg, "Assessor or assessee", *British Journal of Educational Technology* 41, no. 3 (2010), 525–536; P. L. Harms, and D. B. Roebuck, "Teaching the art and craft of giving and receiving feedback", *Business Communication Quarterly* 73, no. 4 (2010), 413–431. **196–197** G. D. Bodie, D. Worthington, M. Imhof, and L. O. Cooper, "What Would a Unified Field of Listening Look Like?", *International Journal of Listening* 22, no. 2 (2008), 103–122. **198–199** D. A. Olson and J. Jackson, "Expanding Leadership Diversity Through Formal Mentoring Programs", *Journal of Leadership Studies* 3, no. 1 (2009), 47–60; W. Gentry, S. Stawiski, G. Eckert, and M. Ruderman, "Crafting Your Career", *Center for Creative Leadership* (2013), www.ccl.org. **200–201** S. Chaiken and D. Maheswaran, "Heuristic Processing Can Bias Systematic Processing", *Journal of Personality and Social Psychology* 66, no. 3 (1994), 460–473; W. P. Bottom, K. Gibson, S. E. Daniels, and J. K. Murnighan, "When Talk Is Not Cheap", *Organization Science* 13, no. 5 (2002), 497–513; T. Simons, "Behavioral Integrity", *Organization Science* 13, no. 1 (2002), 18–35. **202–203** L. Uziel, "Look at Me, I'm Happy and Creative", *Personality and Social Psychology Bulletin* 36, no. 12 (2010), 1591–1602; D. Graeber, *Debt: The First 5,000 Years*, New York, Melville House, 2011, p.110. **204–205** K. T. Yamauchi and D. I. Templer, "The Development of a Money Attitude Scale", *Journal of Personality Assessment* 46, no. 5 (1982) 522–528; T. Li-Ping Tang, "The Development of a Short Money Ethic Scale", *Personality and Individual Differences* 19, no. 6 (1995), 809–816. **206–207** B. J. Gillespie, J. Lever, D. Frederick, and T. Royce, "Close adult friendships, gender, and the life cycle", *Journal of Social and Personal Relationships* 32, no. 6 (2014), 709–736; B. Fehr, "Intimacy Expectations in Same-Sex Friendships", *Journal of Personality and Social Psychology* 86, no. 2 (2004), 265–284. **208–209** I. Schindler, C. P. Fagundes, and K. W. Murdock, "Predictors of romantic relationship formation", *Personal Relationships* 17 (2012), 97–105; M. Demir, "Sweetheart, you really make me happy", *Journal of Happiness Studies* 9, no. 2 (2008), 257–277. **210–211** S. L. Boyar and D. C. Mosley Jr., "The relationship between core self-evaluations and work and family satisfaction", *Journal of Vocational Behavior* 71, no. 2 (2007), 265–281; Z. Chen and G. N. Powell, "No pain, no gain? A resource-based model of work-to-family enrichment and conflict", *Journal of Vocational Behavior* 81 (2012), 89–98; F. A. Muna and N. Mansour, "Balancing work and personal life", *Journal of Management Development* 28, no. 2 (2009), 121–133. **212–213** J. K. Boehm and S. Lyubomirksy, "Does Happiness Promote Career Success?", *Journal of Career Assessment* 16, no. 1 (2008), 101–116; S. Lyubomirsky, K. M. Sheldon, and D. Schkade, "Pursuing Happiness", *Review of General Psychology* 9, no. 2 (2005), 111–131; C. D. Ryff and S. M. Heidrich, "Experience and Well-being", *International Journal of Behavioral Development* 20, no. 2 (1997), 193–206; D. A. Olson and K. S. Shultz, "Employability and Career Success", *Industrial and Organizational Psychology* 6, no. 1 (2013), 17–20.

索引

加粗的数字为主词条所在页码。